Praxiswissen Medien

Praxisrelevante Fachliteratur für die Medienproduktion ist bislang Mangelware. Die Reihe „Praxiswissen Medien" nimmt sich dieser Aufgabe an und bietet konkrete Anregungen und Antworten auf Fragestellungen, die sich in der praktischen Arbeit an Film- und Fernsehbeiträgen ergeben. Dabei reicht die inhaltliche Bandbreite von Fragen des Medienhandwerks (Dramaturgie, Ästhetik, Bildgestaltung u.ä.) über Medieninhalte (Genres, Formate u.a.) bis hin zur Medienökonomie (Filmmarketing, Film- und Fernsehförderung, Medienorganisation u.ä.).-Damit sind Themen des Journalismus ebenso Gegenstand wie Ästhetik, Medientechnik, Medienrecht, Kultur und Ökonomie. Alle Bände verbindet ein hohes Maß an Nachvollziehbarkeit und damit das Angebot als konkrete Handlungsanleitung für die alltägliche Praxis. Herausgegeben von Olaf Jacobs.

Olaf Jacobs • Timo Großpietsch

Journalismus fürs Fernsehen

Dramaturgie – Gestaltung – Genres

 Springer VS

Olaf Jacobs, Berlin
Timo Großpietsch, Hamburg
Deutschland

ISBN 978-3-658-02416-1   ISBN 978-3-658-02417-8 (eBook)
DOI 10.1007/978-3-658-02417-8

Die Deutsche Nationalbibliothek verzeichnet diese Publikation in der Deutschen Nationalbiblio-
grafie; detaillierte bibliografische Daten sind im Internet über http://dnb.d-nb.de abrufbar.

Springer VS

Lektorat: Barbara Emig-Roller, Monika Mülhausen

Gedruckt auf säurefreiem und chlorfrei gebleichtem Papier

Springer VS ist eine Marke von Springer DE. Springer DE ist Teil der Fachverlagsgruppe Springer
Science+Business Media
www.springer-vs.de

Vorwort

In jedem Thema stecken viele Geschichten. Welche dieser Geschichten man erzählt, welche Mittel man wählt und ob die Geschichte letztlich ihr Publikum erreicht, liegt beim Fernsehen weit mehr als bei allen anderen Medien in den Händen derjenigen, die es herstellen. Die Fülle der zur Verfügung stehenden Darstellungsebenen und die Unterschiedlichkeit, in der Bilder und Töne auf Zuschauer wirken, führen dazu, dass es den für alle Zuschauer optimalen Film nicht geben kann.

Der Autor ist derjenige, der entscheidet, was genau er mit welchen Mitteln erzählt. Egal wie sorgfältig er seine Geschichte plant und seine Mittel wählt, die letztendliche Wirkung auf Zuschauer wird immer verschieden und nicht in letzter Konsequenz vorherbestimmbar sein. Das Verständnis der grundlegenden Wirkungsweise des Fernsehens, der Mechanik des Geschichtenerzählens und der dem Fernsehen zur Verfügung stehenden Mittel wird aber dazu führen, dass der Fernsehautor der beabsichtigten Wirkung zumindest nahe kommt.

Das vorliegende Buch ist insofern vor allem ein Angebot und ein Werkzeugkasten, dessen Inhalt man sich bei der Vorbereitung und Erstellung von journalistischen Fernsehbeiträgen bedienen kann. Auf keinen Fall handelt es sich um allgemeingültige Regeln oder gar Gesetzmäßigkeiten. Welche Werkzeuge zum Einsatz kommen und was die beste Strategie ist, zum bestmöglichen journalistischen Ergebnis zu gelangen, ist individuell sehr unterschiedlich und ist in hohem Maße vom Stil und den Präferenzen des jeweiligen Autors beeinflusst. Wichtig ist es vor allem, sich eine eigene Arbeitsweise zu erarbeiten und die dafür geeigneten Mittel zu identifizieren. Hierfür kann das Buch auch lexikalisch genutzt werden, um sich gezielt einzelnen Aspekten des Fernsehhandwerks zu nähern.

Die hier verwendeten Begriffe sind der Praxis sowie der einschlägigen Literatur zur dokumentarischen Dramaturgie entnommen. Sie unterscheiden sich zwischen Sendern, Produzenten und Redaktionen zum Teil ganz erheblich. Es ist daher unbedingt bei den jeweiligen Partnern zu hinterfragen, mit welchen Begriffen sie arbeiten. Das dahinter liegende dramaturgische Prinzip wird jeweils ähnlich sein, ganz gleich, wie einzelne Elemente benannt werden.

Die geeignete Dramaturgie ist der Kern jeder gut erzählten Geschichte im Fernsehen und Kino, aber natürlich spielen für das zuschauergerechte Berichten und Erzählen eine Fülle weiterer Komponenten eine wichtige Rolle, für die der nachfolgende Text eine Grundlage bieten soll, auch wenn er sie nicht ausdrücklich thematisiert. Dazu gehört eine kompetente, klare und am Ergebnis für Zuschauer orientierte Kommunikation mit allen am Produktionsprozess beteiligten Gewerken ebenso wie eine Kultur der Kritik, die nicht an persönlichem Geschmack, sondern ausschließlich an handwerklichen Kriterien orientiert ist.

Darüber hinaus ist Fernsehen nicht zuletzt auch ein kunstvolles Handwerk, welches immer wieder geübt werden will und von ständiger Fortentwicklung lebt. Es verbindet sich mit der beruhigenden Gewissheit, dass jeder Beitrag einen Gewinn an Erfahrung bedeutet und man so mit jedem einzelnen Beitrag auch selbst ein Stück besser wird.

Geschichten durch die Montage von Bildern, Tönen und Texten zu erzählen ist gewiss einer der spannendsten Berufe überhaupt und das erst recht, wenn er sich mit dem journalistischen Privileg verbindet, quasi jede Frage stellen zu dürfen und immer wieder in neue Themen und Leben einzutauchen. Trotz allen dafür notwendigen Handwerks wird am Ende immer auch ein Rest bleiben, der nicht zu planen und nicht vorherzusehen ist. Ganz gleich, ob man ihn Magie, Zufall oder Glück nennt, kann er ein dankenswerter Helfer sein, um mit Gelassenheit an die Arbeit zu gehen. Was für Zuschauer und alle Produktionsbeteiligten gewiss immer spürbar sein wird ist die Haltung – zum Medium, zum eigenen Beruf und zur Realität derer, über die berichtet wird.

Das vorliegende Buch basiert auf vieljähriger Erfahrung aus der Arbeit in Sendern, als zum Teil selbst drehende Autoren, aus der kontinuierlichen Diskussion und Auseinandersetzung mit Kollegen und vor allem aus großer Begeisterung für den Beruf. Ein wesentlicher Anstoß für dieses Buch war die Übernahme des Seminars zur Fernseheinführung im Volontariat des NDR. Diesen Einführungskurs haben Gregor A. Heussen (seit 1991) und Wolf Michael Eimler (seit 1996) gemeinsam geprägt. Beide haben uns mit Ihren Methoden und Ihrem Wissen stark beeinflusst. Wesentliche Anteile dramaturgischer Begriffe und Definitionen unseres dramaturgischen Knowhow der filmischen und textlichen Umsetzung gehen auf sie zurück. Vor allem haben wir von den – nicht schriftlich dokumentierten, aber immer funktionierenden – Lösungen Wolf Michael Eimlers profitiert. Seine Kenntnisse in Dramaturgie, Kameraführung, Schnitt, Interviewführung und Text, die u.a. in zahlreichen Reportageseminaren gemeinsam mit Olaf Jacobs vermittelt wurden, sind, ohne immer explizit darauf hinzuweisen, auch in das vorliegende Buch eingeflossen. Wir bedanken uns insofern bei allen wissentlich und unwissentlich Beteiligten, besonders bei Katja Großpietsch für die Abbildungen, bei Roberto

Tossuti und Brigitte Jacobs für Anregungen und Korrekturen sowie Nina Tschierse, der langjährigen Leiterin der Volontärsausbildung des NDR, für die kontinuierliche Herausforderung, eigene Ideen und Konzepte fortzuentwickeln und Barbara Emig-Roller für Geduld und Beharrlichkeit als Lektorin.

2014   Olaf Jacobs
                                                                 Timo Großpietsch

Inhaltsverzeichnis

Abbildungsverzeichnis

Verzeichnis der Checklisten

Einführung: Non-fiktionales Fernsehen und seine Wirkung

Das Phänomen ist immer dasselbe: Befragt man am Ende der Tagesschau eine Gruppe von Zuschauern, wird niemand mit Bestimmtheit sagen können, wie viele Beiträge die Sendung hatte. Fragt man am Tag danach nach den Inhalten, werden die Antworten so unterschiedlich sein wie die Befragten selbst. Bei Programmen, die ihre Inhalte aus der Realität entnehmen und damit keine eindeutig fiktionalen Geschichten präsentieren, verstärkt sich dieser Effekt noch, steigt das Maß an persönlicher Interpretation. Jeder sieht seinen eigenen Film, das macht die Arbeit für die Macher von non-fiktionalen Programmen so kompliziert und so reizvoll zugleich.

Fernsehen ist ein komplexes Zusammenspiel von Bildern, Tönen, Reizen und Rhythmen auf der einen Seite und von Anspannung und Entspannung, gewecktem und befriedigtem oder unbefriedigtem Informationsbedürfnis sowie Emotionen auf der anderen Seite. Bei keinem anderen Medium ist die Zahl der Einflussfaktoren auf die letztendliche Wirkung größer. Die Auseinandersetzung mit dem Medium muss daher immer von der Rezipientenseite aus beginnen. Hier das bestmögliche Ergebnis zu erzielen muss der Anspruch der Programm- und Filmemacher sein. Die beabsichtigte Wirkung auf die Zuschauer zu erreichen ist im nächsten Schritt eine Frage des Handwerks. Aus Themen Geschichten entwickeln, Entscheidungen für eine Dramaturgie und die richtige Filmform treffen, die angemessene Produktionstechnik und schließlich die geeigneten Stilmittel wählen, das sind die handwerklichen Umsetzungsschritte, die in der Verantwortung des Autors liegen, immer gemessen an der beabsichtigten Wirkung auf die Zuschauer.

© Springer Fachmedien Wiesbaden 2015
O. Jacobs, T. Großpietsch, *Journalismus fürs Fernsehen,* Praxiswissen Medien,
DOI 10.1007/978-3-658-02417-8_1

Fernsehen ist ein komplexes Zusammenspiel von Bildern, Tönen, Reizen und Rhythmen auf der einen Seite und von Anspannung und Entspannung, gewecktem und befriedigtem oder unbefriedigtem Informationsbedürfnis sowie Emotionen auf der anderen Seite. Bei keinem anderen Medium ist die Zahl der Einflussfaktoren auf die letztendliche Wirkung größer. Die Auseinandersetzung mit dem Medium muss daher immer von der Rezipientenseite aus beginnen. Hier das bestmögliche Ergebnis zu erzielen muss der Anspruch der Programm- und Filmemacher sein. Die beabsichtigte Wirkung auf die Zuschauer zu erreichen ist im nächsten Schritt eine Frage des Handwerks. Aus Themen Geschichten entwickeln, Entscheidungen für eine Dramaturgie und die richtige Filmform treffen, die angemessene Produktionstechnik und schließlich die geeigneten Stilmittel wählen, das sind die handwerklichen Umsetzungsschritte, die in der Verantwortung des Autors liegen, immer gemessen an der beabsichtigten Wirkung auf die Zuschauer.

Einen Film zu realisieren ist damit aus Sicht des Filmemachers ein Kommunikationsprozess auf mehreren Ebenen: Einerseits mit dem Publikum und andererseits mit allen anderen Produktionsbeteiligten.

1.1   Wirkungsgrundlagen

Die Verständigung in der Vorbereitungsphase für einen Film ist häufig vor allem deshalb schwierig, weil man über ein Produkt redet, welches von extrem vielen Einflussfaktoren abhängig ist und welches in der Phase, in der die Kommunikation dazu besonders wichtig ist, noch nicht existiert. Jeder wird sich einen anderen Film vorstellen, wenn über die Planungen dazu gesprochen wird. Das kann einen kreativen Prozess gelegentlich befördern, häufig jedoch behindert es ihn, weil das gemeinsame Hinarbeiten auf eine Richtung dadurch komplizierter wird.

Die auf den ersten Blick einfachste Unterscheidung erfolgt zwischen Spiel- und dokumentarischen Filmen, wobei bereits hier die Frage der Einordnung – zum Beispiel des Dokudramas – die Unzulänglichkeit dieser Unterscheidung deutlich macht.

Die erste wirklich taugliche Differenzierung ist die zwischen fiktionalem und non-fiktionalem Film, wobei der Maßstab für die Zugehörigkeit zu einer der beiden Formen in der im Film erzählten Geschichte und nicht in der Technik ihrer Umsetzung zu suchen ist. Das Non-fiktionale ist insofern der Sammelbegriff für

alle der Realität entnommenen Geschichten. Eine weitere Differenzierung in dokumentarische, journalistische, künstlerische und hybride Formen und Genres ist
angezeigt.

Diese Betrachtung ist für die „Macher" von Programmen natürlich von größter
Bedeutung, doch ist auch hier zunächst auf die Zuschauerperspektive abzustellen
und zu hinterfragen, was unterscheidet einen non-fiktionalen Film von einer fiktionalen Produktion? Wie weit kann und wie weit soll ein Zuschauer eigentlich
erkennen, um was für eine Form von Film es sich handelt?

Der Spielfilm macht sich beispielsweise Strategien und Formen des dokumentarischen Fernsehens zu eigen und umgekehrt. Kinder können noch nicht zwischen
fiktionalen und non-fiktionalen Produktionen unterscheiden (vgl. Fischer 2005,
S. 6). Das heißt, es muss in kultureller Hinsicht erlernbar sein, solche Unterschei-
dungen zu treffen. Markierungen und Hinweise müssen subjektiv verifizierbar
sein, um eine Zuordnung zu ermöglichen. Für Filmhandwerker ist es daher nützlich, die Merkmale und Strategien zu kennen.

> Gleichwohl zeigt die Lebens- und Alltagserfahrung, dass wir durchaus zwischen
> Dokumentar- und Spielfilm zu unterscheiden gewohnt sind. [...] Dokumentarischen
> Charakter würden in diesem Sinne dann solche Filme zeigen, die – nicht im Gegen-
> satz, sondern im Unterschied zum Fiktionsfilm – einen Mehrwert an Authentizität
> und einen Mehrwert an referenziellen Bezügen zur außerfilmischen Wirklichkeit ver-
> sprechen oder erkennen lassen. (Heller 2001, S. 18)

Heller spricht hier von einem „dokumentarischen Charakter", Joachim Paech verwendet dagegen den Begriff des „Wirklichkeitseindrucks". Es muss also Merkmale im Produkt und Strategien in der Darstellung geben, die den Wirklichkeitseindruck und die Glaubwürdigkeit beim Zuschauer erhöhen. Paech schreibt zum
Wirklichkeitseindruck:

> Filme, die behaupten, sich auf eine vor-filmische Wirklichkeit zu beziehen, die nicht
> eine zugunsten der ‚Wirklichkeit Film' aufgehobene, sondern als abwesende, eine
> durch die Präsenz des Films zu erinnernde ist, werden Strategien entwickeln, ihre
> Glaubwürdigkeit (croyance) mit Mitteln des ‚effet de réalité' (Wirklichkeitsein-
> drucks) des Fiktionsfilms zu behaupten. Der Strategien ‚dokumentarischer Glaub-
> würdigkeit' wird sich der Fiktionsfilm bedienen, wenn er den ‚effet de réalité' um
> den Vorschein des Dokumentarischen für seine Ästhetik des Realismus erhöhen will.
> (Paech 1990, S. 25)

> Dokumentarische Glaubwürdigkeit besteht im Realismuseindruck, der mit Erzähl-
> prinzipien (Perspektivität, Nähe-Distanz-Relationen, Authentizitätsversicherungen)
> erzeugt wird. (Hickethier 2001, S. 201)

Unter Authentisierungsstrategien werden hierbei filminterne pragmatische Markierungen verstanden, die den Rezipienten in einem Spektrum impliziter oder expliziter Appelle dazu auffordert, einen ‚Wahrnehmungsvertrag' mit dem jeweiligen Film zu schließen. Beantwortet ein Rezipient das spezifische Authentizitätsversprechen eines dokumentarischen Films positiv, so investiert er Vertrauen in die filmisch postulierte Authentizität. Fühlt sich der Rezipient hingegen in seinem Vertrauen getäuscht, so bewertet er den Film als ‚nicht authentisch' und sanktioniert den Vertrauensbruch mit einer entsprechenden Ablehnung der filmischen ‚Botschaft'. (Hattendorf 1999, S. 311)

Hattendorf führt fünf „Haupttypen dokumentarischer Authentisierungsstrategien" an, die durchaus geeignet sind, in der Praxis zu hinterfragen, ob und welche Strategie man in der Umsetzung einer eigenen Geschichte verfolgt und in welcher Weise die zugehörigen Gestaltungsmittel gefunden und eingesetzt werden sollten:

1. Als „Dominanz des Wortes" im „Erklärungsdokumentarismus" bezeichnet Hattendorf den Typus der Authentisierung der durch „verbale" und „direkte Zuschaueradressierung" den Authentisierungsprozess steuert (Hattendorf 1999, S. 312). Die Bilder sind vor allem Beiwerk der Sprache. Der gesprochene Kommentar wird quasi bebildert.
2. Beim nächsten Typus steht nicht das Wort, sondern das Bild im Vordergrund. Hattendorf spricht von einer „Dominanz der Bilder" (Hattendorf 1999, S. 312). Lange Einstellungen „demonstrieren" hier die „Authentizität der aufgezeichneten Handlungen, Ereignisse und Gespräche (Hattendorf 1999, S. 313). „Wirkungsvolle Bildgestaltung" führt nach Hattendorf zu einer „Affektverstärkung".
3. Das „ausgewogene Verhältnis" von Bild und Ton führt bei einem dritten Typus zu einem „authentischen Eindruck" (Hattendorf 1999). Hattendorf spricht von einem „kritischen Gleichgewicht" der unterschiedlichen „visuellen und verbalen Zeichen".
4. In einen vierten Typus fasst Hattendorf das Nach-Inszenieren von Handlungen, das so genannte Re-Enactment. Beim Zuschauer soll ein Gefühl von Authentizität erzeugt werden, was sich mit „So könnte es gewesen sein" beschreiben lässt (Hattendorf 1999).
5. Filme mit metadiegetischen Einschüben benutzen eine übergeordnete Erzählebene als Authentisierungsstrategie. Sie geben dem Rezipienten durch z. B. Selbstreflexion oder Reflexion der filmischen Arbeitsweise das Gefühl von Glaubwürdigkeit. Dieses beschreibt Hattendorf als einen fünften Typus.

Diese Authentisierungsstrategien arbeiten nicht nur einzelne Merkmale heraus die auf Authentizität schließen lassen, sondern fassen komplexe filmische Strategien zusammen und beleuchten damit auch das Zusammenwirken filmischer Präsentationsmöglichkeiten.

Odin spricht von einer „Programmierung der dokumentarischen Lektüre" durch „textuelle Anweisungen" (Odin 1990, S. 135). Odin trennt die Informationen der Paratexte von den Codierungen, die im Haupttext vorhanden sind. Ein Paratext kann einen Film klar als Dokumentarfilm ausweisen, indem:

1. er ihn klar als Dokumentarfilm bezeichnet,
2. keine Schauspielernamen im Vorspann vorkommen,
3. die Titelbezeichnung auf einen Dokumentarfilm hinweist,
4. oder indem er überhaupt keinen Vorspann hat, welches für die „schwache Ausarbeitung des vorgelegten Textes" sprechen kann und den Film somit als „Dokument" ausweist (vgl. Odin 1990, S. 136).

Paratexte können dem Zuschauer also genauere Informationen über den Film geben. Dies kann auch schon in der Programmzeitschrift, vor Beginn der Rezeption, passieren. Der Zuschauer lässt sich hier auf einen Vertrag ein, indem er den Informationen in den Paratexten Glauben schenkt. Er vertraut dem Autor, den Beteiligten und dem Sender, die den Film produziert und ausgestrahlt haben. Auf dieses spezielle Vertrauensverhältnis wird vor allem bei der Auseinandersetzung mit journalistischen Filmen und Genres im Detail einzugehen sein.

Als „textuelle Anweisungen" bezeichnet Odin: „Verschwommene, verwackelte, bewegte" Bilder, „zögernde Panoramaschwenks, abrupte Zooms, brutale Schnitte, lange Plansequenzen, mangelnde Ausleuchtung". Auf auditiver Ebene führt Odin den „spezifischen Klang des Direkttons, Lärm und linguistische Strukturen der ‚lebendigen' Rede" an. Odin ist sich der Problematik dieser Codierungen bewusst. Es kann demnach nicht darum gehen, Merkmale festzulegen die sicher auf einen Dokumentarfilm hinweisen, sondern Eigenschaften herauszustellen, die eher auf eine nicht-fiktionale Produktion hinweisen.

Auch Bostner, Papst und Wulf führen „Indizien" an, die auf eine spontane Aufnahmesituation hindeuten. Sie weisen auf Codierungen wie verwackelte Kamera, unausgewogene Lichtverhältnisse, unscharfe Bilder, Bildsprünge, direkte Kommunikation der Protagonisten mit der Kamera oder Redebeiträge aus dem Filmteam unmittelbar hin (vgl. Borstner et al. 2002, S. 32). Bei fiktionalen Produktionen seien diese Indizien nicht gegeben. Fiktionale Filme würden sich dagegen vor allem durch das Nicht-Reagieren der Protagonisten auf Kamera und Filmteam erkennbar machen. Natürlich sind auch diese Merkmale keine normativen Festlegungen und sollten auch nicht als solche verstanden werden.

Volker Wortmann stellt in der Fortführung dieses Gedankens ins Zentrum seiner Überlegung „die abbildgenaue, vorurteilsfreie Mechanik des Filmapparats",
welcher Realität unverfälscht einfängt und auf einen Träger bannt. Wortmann bezeichnet diese Vorstellung als eine der frühesten Formen von Glaubwürdigkeits-
versprechen (vgl. Wortmann 2003). Dazu gehören weiterhin die Diskurse über „die
Hand, die den Apparat führt", also den Filmemacher und sein Eingreifen in den
Aufnahmeprozess selbst (Wortmann 2003).

Wortmann konkretisiert das mit der „stillos geführten Kamera" des direct cinemas (Wortmann 2003). Durch das Nicht-Gestalten der Bilder soll das Nicht-Ein-
greifen des Filmemachers in die abgebildete Realität transparent gemacht werden.
Die Nicht-Ästhetisierung der Bilder als Authentisierungsstrategie führt zu einer eigenen Ästhetik der Filme des direct cinemas. Als letztes thematisiert Wortmann die
Selbstreflexivität der Filmschaffenden, indem sie sich und den filmischen Prozess
selbst zum „Darstellungsgegenstand" machen (Wortmann 2003). Dem Zuschauer
soll durch den ‚Blick hinter die Kulissen' das Gefühl, etwas Authentisches zu erleben, vermittelt werden. Problem dieser Darstellungsform ist meist, dass der zweite
filmische Prozess, der die eigentliche filmische Arbeit filmt, dem Zuschauer verdeckt bleibt. „Authentizität wohnt nicht selbst dem Produkt Film inne, sondern
beruht auf kulturellen Konventionen der entsprechenden Zeit" (vgl. Wortmann
2003, S. 161).

Modernes Fernsehen entwickelt diese Konventionen des Authentischen ständig
fort und hat mit gescripteten Dokus ein eigenes Genre gefunden, welches genau
diese Konventionen modifiziert. Für die Gestaltung von non-fiktionalem Fernsehen ist insofern die Auseinandersetzung sowohl mit den langfristigen kulturellen
Prägungen des Publikums als auch einer eher kurzfristigen Kontextsetzung zu anderen Medienprodukten relevant.

1.2 Grundverabredungen mit dem Zuschauer

Vertrauen Im Kern geht es bei der Grundverabredung oder dem „Vertrag" mit
dem Zuschauer um Vertrauen. Woran sollen Zuschauer glauben, wenn sie faktisch
keine Gewissheit haben, nicht getäuscht zu werden? Wie sollen Zuschauer sicher
sein, einen Film zu rezipieren, in dem keine Schauspieler vor der Kamera agieren
und die Handlungen vor der Kamera etwas Vorgefundenes waren? Das für das
Non-fiktionale unerlässliche Grundvertrauen von Zuschauern ist aus der Perspektive der Macher das letzte Glied in einer Vertrauenskette, die über den gesamten
Prozess der Filmentstehung reicht.

Alltägliche Praxis ist es, dass ein Filmautor oder Fernsehjournalist von einem Sender den Auftrag erhält, einen Film über ein definiertes Thema zu drehen. Auch zwischen Autor und Redakteur dieses Senders muss ein gewisses Vertrauensverhältnis herrschen. Der Redakteur hat sich dabei den Autor nach seinen Wünschen ausgesucht. Will er einen journalistischen Film über ein Thema drehen vertraut er darauf, dass der Autor keine Schauspieler engagiert, um ein Geschehen vor der Kamera zu spielen und dass die inszenierenden Eingriffe in die Realität der Wahrhaftigkeit des Endprodukts nicht abträglich sind. Im gleichen Maße vertraut der Rezipient einem Sender, dass, wenn dieser einen Film als journalistisches oder dokumentarisches Werk ausweist, jener sich nicht als Film mit fiktionaler Handlung entpuppt.

Peter Krieg vergleicht den Herstellungsprozess eines non-fiktionalen Films mit den Bestimmungen, welche bei der Herstellung von Lebensmitteln zu beachten sind: „Für Lebensmittel gelten seit jeher gewisse Regeln, die bei der Herstellung befolgt werden müssen, um dem Verbraucher die Sicherheit über Qualität und Genießbarkeit zu geben" (Krieg 1997, S. 93).

So gibt es auch für non-fiktionale Filme gewisse Regeln, die von Filmemachern mehr oder weniger eingehalten werden. Peter Krieg hat sich mit Glaubwürdigkeit im Fernsehen auseinandergesetzt und kommt zu dem Schluss, dass die Glaubwürdigkeit „letztendlich eine Frage des Vertrauens der Zuschauer in die Beteiligten ist". Der Sender müsse Vertrauen herstellen, um glaubwürdig zu sein (Krieg 1997, S. 89). Die Quelle von Informationen und das ihr entgegengebrachte Vertrauen entscheidet demnach über ihre Authentizität, egal, ob es sich um einen Dokumentarfilm von 90 min Länge oder um eine Nachricht von wenigen Sekunden handelt. Krieg führt vier Kategorien an, durch die beim Zuschauer Vertrauen erzeugt wird:

1. Plausibilität = Korrelation zu den bisherigen eigenen Erfahrungen bzw. Gewohnheiten (eigene Erfahrungen sind von sozial und kulturell gesetzten Regeln nicht unbedingt unterscheidbar).
2. Logik = Korrelation zu den Regeln der Sprache, das heißt Ausschluss von Paradoxien.
3. Inszenierung = Korrelation zu eigenen Sympathiemustern, Modellen, Genres.
4. Transparenz = Korrelation mit vertrauten Herstellungsprozessen" (Krieg 1997, S. 90).

Die Grenzen zwischen Fiktion und Non-fiktionalem werden kontinuierlich überschritten und verwischt. Für Filmemacher ist es durchaus attraktiv, diese Grenzen mit als Variable in ihre Überlegungen und die Klaviatur der Möglichkeiten aufzunehmen. Entscheidend ist jedoch, dass am Ende Autor und Redaktion bewusst entscheiden wie weit sie gehen wollen und sehr sorgfältig die Erwartungssteuerung im Publikum anlegen, um ein journalistisches Versprechen nicht zu brechen und so die Glaubwürdigkeit des journalistischen Produkts nicht grundlegend zu gefährden.

Inszenierung Realitätsillusionen „können aber den sinnlich plausiblen Eindruck erwecken, sie brächten eine ihnen vorausliegende Wirklichkeit zur Erscheinung, während sie tatsächlich nur einen Schein erzeugen, dem nichts anderes in der wirklichen Welt entspricht als das Inszenierungskalkül seiner Urheber" (Meyer 2001, S. 112).

> Eine Inszenierung findet bei jeder medialen Produktion statt. Auswahl, Aufbereitung und Präsentation sind notwendige Faktoren der medialen Kommunikation. Inszenierung hat deshalb nichts mit ‚Vortäuschung' und ‚Unwahrheit' von Aussagen zu tun. Nicht-fiktionale Texte werden ebenfalls inszeniert und arrangiert, ohne dass sie deshalb weniger ‚faktisch' bzw. dokumentarisch wären. (Hickethier 2003, S. 124)

Zwei Bedeutungen des Begriffs „Inszenierung" haben bei der Auseinandersetzung mit non-fiktionalem Fernsehen Bedeutung. Zum einen ist alles, was medial aufbereitet ist, inszeniert. Das bedeutet, dass rein beobachtend aufgenommene Filmsequenzen auch schon als inszeniert beschrieben werden können. Zum anderen sind mit Inszenierungen Sequenzen gemeint, in denen das Dargestellte nachgestellt wurde. Die Bandbreite von so genannten „Nach-Inszenierungen", auch „Re-Enactments" genannt, ist groß. Sie führt über einfache Wiederholungen von Vorgängen und Handlungen bis hin zur aufwändig geplanten und umgesetzten Spielsequenz mit Schauspielern. Gäbler schreibt, dass „kaum ein Doku-Irgendwas"– was für die Aufweichung der Begrifflichkeiten spricht – „noch ohne ‚Re-Enactment, ‚szenische Rekonstruktion' oder gar ‚dokumentarische Imagination" auskommt (Gäbler 2003, S. 9). Wolf bezeichnet Nach-Inszenieren als „schon fast allgemeinen Standard" (Gäbler 2003, S. 9).

Wo fängt die Inszenierung an und wo hört sie auf? Aus dieser Fragestellung heraus entstanden zwei grundsätzliche Sichtweisen dokumentarischen Arbeitens. Für die eine, wie etwa die von Peter Krieg, „waren Eingriffe im Bereich der ‚mise en scéne' ein legitimes Mittel zur Konstruktion einer dokumentarischen Wirklichkeit". Für andere, wie z. B. von Klaus Wildenhahn, war die Methode des „geduldigen Hinhörens und behutsamen Nichteingreifens" die einzige Möglichkeit, Realität abzubilden (vgl. Hattendorf 1999, S. 17). Hickethier beschreibt die zwei „gegensätzlichen Grundhaltungen" wie folgt: Die von Klaus Wildenhahn vertretene Methode ist eine „vornehmlich Realität beobachtende, registrierende Vermittlungsinstanz" (Hickethier 2001, S. 201). In „das zu filmende Geschehen" darf der Filmemacher möglichst nicht eingreifen, um die gefilmte Realität nicht zu verfälschen. Für die Diskussion um Inszenierung ist hier wichtig, dass verpasste Aufnahmen nicht nachgestellt werden, da durch ein „solches Arrangement die Authentizität des Gezeigten in Frage gestellt wird" (Hickethier 2001, S. 201). Dieser Methode steht die Auffassung gegenüber, dass alleine schon der Vorgang des Filmens selbst einen Eingriff in die gefilmte Realität darstellt. Somit kann man nicht von einer Abbildfunktion sprechen. „Die bloße beobachtende Dokumentation verfehlt nach dieser Auffassung gerade, die Wirklichkeit darzustellen" (Hickethier 2001, S. 202). Der Autor ist hier in eine Funktion des Erzählers von Wirklichkeit gerückt, dem eine „organisierende Kraft" zugesprochen wird (Hickethier 2001, S. 202). Der Autor muss demnach die Wirklichkeit so aufbereiten, dass diese überhaupt filmisch kommunizierbar wird.

1.3 Zusammenfassung

Der Film, der den Gegenstand seiner Erzählung der Realität entnimmt, ist im weitesten Sinne als dokumentarisch oder, um als Gegenmodell zum Spielfilm kenntlich zu sein, als non-fiktional zu bezeichnen. Es kommt nicht nur darauf an, wie weit der Inhalt des Films tatsächlich Abstand von der Realität hält, sondern auch darauf, wie hoch das Realitätsempfinden von Zuschauern dabei ist. Filme werden als non-fiktional empfunden, wenn sie sich der handwerklichen Mittel der dokumentarischen Darstellung bedienen und sie werden als Fiktion empfunden, wenn sie sich der Mittel des Spielfilms bedienen.

▶ Den Zuschauer im Unklaren darüber zu lassen mit welcher Art Film er es zu tun hat, sorgt dabei in der Regel nicht für Spannung, vielmehr führt es zu latenter Irritation, die vom Inhalt ablenkt.

Die Vorteile der Entscheidung für einen non-fiktionalen Film sind erst dann auszuschöpfen, wenn diese Tatsache auch gegenüber dem Publikum offengelegt wird. Es ist dabei gleichgültig ob das explizit als Teil der filmischen Erzählung oder implizit durch die Wahl der entsprechenden Mittel geschieht. Ein Film sollte ganz am Anfang eine Grundverabredung mit dem Zuschauer treffen, die Tonalität des Films deutlich machen, eine Idee davon vermitteln, worauf sich der Zuschauer einlässt und ablenkende Fragen, wie die nach Realität oder Inszenierung, nicht aufkommen lassen oder beantworten.

▶ Non-fiktionale Filme dokumentieren Ausschnitte der Realität, sie sind jedoch weder die Realität selbst noch wirkliche objektive Realitäts-abbildungen. Die Tatsache, dass Zuschauer im Film aber Dinge mit eigenen Augen sehen, lässt die Tatsache, dass die Steuerung dieses Sehens in den Augen eines Autor oder Regisseurs liegen, leicht in den Hintergrund treten. Das bedeutet für den Filmemacher eine besondere Verantwortung.

Das eigentliche Filmerlebnis entsteht für Zuschauer in der Summierung der Seh-eindrücke mit dem bereits vorhandenen Vorwissen und den Vorerfahrungen zum präsentierten Thema. Das begründet die Individualität des Seherlebnisses und ver-langt von Filmemachern ein konsequentes Mitdenken dieses für den Seheindruck relevanten Anteils der Rezeption. Das Einlassen auf einen Film verlangt Vertrauen in das zu Sehende. Das ist grundsätzlich groß, wird bei der Auseinandersetzung mit non-fiktionalem Inhalt aber dem kontinuierlichen Abgleich mit der eigenen Realität unterzogen. Abweichungen von der eigenen Welt sind interessant, Un-glaubhaftes jedoch unangenehm.

Literatur

Borstner, N., Pabst, E, und Wulff, H. J. 2002. *Einführung in die Film- und Fernsehwissen-schaft.* Konstanz:Utb.

Fischer, Ludwig 2005. Fünfzehn unsortierte Gemeinplätze zum dokumentarischen Film. In: *Tiefenschärfe. Zentrum für Medien und Medienkultur.* S. 3–7.Hamburg:Medienzentrum FB 07 Universität Hamburg. Winter 2004/05.

Gäbler, Bernd 2003. Vorwort. In: *Alles Doku – oder was? Über die Ausdifferenzierung des Dokumentarischen im Fernsehen,* Hrsg. Wolf, Fritz 2003. Bd. 25, S. 9. Düsseldorf:LfM-Dokumentation.

Hattendorf, Manfred 1999. *Dokumentarfilm und Authentizität: Ästhetik und Pragmatik einer Gattung.* Konstanz:UVK-Medien

Heller, Heinz-B. 1990. Dokumentarfilm und Fernsehen. Probleme aus medienwissenschaft-licher Sicht und blinde Flecken. In: *Bilderwelten - Weltbilder. Dokumentarfilm und Fern-sehen,* Hrsg. Heller, Heinz-B. und Zimmermann, Peter, S. 15–22. Marburg:Hitzeroth.

Heller, Heinz-B. 2001. Dokumentarfilm als transitorisches Genre. In: *Die Einübung des dokumentarischen Blicks,* Hrsg. von Keitz, Ursula und Hoffmann, Kay, S. 15–26.Mar-burg:Schüren Verlag GmbH.

Hickethier, Knut 2001. *Film- und Fernsehanalyse.* Stuttgart, Weimar:Metzler.

Hickethier, Knut 2003. *Einführung in die Medienwissenschaft.* Stuttgart:Metzlersche J.B. Verlagsb.

Krieg, Peter 1997. Die Inszenierung des Authentischen. In: *Trau-schau-wem: Digitalisie-rung und dokumentarische Form,* Hrsg. Hoffmann, Kay, S. 85–95. Konstanz:UVK Me-dien.

Meyer, Thomas 2001. *Mediokratie. Die Kolonisierung der Politik durch die Medien*. Frankfurt a. M.:Suhrkamp.

Odin, Roger 1990. Dokumentarischer Film - dokumentarisierende Lektüre. In: *Sprung im Spiegel. Filmisches Wahrnehmen zwischen Fiktion und Wirklichkeit*, Hrsg. Blümlinger, Christa, S. 125–146.Wien:Sonderzahl.

Paech, Joachim. 1990/1991. Zur Theoriegeschichte im Dokumentarfilm. Einleitende Bemerkungen zu Problemen des dokumentarischen Films. In: *Film* 23:24–29.

Wortmann, Volker 2003. *Authentisches Bild und authentisierende Form*. Köln:Von Helem.

Die Darstellungsebenen

2

Für die Umsetzung seiner erzählerischen Absicht stehen dem Filmautor im non-fiktionalen Film deutlich mehr Darstellungsebenen zur Verfügung als den Autoren in anderen Medien, aber auch als den Regisseuren von Spielfilmen. Das verbreitert einerseits das Spektrum der Möglichkeiten, erfordert andererseits aber auch zusätzliche Fertigkeiten des Umgangs damit.

Die Darstellungsebenen können entweder direkte Darstellungsebenen sein, die im Prozess der Filmherstellung aufgezeichnet werden, oder indirekte, die erst nach der Aufzeichnung der direkten hinzugefügt werden und damit zur Gesamtwirkung beitragen.

Die direkten Darstellungsebenen sind:
- Das Bild
- Die Atmosphäre und Geräusche
- Der Originalton
- Die Musik

Hinzu kommen die indirekten Darstellungsebenen:
- Die Montage
- Der Text.

Alle wirken zusammen auf den Zuschauer. Für den Autor eines Films ist es daher wichtig, die einzelnen Darstellungsebenen und ihre Wirkung sowohl individuell als auch in ihrer Wirkung in der Kombination mit anderen Dar-

© Springer Fachmedien Wiesbaden 2015
O. Jacobs, T. Großpietsch, *Journalismus fürs Fernsehen,* Praxiswissen Medien,
DOI 10.1007/978-3-658-02417-8_2

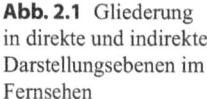

Abb. 2.1 Gliederung
in direkte und indirekte
Darstellungsebenen im
Fernsehen

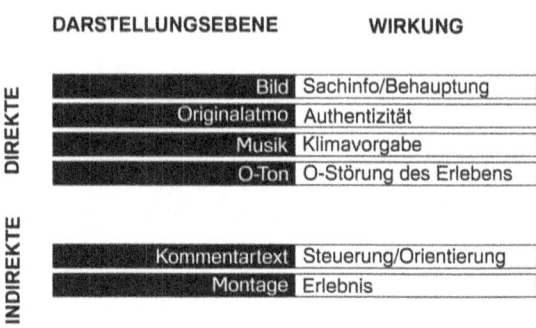

stellungsebenen genau zu kennen. Nur so ist der Wirkungseffekt des eigenen Films gezielt zu steuern.

Die Darstellungsebenen im Film sind vergleichbar mit den Mitgliedern einer Sportmannschaft, die gemeinsam ein Ziel verfolgen. Jeder einzelne Spieler hat eine eigene Aufgabe und seine Handlungen wirken sich auf das Gesamtergebnis aus. Jeder Einzelne kann dem Anderen in die Quere kommen und seine Leistung schmälern. Die Spieler können sich gegenseitig verdecken oder voneinander ablenken. Die Spieler können sich aber auch perfekt ergänzen und zusammenwirken. Anzustreben ist ein perfektes Zusammenspiel im Sinne der Autorenabsicht.

Die Abb. 2.1 soll die Rollenverteilung verdeutlichen.

2.1 Bild

Fernsehen ist ein audiovisuelles Medium. Das Bild nimmt bei der Wirkung daher großen Raum ein. Das Filmbild kann bereits sehr vieles erzählen, was auf den anderen Darstellungsebenen dann verzichtbar wird. Es liefert Informationen über Orte, Figuren und Zeit und macht bestimmte Handlungen verständlich.

Andererseits wird das Filmbild von Filmemachern jedoch auch gern überschätzt. Wenn Zuschauer ein Filmbild „lesen" entstehen zunächst einmal vor allem Fragen im Betrachter: Was ist das? Wer ist das? Wo ist das? Was bedeutet das? Die betreffenden Informationen sind aber selten eindeutig. Das Filmbild stellt insofern lediglich eine Behauptung dar. Der Zuschauer glaubt, eine Bedeutung in dem Bild zu erkennen. Um die Bedeutung des Bildes für die zu erzählende Geschichte einordnen zu können und aus ihrer Mehrdeutigkeit herauszulösen, bedarf es zusätzlicher Informationen auf zumindest einer weiteren Darstellungsebene, zum Beispiel eines Geräusches, welches im Zuschauer eine bessere Einordnung des Filmbildes entstehen lässt. So kann das Bild von einem Tannenwald erst durch den Ton zum Beispiel einer Jahreszeit oder einer Windsituation zugeordnet werden. Dasselbe Bild mit einem eisigen Wind als Ton wird ganz anders wirken als mit Vogelgezwitscher auf der Tonebene.

In einem Filmbild gibt es für den Betrachter viele Details zu entdecken. Wo der Zuschauer genau hinschauen soll und welcher Bildteil relevant ist kann durch die Bildgestaltung gesteuert werden. Farben und Bewegung lenken die Aufmerksamkeit des Zuschauers zusätzlich. Weitere Darstellungsebenen, wie z. B. Text oder Geräusche, können ebenfalls die Aufmerksamkeit innerhalb eines Filmbildes steuern. Was für die Geschichte relevant ist und wohin die Aufmerksamkeit des Zuschauers gelenkt werden soll obliegt der Entscheidung des Autors. Die Bildgestaltung ist die Umsetzung dieser Absicht.

Das Filmbild ist heutzutage meist ein technisch generiertes Videobild. Im Gegensatz zur Fotografie – wo eine Situation zu einem Zeitpunkt förmlich eingefroren wird – werden beim Fernsehen 25 Bilder pro Sekunde auf einem Speichermedium festgehalten. Es kommt demnach der Faktor Zeit hinzu, wodurch die Linearität des Mediums begründet ist. Ab einer Bildfolge von ca. 17 Bildern pro Sekunde nimmt das menschliche Auge Bewegungen als fließend wahr. Technischer Standard sind in Europa 25 Bilder pro Sekunde im Fernsehen und 24 Bilder pro Sekunde im Kino.

Abbildung 2.2 veranschaulicht die Auflösung von Bewegungen in die Einzelbilder eines Films. Es wird deutlich: umso mehr Bilder pro Sekunde einen Film zusammensetzen, desto kleiner sind die Bewegungen von einem Einzelbild zum nächsten und damit umso fließender die Bewegungen.

Die Realitätsempfindung beim Zuschauer ist durch die hohe Bilderfolge von, wie in der Abbildung dargestellt, 25 oder sogar 50 Bildern pro Sekunde im europäischen Fernsehen sehr hoch. Das ist auch ein Grund, warum dem Fernsehbild eine hohe Glaubwürdigkeit und Beweiskraft zugesprochen wird, obwohl die durchaus gegebenen Manipulationsmöglichkeiten des Bildes dem Zuschauer bekannt sind. Das bewegte Bild gilt als Beweis für Vergangenes.

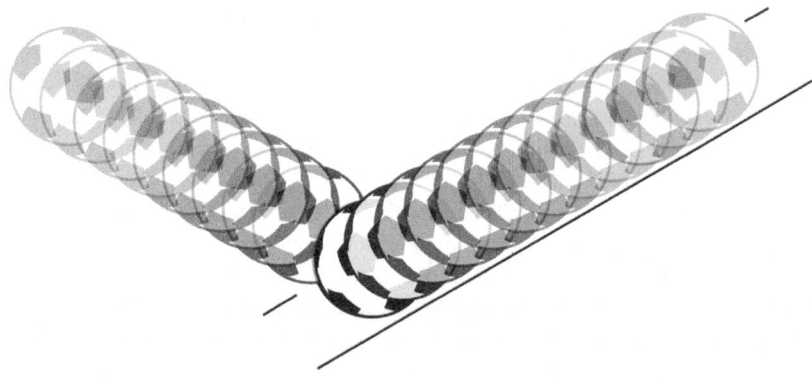

1 SEK.

1 2 3 4 5 6 7 8 9 10 11 12 13 14 15 16 17 18 19 20 21 22 23 24 25

Abb. 2.2 Auflösung von Bewegungen in die Einzelbilder eines Films

2.1.1   Bilder kadrieren

Der Kamerablick organisiert das Bild, er setzt den Rahmen, wählt den Ausschnitt, der von der Welt zu sehen ist, er bestimmt, was zu sehen ist (Hickethier 2001, S. 57). Das Fernseh- und Filmbild hat immer eine Rahmung. Es ist zu den Rändern hin endlich. Das ist der wesentliche Unterschied zum menschlichen Auge. Man spricht hier auch von der Kadrierung eines Bildes. Abbildung 2.3 skizziert diesen Effekt.

Abb. 2.3 Kadrierung des Bildes durch die Kamera

▶ Der Zuschauer schaut wie durch ein „Fenster in eine andere Realität." Zusätzlich ergänzt er jedoch die „gerahmte Welt" in seinem Kopf. Gegenstände, die in das Bild hineinragen, werden nicht als abgeschnitten, sondern nur als „nicht abgebildet" empfunden. Das heißt in der Umkehrung für Fernsehautoren aber auch, dass es nicht notwendig ist, auf Vollständigkeit im Bild zu achten, sondern im Gegenteil, Zuschauer ergänzen zu lassen. Dinge wegzulassen und abzuschneiden wird Zuschauer sogar zu größerer Aufmerksamkeit führen und bedeutet somit eine spannendere bildliche Erzählweise.

2.1.2 Der Raum

Wenn Personen im Filmbild abgebildet werden, entsteht zwischen Bildrand und Figur ein Raum. Dieser Raum kann als offen oder geschlossen empfunden werden. Geschlossene Bildkompositionen werden leicht als eng empfunden. Die Figuren füllen den Bildraum aus und es bleibt wenig Platz, um die räumliche Positionierung der abgebildeten Personen wahrzunehmen und Orientierung für den Zuschauer zu schaffen. Das Bild ist „vollgestopft" mit Figuren und scheint nur als deren Bühne zu dienen. Diese Art der Bildkadrierung findet man eher in narrativen Filmformen, wo der gesamte Bildraum konstruiert wird. Bei einer offenen Kadrierung, wie sie für den journalistischen und dokumentarischen Film immer dann angemessen ist, wenn es um harmonische Figurendarstellungen geht, bleibt den Figuren meist mehr Raum, also Platz zu den Bildrändern hin, wie in Abb. 2.4 zu erkennen

GESCHLOSSEN   OFFEN

Abb. 2.4 Offene und Geschlossene Raumdarstellung

ist. Auch wirken diese Bilder weniger perfekt und lassen sehr viel Spielraum für Ergänzungen im Kopf des Zuschauers. Bei einer mehr geschlossenen Form entsteht schnell das Gefühl der Inszenierung mit einer gewissen Vorplanung. Der Zufall wirkt eher ausgeschlossen, das kostete Authentizität

Von geschlossenen Formen spricht man auch dann, wenn die Kamera einer Figur ständig folgt und die Figur nie an den Bildrand gerät. Verlässt die Figur hingegen häufig das Bild oder gerät zumindest an den Bildrand, versteht sich auch das als offene Form der Bildgestaltung. Im non-fiktionalen Film, dem spontane Bewegungen und Beobachtungen eigen sind, hat man es folglich häufig mit einer offenen Bildgestaltung zu tun. Sie wirkt authentischer und weniger vorgeplant und ist insofern vor allem ein Mittel der Reportage. Offene Formen werden von Zuschauern unterbewusst als Realitätsabbildungen wahrgenommen. Sofern auch Spielfilme sich dokumentarischer Mittel bedienen, ist die handwerkliche Umsetzung dafür genau diese offene Form der Bildgestaltung.

Eine Besonderheit in der Bildgestaltung des non-fiktionalen Films ist der Umgang mit Personen, die eigentlich keine Darsteller sind. Im journalistischen Film muss sich für eine harmonische Bildempfindung der Raum zur Handlungsachse der Person hin öffnen. Bei einem O-Ton ist es die Achse zwischen Interviewer und Interviewtem oder einem Gesprächspartner des Protagonisten. Der Raum ist hier zur Blick- und Sprechrichtung hin offen, so wie es Abb. 2.5 in der ersten Variante zeigt. Die Aufmerksamkeit des Zuschauers wird also nicht gestört oder abgelenkt und kann sich voll auf das Gesagte konzentrieren. Ganz anders ist es in der zweiten Variante, in der der Bildraum vor dem Protagonisten nicht geöffnet ist sondern sich überwiegend hinter ihm befindet.

Ist der Raum hinter einer Figur geöffnet, wirkt das nicht harmonisch, sondern ablenkend oder beunruhigend, da die Erwartung erzeugt wird, dass etwas hinter der Figur passiert oder sie vielleicht bedroht ist. Geöffnete Räume hinter Figuren sind deshalb ein im Horrorfilm häufig eingesetztes Mittel.

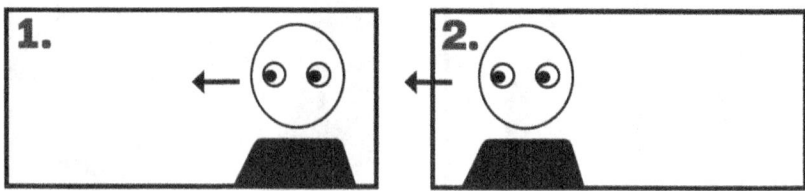

Abb. 2.5 Offene Gestaltung des Bildraumes im Umgang mit Protagonisten

Verstärkt wird der Eindruck noch, wenn Figuren sprechen oder gar im Interview auftreten. Angeschnittenen Köpfe oder Menschen, die zum Bildrand hin sprechen, werden als eingeengt oder bedroht empfunden. Diese Gestaltung sollte folglich nur dann gewählt werden, wenn das auch die beabsichtigte Wirkung und für die Geschichte dienlich ist.

2.1.3   Goldener Schnitt und Drittelregel

Ein weiterer grundlegender Aspekt der Bildgestaltung ist die Gewichtung von Bildern. Im journalistischen Film soll meistens eine relativ natürliche Darstellung der Welt im Bild erreicht werden. Das Bild soll harmonisch und ausgewogen wirken, damit Informationen ungestört vermittelt werden können. Der Zuschauer soll sich dabei auch sein eigenes Bild machen können.

▶   Wie Bildflächen im Verhältnis zueinander harmonisch auf den Betrachter wirken lässt sich prinzipiell mit dem goldenen Schnitt berechnen. In der Film- und Kamerapraxis hat sich aber die vereinfachte Drittelregel als praktisch erwiesen. Hierbei teilen zwei gedachte horizontale und zwei vertikale Linien das Filmbild, so wie es Abb. 2.6 zeigt. Relevante Elemente des Bildes sollten auf diesen Linien oder auf den Schnittpunkten dieser Linien platziert werden, um eine harmonische und ausgewogene Darstellung der Welt zu erreichen.

Bei einem O-Ton können dies die Augen und der Mund des Protagonisten sein, bei Landschaftsaufnahmen zum Beispiel der Horizont.

Abb. 2.6 Vereinfachung des Goldenen Schnitts zur Drittelregel

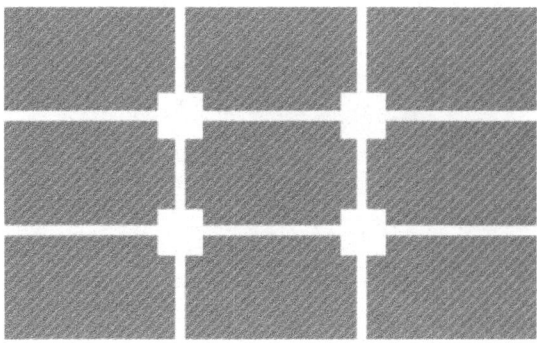

Es kann durchaus gestalterische Absicht sein, diese Regeln zu durchbrechen. Wenn gezielt Unruhe erzeugt werden soll, kann man von dieser Art der Bildkadrierung abweichen oder sie ins Gegenteil kehren. Figuren können mit einer Zentralperspektive eingerichtet, das heißt, direkt in der Bildmitte positioniert werden. Wird die Abbildung am Bildrand gewählt, dann soll die Harmonie eines an goldenen Schnitten orientierten Bildes absichtlich verlassen werden. Häufig bietet es sich an, unterschiedliche Gestaltungsweisen zu nutzen, um dadurch verschiedene Figuren zu charakterisieren.

2.1.4 Linien und Richtung

Im westlichen Kulturkreis wird Geschriebenes von links nach rechts gelesen. Dies hat auch Auswirkung auf die Wahrnehmung von Bildern. Eine von links nach rechts aufsteigende Linie wird als Vorwärtsentwicklung und positiv empfunden. Fällt eine Linie hingegen von links oben nach rechts unten, wird sie als Abstieg und negativ wahrgenommen. Abbildung 2.7 verdeutlicht diesen Effekt.

Solche Linien und ihre Wirkung kann man im journalistischen Film sehr gut nutzen, um aufsteigende oder fallende Tendenzen zu visualisieren. Filmt man das Logo oder den Firmensitz eines Unternehmens fallend, kann man beispielsweise fallende Aktienkurse oder interne Probleme visualisieren. Bei einer Abbildung in der anderen Richtung können die Bilder für den Aufstieg einer Firma stehen und so als Bilder die journalistische Information stützen.

Die Berücksichtigung von Richtungen kann aber auch zu einer Gefühlssteuerung auf ganz anderer Ebene führen. Bewegungen von links nach rechts erscheinen unterbewusst als Aufbruch oder Losgehen, Bewegungen von rechts nach links hingegen als Rückkehr. Nicht zufällig reiten die Indianer im Western von links nach rechts los und kommen von rechts zurück!

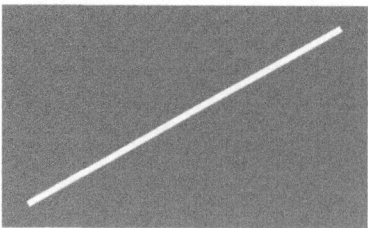 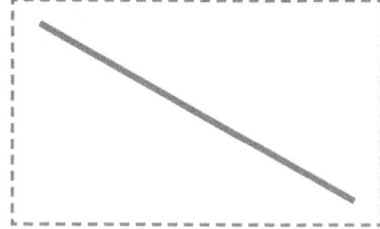

Abb. 2.7 Wahrnehmungssteuerung durch steigende und fallende Linien

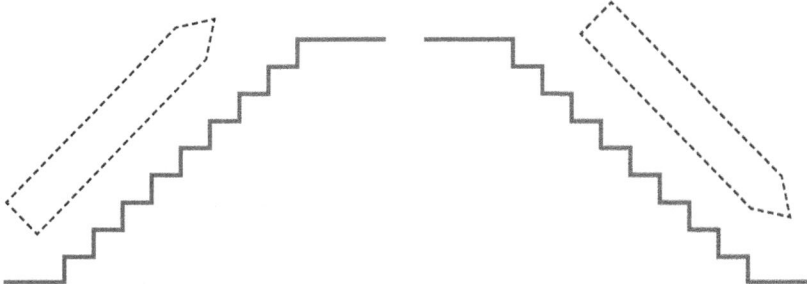

Abb. 2.8 Wahrnehmungssteuerung durch Bewegungsrichtungen im Bild

Auch bei Himmelsrichtungen gibt es eine Richtungsentsprechung. Soll ein Flugzeug von Deutschland in die USA fliegen, d. h. von Ost nach West, sollte es im Bild von rechts nach links fliegen. So entsteht der Eindruck, das Flugzeug fliege nach Westen. Durch das richtige Nutzen von Richtungen entsteht ein Gefühl für den Filmraum. Zuschauer erhalten dadurch eine räumliche Orientierung, die für das Erleben wichtig ist. Ein ähnliches Phänomen erlebt man bei einer Treppe. Eine Treppe wie in Abb. 2.8. führt hinauf, wenn sie von links unten nach rechts oben geht. Sie führt hinab, wenn sie von links oben nach rechts unten dargestellt ist. Dies kann für eine Regie-Entscheidung ausschlaggebend sein.

2.1.5 Handlungsachsen

Handlungsachsen spielen für die Realisierung eines Films eine wichtige Rolle, da sie für die Positionierung der Kamera wichtig sind. Handlungsachsen können zwischen Personen, aber auch zwischen einem Objekt und einer Person bestehen.

Die Positionierung der Kamera und die Montage der erzeugten Bilder ist maßgeblich zuständig für die Orientierung des Zuschauers im Filmraum. Wenn dem Zuschauer eine schnelle Raumorientierung gegeben werden soll, ist es sinnvoll, eine Situation von der gleichen Seite aus zu drehen. Abbildung 2.9 zeigt, dass alle Kamerapositionen auf der einen Seite der Handlungsachse dann möglich sind und Bilder liefern, die in der Montage zusammenpassen, ohne den Zuschauer räumlich zu verwirren.

Abb. 2.9 Kamerapositionen zur Handlungsachse zur Vermeidung von Achssprüngen

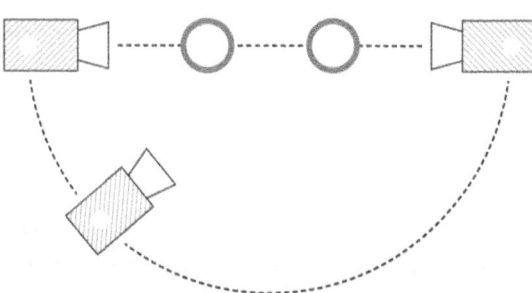

▶ Die Raumorientierung entsteht, da der Hintergrund des Filmbildes immer ähnlich ist und wiedererkannt wird. Wird hingegen über die Achse gesprungen und werden Bilder von beiden Seiten genommen und diese im Schnitt zusammen montiert, entsteht das Gefühl der Desorientierung, weil der Hintergrund beim Hin- und Herschneiden immer ein anderer ist und die Bewegungsrichtung von Figuren nicht mehr eindeutig nachvollzogen werden kann. Man spricht dann von einem Achssprung.

Ein Achssprung meint also, dass die Kamera eine durch das Objekt gedachte Linie überspringt. Nimmt man zum Beispiel einen Protagonisten der vorwärts läuft und denkt sich eine Linie in der Verlängerung seiner Nase, so dürfte die Kamera niemals über diese gedachte Linie wechseln. Täte sie es dennoch, würde das in der Montage dazu führen, dass der Protagonist hin und her läuft, möglicher Weise sogar umherirrt, statt sich zielgerichtet zu bewegen. Aus diesem Grund stehen beispielsweise bei einem Fußballspiel auch alle Kameras nur auf einer Seite des Spielfeldes. Würde nur eine einzige Kamera auf der anderen Seite stehen, würde das bei der Wiedergabe dazu führen, dass die Spieler scheinbar nicht zielgerichtet umherliefen und das Spiel keine Richtungen mehr hat.

Auch Achssprünge können ganz bewusst als gestalterische Mittel eingesetzt werden, um eine subjektive Wahrnehmungswelt oder Verwirrtheitszustände zu konstruieren. Gelegentlich wird die Vermeidung von Achssprüngen auch als 180-Grad-Regel bezeichnet, was nichts weiter meint, als dass die Kamera in einem 180 Grad Winkelbereich alle Positionen einnehmen kann, ohne dabei über die Achse springen.

Achssprünge lassen sich, ohne Orientierungsschwierigkeiten zu erzeugen, in einen Film integrieren, indem man das Überschreiten der Achse mit laufender Kamera vollzieht und dieses dann auch in den Film hinein schneidet. Der Zuschauer erlebt dann den Gang über die Achse und verliert die räumliche Orientierung nicht. Besonders bei einer bewegten Kamera ist das zügig möglich. Umso fester ein Filmraum etabliert ist, desto leichter sind Achssprünge für Zuschauer zu tolerieren. Vor allem bei Szenenanfängen oder erstmaligen Installationen von Räumen ist jedoch unbedingt Vorsicht geboten.

2.1.6 Einstellungsgrößen

Unter Einstellungsgrößen versteht man die Relation zwischen gefilmtem Objekt und dem Bildrand. Die Kategorien der Einstellungsgrößen sind bei der Spielfilmproduktion entstanden und beziehen sich vorrangig auf die Darstellungsgröße eines Menschen im Bild, wie Abb. 2.10 zeigt.

► Acht Darstellungsgrößen haben sich durchgesetzt:
Weit (W) – Die Übersichtseinstellung
Weite Landschaften werden im Bild gezeigt. Der Mensch ist nur noch als Teil des Ganzen zu erkennen und kann verschwindend klein dargestellt werden. Der Zuschauer kann eine Figur und einen Ort verorten.
Totale (T) – Etwas enger als die „Weit-Einstellung" ist die Totale. Auch sie kontextualisiert die Figur und verortet sie für den Zuschauer. Sie gibt dem Rezipienten Orientierung und ein Raumgefühl.
Halbtotale (HT) – Die Halbtotale legt den Fokus mehr auf die handelnden Figuren als die Totale. Sie zeigt weniger Kontext, sondern die Figur von Kopf bis Fuß. Sie gibt dem Zuschauer zusätzlich räumliche Orientierung, da immer noch genug von der Umgebung abgebildet wird.
Amerikanisch (A) – Diese Einstellungsgröße kommt aus dem Westernfilmen und zeigt die Figur bis oberhalb der Knie. damit ist sichergestellt, dass ggf. der Revolver im Halfter noch mit im Bild ist.
Halbnah (HN) – Eine Figur wird von den Knien aufwärts komplett dargestellt.
Nah (N)– Eine Einstellung, die häufig im journalistischen Film für gesetzte Interviews benutzt wird. Oberkörper und Kopf werden abgebildet.
Groß (G) – Auch das ist eine häufige Einstellungsgröße, um im Gesicht eines Menschen Emotionen erkennen zu können. Die Groß-Einstellung zeigt das Gesicht einer Figur bildfüllend.
Detail (D) – Diese Einstellungsgröße zeigt nur einen kleinen Ausschnitt einer Figur. Beispielsweise wird ein Finger oder ein Auge nahezu formatfüllend aufgenommen.

Abb. 2.10 Die gebräuchlichsten Einstellungsgrößen

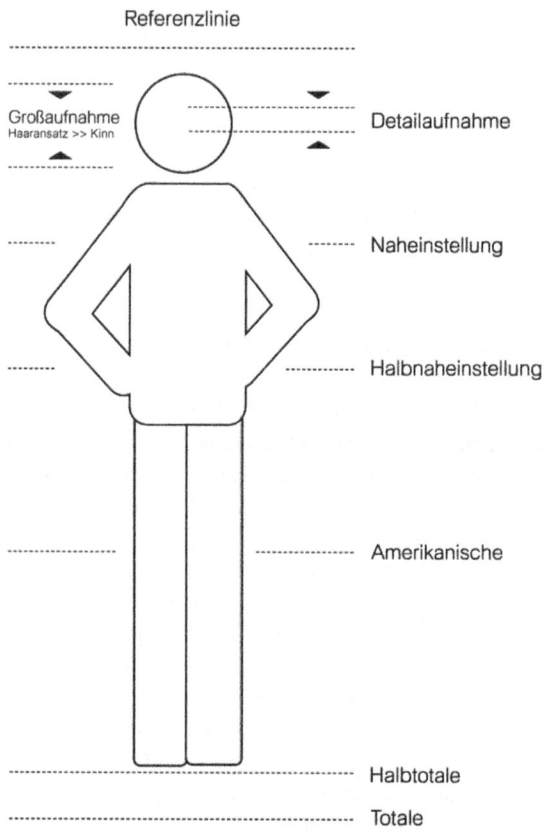

Referenzlinie

Großaufnahme
Haaransatz >> Kinn

Detailaufnahme

Naheinstellung

Halbnaheinstellung

Amerikanische

Halbtotale

Totale

Eine weitere wesentliche optische Gestaltungsoption ist die Wahl der Perspektive. Das heißt die Wahl des Ortes des Betrachters im Verhältnis zu den abgebildeten Elementen des Filmraumes. Abbildung 2.11 zeigt unterschiedliche Perspektiven auf ein und dieselbe Person, die jedoch jeweils das Filmbild stark verändern, da das Verhältnis der Persona zu den anderen Gegenständen im Raum und zum Betrachter selbst jeweils sehr unterschiedlich erscheint.

Im non-fiktionalen Film will man den Protagonisten meist auf Augenhöhe begegnen. Für die Kameraarbeit heißt das, die Kamera wirklich auf Kopfhöhe der zu filmenden Figuren zu führen (Kamera C). So entsteht eine relativ neutrale Abbildungsperspektive und der Zuschauer kann sich selbst ein Bild von den Protagonisten machen. Zuschauer und Kamera sind dann quasi gleichberechtigt.

Abb. 2.11 Verschiedene Perspektiven durch verschiedene Kamerapositionen

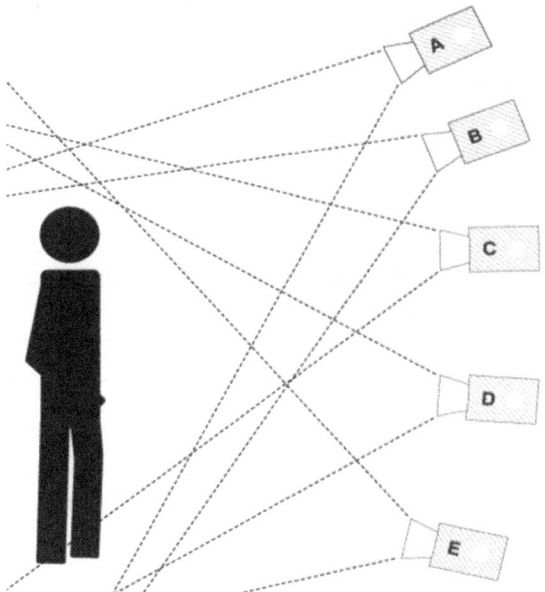

Untersichten machen einen Protagonisten größer (Kamera D oder E). Man schaut zu ihm hinauf. In dieser Perspektive haben sich schon früher gerne Könige und Herrscher von Malern porträtieren lassen.

Draufsichten machen den Protagonisten kleiner (Kamera A oder B). Man schaut auf ihn herab. Das kann besonders bei kleinen Menschen und Kindern zum Problem werden.

Bestimmte Kameraperspektiven werden häufig in der Satire gezielt eingesetzt, um Figuren schon vom Bild her zu bewerten. Der Fernsehautor muss sich der jeweiligen Wirkung bewusst sein, um nicht einen ungewollten Effekt zu erzeugen.

2.2 Atmosphäre/Geräusche

„Ein tonloses Geschehen wirkt unvollständig, unwirklich, wie tot" (Hickethier 2001, S. 96). Der Ton spielt deshalb im dokumentarischen Fernsehen eine ganz besondere Rolle. Er kann einem Film Authentizität verleihen oder auch die Authentizität vermeiden, um Überhöhungen und Kommentierungen zu schaffen.

Als Atmosphäre – oder kurz Atmo – wird dabei alles verstanden, was an einem Originalschauplatz mit der Szene verbunden aufgenommen worden ist oder aufgenommen worden sein könnte. Dazu kann auch Musik gehören, die vielleicht aus einem Radio kam, aber auch Originaltöne von Personen, die in Situationen, also nicht als eingerichtete Interviews, sondern bei einem Vorgang, entstanden sind. Man spricht dann vom situativen O-Ton. Zu unterscheiden ist weiterhin zwischen Geräusch und Atmo. Ein Geräusch ist spezifisch, hat meist ein definiertes Ende und einen Anfang. Es ist klar wahrzunehmen, auch wenn es nicht zuordenbar ist oder identifizierbar ist. Eine Atmo ist eher eine Geräuschkulisse und besteht meist aus Geräuschen, die zusammen wirken. Eine Atmo ist eher unspezifisch und lässt sich nicht immer einer Quelle zuordnen. Eine Atmo definiert die Größe eines Filmraumes. Der Zuschauer hört, ob es sich um einen großen oder kleinen Raum handelt. Er hört beispielsweise ob es gerade Winter oder Sommer ist.

Wenn Filme realitätsnah wirken sollen, müssen sie auch die akustische Umgebung des Alltags imitieren. Es muss eine Geräuschkulisse geschaffen werden, die einen Realitätseindruck beim Zuschauer entstehen lässt (vgl. Borstnar et al. 2002, S. 125).

▶ Von den verschiedenen dem Film zur Verfügung stehenden Darstellungsebenen ist das Geräusch das, was am schnellsten vom Zuschauer wahrgenommen wird.

Bestimmte Geräusche zeigen für den Menschen heute wie früher eine Gefahr an, sie haben Signalwirkung. Ein heranfahrendes Auto, ein Knacken im Gebüsch oder ein Hundegebell lassen den Menschen sofort aufhorchen und eine Entfernungs- und Bedrohungsabschätzung einleiten (vgl. Mikunda 2002, S. 184). Der Mensch reagiert unbewusst sofort. Dennoch neigt man dazu, den Ton zu unterschätzen, weil er ständig präsent ist.

Der Ton ist nicht so vieldeutig wie das Bild und insofern im Fernsehen besonders nützlich für die Aufmerksamkeits- und Emotionssteuerung. Autoren können mit Geräuschen die Aufmerksamkeit des Zuschauers lenken und Gewichtungen vornehmen. Es ist deshalb im Grunde erstaunlich, dass Geräusche in der Praxis häufig stiefmütterlich behandelt werden und auch Fernsehtechnik zwar in vielen kleinen technischen Details um optische Qualität ringt, den Ton aber längst nicht adäquat behandelt. Die größte Gefahr für den authentischen Ton liegt im journalistischen Film aber bei den Fernsehautoren selbst. Durch zu viel Sprechertext werden in der Sprachaufnahme fast zwangsläufig sämtliche Geräusche „weg gemischt", also so leise gepegelt und von Sprache überlagert dass zwar der Sprechertext gut verständlich ist, jedoch der Film die ihm durch die Atmosphäre gegebene Authentizität verliert. Damit berauben sich die Macher einer starken Darstellungsebene und filmischen Werkzeugs. Geräusche sorgen für ein Miterleben des Zuschauers und erfordern genau so viel handwerkliche Aufmerksamkeit wie die anderen Darstellungsebenen.

Geräusche erweitern den Handlungsraum der Geschichte und der Protagonisten im Film. Geräusche können auch von außerhalb des Bildes kommen und daher die Vorstellung im Zuschauer ergänzen und erweitern. Über die Intensität und Lautstärke bekommt der Zuschauer zusätzlich ein Gefühl von der Größe des Handlungsraumes und für Entfernungen (vgl. Borstnar et al. 2002, S. 126). Besonders nützlich sind Geräusche auch, weil sie Dinge sehr schnell erzählen können. Das Geräusch einer sich schließenden Tür beispielsweise kann eine Szene an einem Handlungsort abschließen ohne dass eine Tür gezeigt werden muss oder gar eine Person durch die Tür gehen muss. Ebenso ist es mit startenden und abgestellten Motoren, zuschlagenden Autotüren usw.

Geräusche und Atmos geben dem Filmbild seine Glaubwürdigkeit. Geräusch und Bild werden gemeinsam wahrgenommen. Es entsteht ein Gefühl des „Dabeiseins" und damit eine hohe Glaubwürdigkeit. Bilder ohne Geräusche werden kaum als authentisch aufgenommen und wirken wie tot – eher unwirklich. Wenn die Geräusche ausgeblendet werden und nur Musik unter den Bildern liegt, führt dies zu einer artifiziellen Darstellung der Welt und zu einer Distanz zum Bild. Auch Stille wirkt möglicherweise bedrohlich und ungewöhnlich (vgl. Borstnar et al. 2002, S. 126).

Stille bedeutet im Film meist nicht, dass nur noch technisches Rauschen wahrzunehmen ist. Wenn man Stille im Film wahrnehmbar machen will, sollte dennoch etwas zu hören sein, z. B. das Ticken einer Wanduhr oder der tropfende Wasserhahn. Um folglich Stille für Zuschauer erlebbar zu machen, muss man zunächst vor allem um leise Geräusche bemüht sein, die man in der späteren Montage mit lauten Geräuschen kontrastieren kann.

Laute Geräusche hingegen werden im Film eher mit Aggression und Anspannung in Verbindung gebracht (vgl. Flückiger 2007, S. 242). Hohe Lautstärke bewirkt einen Erregungszustand beim Zuschauer, jedoch erst durch den Wechsel zwischen laut und leise. Ständig laut oder immer leise führt zur Abnutzung und Gewöhnung und verschießt damit den gewünschten Effekt. Das Lautheitsempfinden von Menschen ist allerdings individuell sehr unterschiedlich.

Bei der Filmherstellung ist weiterhin zu berücksichtigen, dass Intensität und Lautstärke dem Zuschauer auch eine konkrete Vorstellung von der Entfernung der Geräuschquelle geben. So kann sich ein Geräusch, dessen Quelle nicht im Bild zu sehen ist, trotzdem sehr nah am Gezeigten befinden und Bedeutung beim Zuschauer gewinnen.

Ein Geräusch will vom Zuschauer zugeordnet werden. Woher kommt das? Was ist die Quelle des Geräusches? Habe ich ein Bild mit einem Trecker auf einer großen blühenden Wiese und ein präsentes Motorengeräusch, dann wird die Aufmerksamkeit des Zuschauers auf den Trecker gelenkt. Wenn hingegen ein Summen von Bienen und anderen Insekten vorrangig zu hören ist, dann wird die Aufmerksamkeit auf die Wiese gelenkt. Der Autor kann also die Wahrnehmung mit Hilfe von Geräuschen gezielt beeinflussen.

Der Mensch kann durchaus bestimmte Geräusche herausfiltern, die er besser hören möchte. Menschen besitzen die Fähigkeit, sogar in lauter Umgebung die Sprache eines Gegenübers relativ klar zu verstehen, selbst wenn starke Nebengeräusche stören. Der Mensch kann so selektiv hören, wie es eine technische Apparatur kaum erreicht. Nimmt man die gleiche Situation, in der im direkten Dialog Sprache noch zu verstehen ist, mit einem Mikrofon auf, wird wahrscheinlich kaum ein Wort zu verstehen sein. Für eine Gestaltung mit Geräuschen ist dies besonders interessant. Man kann das selektive Hören des Menschen auf der Tonebene nachbauen, indem Geräusche hinzugefügt, lauter oder leiser gemacht werden (vgl. Lensing 2009, S. 23).

Um einen authentischen Realitätseindruck zu erzeugen, muss die Tonebene so gebaut werden, wie es dem menschlichen Hören am meisten ähnelt. Die Atmo kann von eher spezifischen Geräuschen, die für die zu erzählende Geschichte relevant sind, überlagert und ergänzt werden. Das Spannende für den Filmemacher ist hier, dass er Regie führen kann und bestimmen, was soll besser zu hören sein und was nicht. Die Klang- und damit Filmräume können so kreativ und aktiv vom Filmemacher gestaltet werden.

Man spricht wie beim Bild von einer Perspektive für den Ton (vgl. Flückiger 2007, S. 150). Ist der Ton eher im Hintergrund oder nah und präsent? Der Ton kann somit verschiedene Perspektiven einnehmen und der Autor muss entscheiden, was für eine Perspektive er benötigt, um seine Geschichte zu erzählen. Entfernt man sich vom Ort des Geschehens, braucht man dann auch einen totaleren Ton, oder soll der Ton weiterhin sehr präsent sein? Flückiger teilt das Verhältnis von Bild und Ton in drei Muster ein:

1. Bildraum und Tonraum entsprechen einander
2. Das Bild suggeriert Weite, die Töne haben eine trockene Studiopräsenz
3. Das Bild ist ausschnitthaft, die Tonspur verdeutlicht den Raum (vgl. Flückiger 2007, S. 154).

Am häufigsten kommt die dritte Version im Film vor. Der Ton verdeutlicht den Filmraum und das Bild ist selektiv und springt hin und her.

Geräusche und Atmos müssen nicht ihre Quelle im Filmbild haben. Es gibt Geräusche, deren Ursprung und der Ort ihrer Entstehung im Bild zu sehen ist. Schlägt jemand mit einem Hammer einen Nagel in das Holz, hört man synchron die einzelnen Schläge. Die Quelle des Geräusches ist „On" zu sehen. Schwenkt die Kamera jedoch in einer Großaufnahme auf das Gesicht des hämmernden Menschen, so ist die Geräuschquelle nicht im Bild zu sehen, sie ist im „Off". Zuschauer ergänzen jedoch problemlos, dass Bewegung und Geräusch zusammen gehören und glauben dennoch, dass der Mensch hämmert. Das Geräusch ist hier konkret und in vielen Kulturen eindeutig als Hämmern zu identifizieren. Es gibt aber auch Geräusche, die nicht oder zumindest nicht leicht und eindeutig zuordenbar sind und trotzdem eine Wirkung entfalten. Diese Geräusche werden auch als unidentifizierte Klangobjekte (UKOs) bezeichnet und tragen in gewissem Maße zur Mehrdeutigkeit einer Szene bei. Sie regen den Zuschauer eher an und dieser stellt Fragen und sucht eine Interpretation (vgl. Flückiger 2007, S. 126 ff).

Sich abwechselnde Geräusche fordern die Wahrnehmung des Zuschauers. Immer gleichbleibende monotone Geräusche langweilen schnell. Konkret heißt das, sich auch im non-fiktionalen Film nicht zu scheuen, seine Filme nachzuvertonen. Geräusche, die bei der Aufnahme nicht vor Ort waren, müssen hinzugefügt werden. Als Autor sollte man seinem „Tonmann" zu verstehen geben, dass einem der Ton nicht gleichgültig ist. Es ist sehr sinnvoll, an jedem Drehort noch für diesen Ort spezifische Geräusche und Atmos zu sammeln, damit man später im Schnitt eine größere Auswahl hat. Es gibt außerdem Geräuscharchive, die viele verschiedene Geräusche und Atmos anbieten.

Der Unterschied zwischen den beiden Darstellungsebenen Musik und Geräusch ist häufig fließend. Instrumente können Geräusche generieren und Geräusche können wie Musik klingen. Eine genaue Differenzierung ist für den Filmautor nicht unbedingt notwendig. Wichtig ist es, eine Vorstellung vom passenden Ton für die zu erzählende Geschichte zu haben.

Mono, Stereo, Mehrkanalton
Im journalistischen, dokumentarischen Alltag wird bis heute zu einem erheblichen Teil noch Mono aufgezeichnet, was bedeutet, dass mit der Einkanaltechnik gearbeitet wird. Hierbei angelt der Tonmann mit einem Monomikrofon den Ton und dieser wird auf eine Tonspur aufgezeichnet. Zusätzlich nimmt ein weiteres Mikro an der Kamera den Ton auf und speichert diesen auf einen weiteren Kanal. Die Kamera nimmt daher zwei Monokanäle synchron zum Bild aber unabhängig voneinander auf. Werden noch weitere Mikrofone, zum Beispiel Anstecker, verwendet, so sind auch diese meist Monomikrofone, die auf einem Kanal aufgenommen werden. Bei vielen Mikrofonen macht der Tonassistent manchmal schon eine Vor-

mischung und nimmt verschiedenen Monoquellen auf eine gemeinsame Spur auf. Dies hat den Nachteil, dass man die Quellen im Schnitt nicht mehr voneinander trennen kann. Im Gegensatz zum Stereoton entsteht bei einer Monoaufnahme kein wirkliches Gefühl für den Raum.

Bei Stereoproduktionen werden Schallquellen immer mit zwei Mikrofonen gleichzeitig aufgenommen, deren Signale auch auf zwei Kanälen aufgezeichnet werden. Hierbei kommt es bei der Wiedergabe zu einem Hören mit hohem Realitätseindruck. Schallquellen, wie zum Beispiel ein vorbeifahrendes Auto, werden zuerst von dem einen Mikrofon aufgenommen und kurze Zeit später von dem anderen. Die akustische Verzögerung ähnelt der im menschlichen Gehör. Das Auto nähert sich von einer Seite und entfernt sich zur anderen. Nachher im Film hat man auch das Gefühl, dass Auto fahre von links nach rechts. Das lässt sich noch weiter steigern. Der Mensch nimmt natürlich auch Geräusche war, die von hinten oder von vorne kommen. Um diesen Eindruck im Film nachzuempfinden gibt es den Mehrkanalton. Hier wird eine Situation mit mehreren Mikrofonen aufgenommen, so dass ein wirklicher akustischer Wahrnehmungsraum mit einem Richtungsgefühl entsteht. Zum Abspielen wird dann auch ein Mehrkanalsystem mit 6 Lautsprechern benötigt. Es besteht aus drei Lautsprechern von vorne, links, rechts und mittig, sowie zwei Boxen von hinten, links und rechts und einem Subwoofer für die niedrigen Frequenzen. Die komplexeren Tonsysteme werden in der Regel nur für aufwendige Kinoproduktionen verwendet. Im non-fiktionalen Film sind Naturfilme und sämtliche Musik thematisierenden Produktionen die Vorreiter für innovative Tontechnik.

Die beste Prüfung des Filmtons besteht letztendlich darin, im letzten Schritt der Filmherstellung den Ton noch einmal mit einem üblichen Fernsehgerät oder Computer zu prüfen, denn das ist die normale Situation, in der Zuschauer den Film konsumieren und nicht zu vergleichen mit der aufwändigen Technik in einem professionellen Tonstudio. Dass der Ton im Studio gut klingt bietet noch keine Gewähr, dass er auch in der Situation beim Zuschauer gut und verständlich ist. Daher ist diese letzte Stufe der Tonprüfung unbedingt sinnvoll, gerade weil der Ton noch stärker als andere Darstellungsebenen am Empfinden und nicht an technischen Parametern zu messen ist.

2.3 O-Ton

Mit dem Originalton, kurz O-Ton, ist das gesprochene Wort eines Menschen im Film gemeint. Die Bezeichnung ist zunächst nicht ganz eindeutig, da Originalton ja grundsätzlich alles sein könnte, was am Drehort an Tönen aufgezeichnet wurde. In der Praxis ist hier aber immer der sprechende Mensch gemeint. Für die Zuordnung in die Logik der Darstellungsebenen ist eine weitere Unterscheidung in zwei Arten von O-Tönen notwendig: in gesetzte O-Töne und situative O-Töne.

Der gesetzte O-Ton ist statisch und lässt den Zuschauer wenig erleben. Er unterbricht das filmische Erleben und wirkt daher wie eine Störung des Miterlebens. Er ist auf der anderen Seite jedoch eine gute Ergänzung und Abwechslung für den filmischen Rhythmus. Der gesetzte O-Ton wird meistens in den Genres Nachrichten, Bericht oder Dokumentation verwendet. Der gesetzte O-Ton hat den Vorteil, dass sich Zuschauer dabei ganz auf Mimik und Gestik einer Figur konzentrieren können. Zuschauer können überprüfen, wie eine Person wirkt und spricht und schauen ihr dabei direkt ins Gesicht. Ist die Figur überzeugend, wie sieht sie genau aus, ist sie sympathisch oder nicht? Der gesetzte O-Ton ist auch der filmische Beweis, dass jemand etwas tatsächlich gesagt hat. Der Sprechende legt vor der Kamera Zeugnis ab. Da wenig Bewegung im Bild und mit der Kamera stattfindet, wird die Ablenkung für den Zuschauer reduziert und ihm die Möglichkeit eröffnet, genau zuzuhören. Politische Filme und Magazinbeiträge weisen damit zugleich nach, dass sie keine Schnitte und damit keine Inhaltsänderungen vorgenommen haben. Diese so genannten „Talking Heads" haben eine lange Tradition in Film und Fernsehen. Im Alltag kennt man eine solche Situation aus Gesprächen mit anderen. Man sitzt beispielsweise in einem Restaurant einer Person gegenüber, die zum Nachbarn spricht. Man darf daneben sitzen und zuhören. Bei spannenden Passagen ist das sehr interessant, wird mit der Zeit aber ermüdend.

Bei der Gestaltung von gesetzten O-Tönen kommt es besonders auf die Wahl des geeigneten Hintergrundes an. Er muss genau wie der Inhalt zur Geschichte passen. Starke Farben und Bewegungen lenken ab, so dass der Zuschauer nicht mehr zuhören kann.

Situative O-Töne sind gesprochene Aussagen eines Protagonisten, die gesagt werden, während der Protagonist einer Tätigkeit nachgeht. Situative O-Töne lassen Zuschauer wesentlich mehr erleben als allein gesetzte O-Töne und werden daher in der Reportage oder im Dokumentarfilm eingesetzt. Aber auch in anderen Genres lassen sich situative O-Töne verwenden, besonders wenn ein starkes Miterleben erzeugt werden soll. Bei situativen O-Tönen ist zugleich die Kamera in Bewegung und bindet das gesprochene Wort und den sprechenden Kopf des Protagonisten somit in einer Szene filmisch ein. Situative O-Töne unterbrechen den filmischen Fluss daher nur wenig und treiben vielmehr den Film weiter voran. Sie fügen sich organisch in die filmische Erzählung ein, da das Zeit-Raum-Kontinuum nicht unterbrochen wird.

Zu beachten ist zudem, ob ein situativer O-Ton auch inhaltlich situativ ist oder nicht. Ein O-Ton ist dann inhaltlich situativ, wenn er sich auf die Handlung der

Person direkt bezieht. Vor allem ungeübten Protagonisten fallen situative O-Töne häufig leichter, da sie eine Handlung fortsetzen während sie sprechen und sich dadurch sicherer fühlen. Die unnatürliche Situation der Filmaufnahme wird für den Protagonisten möglicherweise überlagert, er vergisst die künstliche Situation vor der Kamera und wirkt damit auch authentischer.

Situative O-Töne bleiben leider häufig nur an der Oberfläche, weil sie nicht wie in einem langen Interview eine Vorlaufzeit haben, um ein Gespräch zu vertiefen. Problematisch bei situativen O-Tönen kann auch die Bildgestaltung sein. Der Hintergrund beim Interview kann nicht sorgfältig ausgesucht werden. Somit geraten leicht störende, unattraktive und ablenkende Objekte in das Bild hinter einer Person.

Man spricht auch von einem situativen O-Ton, wenn Protagonisten zu sich selbst oder zu anderen Personen sprechen. Die situativen O-Töne haben dann einen eher beobachtenden Charakter. Das kann für den Zuschauer sehr spannend sein weil er das Gefühl bekommt, bei einem privaten Gespräch dabei sein zu dürfen. Nachteil ist, dass diese O-Töne sehr lang sein können und unspezifisch werden. Inhaltlich ist es ratsam, nicht zu viele Infos in einen O-Ton unterzubringen, sondern ihn auf eine Kerninformation zu kürzen. Der Filmfluss wird so nur kurz unterbrochen und die Aufmerksamkeit des Zuschauers nicht zu stark strapaziert. Im Sinne der Darstellungsebenen ist der situative O-Ton eher der Atmosphäre zuzurechnen.

Der O-Ton fällt unter den Begriff der Sprache im Film, wozu auch der gesprochene Kommentar gehört. Dieser spielt aus handwerklicher Sicht erst beim Texten eine wichtige Rolle. Der O-Ton gehört ebenso wie die Geräusche und die Musik zum Ton im Film. Er muss aus handwerklicher Perspektive aber gesondert betrachtet werden, da ihm wichtige Funktionen zukommen und er nicht so leicht herzustellen ist. O-Töne werden häufig durch Reporterfragen generiert. Der Interviewtechnik kommt hier also eine besondere Rolle zu, damit Originaltöne so gegeben werden, dass sie auch gut in den inhaltlichen Verlauf des Filmes integrierbar sind.

Ein O-Ton kann sowohl im On wie im Off im Film stattfinden oder es können auch nur Teile eines O-Tons aus dem Off kommen. O-Töne bereits im Off beginnen zu lassen verbindet die Szene besser mit dem gesprochenen Wort und mindert den störenden Charakter eines O-Tons. Der filmische Fluss wird dann besser erhalten.

O-Töne können folgende Funktionen im Film haben:

• Rhythmuswechsel und Abwechslung in der filmischen Erzählung
• Informationsladung, um die Geschichte voranzutreiben
• Beweis, Zeugenaussage
• Meinungsausdruck
• Emotionsvermittlung

- Identifikation mit einer handelnden Figur im Film
- physiologische, psychische und soziale Faktoren des O-Tongebers
- Gewichtung der Figuren im Film
- Unterhaltung

O-Töne verändern die filmische Erzählung allein schon durch ihren andersartigen Charakter. Dadurch, dass der sprechende Mensch bewusst angeordnet wird, bricht die filmische Erzählung und ändert ihren Rhythmus.

O-Töne eignen sich, um eine Handlung voranzutreiben indem sie inhaltliche Informationsladungen zu einem bestimmten Zeitpunkt im Film darstellen. Der O-Tongeber kann eine Frage aufwerfen, einen neuen Aspekt in den Film bringen, eine Vorahnung installieren oder das gefilmte Geschehen ergänzen.

Ein O-Ton kann den Beweischarakter einer Zeugenaussage haben. Wenn jemand vor der Kamera Zeugnis ablegt, geschieht dies im Film vor den Augen des Zuschauers. Der O-Ton ist dann der Beweis dafür, dass jemand etwas Bestimmtes gesagt hat. Liegt hier auch noch eine Exklusivität vor, kann dies journalistisch betrachtet der Hauptgrund sein, einen Film zu machen.

O-Töne sind sehr gut geeignet, um im Film Meinungen darzustellen. Haltungen und Überzeugungen bleiben dann die Meinung des O-Tongebers und werden nicht automatisch zur Haltung des Autors.

O-Töne können Identifizierungspotential für den Zuschauer liefern, wenn z. B. ein O-Tongeber mit ähnlichen Problemen zu kämpfen hat wie der Zuschauer (vgl. Friedrichs, Schwinges 2005, S. 12). Betroffene eines Missstandes, Betroffene einer Krankheit oder eine soziale Gruppenzugehörigkeit können das Interesse an einem Film oder Thema erzeugen. Der Zuschauer hat das Gefühl nicht alleine zu sein – doch das Gegenteil kann natürlich auch eintreten.

O-Töne können für Emotionen sorgen. Wenn zum Beispiel jemand trauert oder sich extrem freut, transportiert sich dieses über die direkte Erzählung in die Kamera.

Bei der Planung und dem Einsatz von O-Tönen muss man sich bewusst machen, dass der O-Ton ein sehr starkes Mittel ist. Sprechende Menschen im Film bekommen eine besondere Bedeutung. Sie werden alleine dadurch bedeutend, dass sie im Film sprechen dürfen. Es scheint wichtig zu sein, was sie zu sagen haben. Im dramaturgischen Umgang mit Figuren ist es daher sehr wesentlich, wen man wann sprechen lässt. Die Orchestrierung von Figuren im Film geschieht auch über ihre Anzahl der O-Töne und die genaue Positionierung im Film.

Ein O-Ton kann darüber hinaus auch alleine nur durch seine Schrägheit oder seinen Unterhaltungswert ein passendes filmisches Mittel sein.

2.4 Musik

Musik ist auch im non-fiktionalen Film eine wichtige Darstellungsebene und wird sehr unterschiedlich eingesetzt. Die Musikauswahl wird dabei ganz wesentlich vom subjektiven Empfinden von Autoren geprägt. Deren Haltung reicht dabei von Puristen, welche keine Musik benutzen und nur Bild und Ton für sich sprechen lassen, bis hin zu Filmemachern, die keine Sekunde ohne Musik auskommen. Ob, in welchem Umfang und wann welche Musik eingesetzt wird entscheidet meist der Autor oder Regisseur eines Films unter Berücksichtigung der erwünschten Wirkung. Manchmal können es aber auch die Redaktionen oder Produzenten sein, die unter dem Gesichtspunkt der Einheitlichkeit von Formaten oder aus sonstigen programmlichen Erwägungen heraus Vorgaben machen.

Der Normalfall im Tagesgeschäft sowie bei geringem Budget und kürzeren Stücken ist es üblich, auf bereits existierende Musikstücke zurück zu greifen. Deutsche Fernsehautoren haben es dabei vergleichsweise leicht, da die großen deutschen Sender Pauschalabkommen mit der GEMA haben, so dass ein großes Spektrum veröffentlichter Musik zur Verfügung steht. Sobald jedoch weitere Auswertungswege, wie internationale Fernsehverbreitung, Video on demand, Online-Bereitstellung oder DVD hinzukommen, gelten diese Pauschalabkommen nicht mehr. Für diese Fälle gibt es Musikverlage, die sich auf Filmmusik spezialisiert haben und extra für diesen Markt produzieren.

Ein Fernsehautor möchte seine Geschichte durch den Einsatz von Musik wirkungsvoller und interessanter gestalten. Lässt sich das nicht realisieren, ist die Musik auch verzichtbar. Manche Fernsehautoren machen sich zu wenige Gedanken über den Einsatz von Musik und benutzen aktuelle oder irgendwie zur Stimmung passende Musikstücke oder Lieder. Der Einsatz von Musik im non-fiktionalen Film sollte jedoch immer einen dramaturgischen Hintergrund haben, um die zu erzählende Geschichte zu stärken.

Musik steuert oder verstärkt beim Zuschauer Emotionen, schafft spezifische Stimmungen und hat somit großen Einfluss auf die Gesamtwirkung eines Films, obwohl der Zuschauer häufig die Musik gar nicht bewusst wahrnimmt. Da in der Regel jeder mit Musik eigene Erfahrungen und Erlebnisse verbindet, ist die Wirkung von Musik natürlich nicht exakt im Voraus zu bestimmen. Dass Musik aber direkt Emotionen bis zu körperlichen Reaktionen auslösen kann ist allgemein bekannt und gehört zum individuellen Erfahrungshorizont. Manche Stücke erscheinen gruselig, manche dramatisch, andere verursachen Gänsehaut oder rühren zu Tränen.

Das Sehen ist eher nach außen gerichtet, während das Hören eher nach innen gerichtet ist. Die Ohren lassen sich nicht abschalten oder ohne Hilfsmittel verschließen. Musik wirkt immer und direkt und wird häufig auch unbewusst wahrgenommen. Gerade Filmmusik wird häufig vom Zuschauer gar nicht selektiv erkannt. Sie verbindet sich mit den anderen Darstellungsebenen und entfaltet mit diesen eine Gesamtwirkung. Da Musik aber direkt auf die Emotion Einfluss nimmt, kommt ihr ein erheblicher Anteil an der Gesamtwirkung einer Szene oder eines gesamten Filmbeitrages zu. Musik ist linear und benötigt Zeit in der Rezeption. Das hat die Musik mit den Geräuschen gemein. Das Filmbild ist zwar auch linear, kann aber auch als Einzelbild rezipiert werden. Ein Ton benötigt dagegen immer Zeit, um gehört zu werden. „Das zu Hörende ist flüchtig" (Hickethier 2003). Filmmusik muss allein, also autonom, nicht funktionieren oder musikalischen Ansprüchen genügen. Sie kann fragmentarisch auftreten und wieder verschwinden. Sie muss also nicht vollständig sein. Das unterscheidet sie sehr von der gängigen Musik, die wir im Alltag hören. Abgesehen davon gibt es durchaus eine Vielzahl berühmter Filmmusiken, die sich wegen ihrer hohen Qualität und/oder Emotionalität vom ursprünglichen Film losgelöst haben und eigenständig geworden sind.

Andreas Weidinger unterscheidet drei musikdramaturgische Zugänge zu einem Film:

1. Die Filmmusik kann mit der Handlung spielen
2. Die Filmmusik kann gegen die Handlung spielen
3. Die Filmmusik kann den Subtext der Handlung herausarbeiten (Weidinger 2011, S. 17).

Traurige Szenen können demnach mit trauriger Musik geführt werden. Das bedeutet, die Musik spielt mit der Handlung. „Die Musik reflektiert dabei das im Bild Offensichtliche" (Weidinger 2011, S. 18). Bei dieser Art der Filmmusik besteht die Gefahr, den ganzen Film musikalisch zu untermalen und einen Musikteppich unter die Bilder und Töne zu legen. Das macht einen Film möglicherweise sehr erwartbar und wenig überraschend. Weidinger empfiehlt hier, durch Abwechslung und Variation dem entgegenzuwirken (vgl. Weidinger 2011).

Von gegenpoligem oder kontrastreichem Einsatz von Musik spricht man, wenn die Musik eher eine gegenteilige Emotion bedient, als die, die in Bild und Ton in einer Szene angelegt ist. Traurige Musik in der Komödie zum Beispiel, oder langsame Musik bei einer schnell geschnittenen Szene (vgl. Weidinger 2011).

Im Dokumentarischen können manche Szenen mehrdeutig sein. Hier kann der Einsatz von Musik die filmische Wirkungsabsicht des Autors stärken, um so den Zuschauer besser zu leiten. Musik muss in diesem Fall Emotionen einer Szene herausarbeiten und verstärken oder unerwünschte Wirkungen abschwächen oder verdecken. Weidinger weist darauf hin, dass diese Konzepte natürlich kombinierbar sind und nicht immer trennscharf (vgl. Weidinger 2011).

Manche Filme im Fernsehen werden nur mit einem „Musikteppich" versehen. Die fehlende Abwechslung kann rasch zur Langeweile führen und der Zuschauer kann nichts Neues mehr entdecken. Ein Ziel sollte es also sein, klare Vorstellungen für den Einsatz von Musik zu finden: Wann wird welche Musik benötigt oder wann sollte sie vielleicht weggelassen werden? Facettenreichtum und Abwechslung sind unbedingt notwendig, um das Interesse des Zuschauers nicht zu verlieren. Das setzt natürlich voraus, dass der Film selbst ebenso über Facettenreichtum und emotionale Abwechslung verfügt. Musik kann Emotionen zwar verstärken, sie aber im Film nicht in Gänze überzeugend generieren.

Gelegentlich setzt Musik auch einfach wahllos irgendwann ein und hört irgendwann auf. Der Autor hat die Aufgabe, sich ganz genau Gedanken zu machen, wann exakt Musik einsetzen soll. Weidinger nennt hier einige Beispiele:

Die Musik kann zum Beispiel:

1. Genau auf einem Schnitt beginnen oder
2. kurz vor oder nach einem Schnitt beginnen
3. sofort nach einem wichtigen Dialog einsetzen, um Worte noch nachwirken zu lassen
4. eine Gefahrensituation im Voraus ankündigen oder
5. sich aus einer Szene völlig zurückziehen, um ein anschließendes Schockelement auf der Tonebene noch stärker wirken zu lassen
6. über einen längeren Zeitraum sehr diskret oder gar nicht benutzt werden, um einen anschließenden Musikeinsatz hervorzuheben oder
7. über einen längeren Zeitraum eine Szene zu emotionalisieren und sich am Höhepunkt in die Stille zurückziehen, um den Zuschauer mit den vorher geschürten Emotionen alleine zu lassen etc. (vgl. Weidinger 2011).

Für den Zuschauer verbindet sich Musik meist mit dem Bild zu dem Zeitpunkt, wenn die Musik einsetzt. Personen oder Landschaften oder Gegenstände werden dann mit der Musik verknüpft. Musikenden können hingegen gezielt eigesetzt werden, um szenische Abschlüsse im Film zu generieren. Hierzu könnte man das Musikstück vom Ende her anlegen und versuchen, eine passende Stelle für das Einsetzen der Musik zu finden.

Ständige Wiederholungen einer Musikpassage oder eines Themas, verbunden mit einer Filmfigur oder einem Ort, führen ebenfalls zu einer Verknüpfung. So kann der Fernsehautor mit einer Musik einen Ort markieren und ihm eine Stimmung verleihen oder das Innere einer Figur herausarbeiten. Die immer wiederkehrende Musik wird wieder erkannt und lässt eine direkte Zuordnung beim Zuschauer zu. Variationen machen das Spiel mit Wiederholungen in der Regel interessanter.

Aufmerksamkeit verdient, dass das gesprochene Wort nicht mit dem gesungenen Wort eines Liedes kollidieren darf. Sind im Bild Lippenbewegungen zu sehen und ist dazu Gesang zu hören, versucht der Zuschauer vielleicht für einen Augenblick zu überprüfen, ob das Gesungene lippensynchron ist. Das führt zu einer gewissen Irritation und Ablenkung. Das Gleiche gilt für den Off-Kommentar oder einen O-Ton. Die gesprochene Sprache würde hier auch auf auditiver Ebene mit der gesungenen Sprache in Konkurrenz treten.

Es gibt hauptsächlich drei Arten von Musik, die für die Benutzung im nonfiktionalem Film zur Verfügung stehen.

1. Fertig produzierte Musik auf dem Musikmarkt
2. Vorhandene Filmmusik
3. Eigene Komposition eines Komponisten

Alle drei Arten haben ihre Vor- und Nachteile. Bekannte Musiktitel rufen schnell Assoziationen beim Zuschauer wach und werden mit eigenen Erfahrungen und Erinnerungen verknüpft. Die Musik nimmt meistens viel Raum ein, indem sie Aufmerksamkeit beim Zuschauer bindet. Erinnerungen können gut sein, um eine Emotion zu erzeugen und den Zuschauer mit auf eine Zeitreise zu nehmen. Viele bekannte Titel markieren eine Ära oder stehen für eine bestimmte Zeit oder Mode. Nachteil ist, dass die gebundene Aufmerksamkeit nicht mehr viel Spielraum lässt für eine gezielte Wahrnehmung auf den anderen Darstellungsebenen. Bild, O-Ton und Geräusch werden dann wahrscheinlich weniger intensiv wahrgenommen als es ohne den Musiktitel der Fall wäre.

Vorhandene Filmmusik hat den Vorteil, dass sie bereits für einen Film komponiert worden ist und nicht den Anspruch hat alleine, also ohne Bild und Ton, zu funktionieren. Häufig ist sie auch rein instrumental, also ohne Gesang, was die Einsatzmöglichkeiten erhöht, da die Musik nicht mit gesprochener Sprache im Film kollidiert. Zudem gibt es häufig verschiedene Musiken die zusammen passen oder verschiedene Versionen eines Liedes, was Abwechslung und Variationen anbietet.

Eine eigene Komposition für den speziellen Film ist natürlich eine komfortable Lösung. Die Musik wird passend zu den einzelnen Szenen geschrieben und kann bei Bedarf verändert werden. Nachteil ist, dass die Produktion teuer ist und meistens nicht genug Geld bei einer einfachen Fernsehproduktion vorhanden ist, um sich Musik komponieren zu lassen. Ferner verlängert die Musikproduktion den Herstellungsprozess in seiner Gesamtheit. Zudem ist ein zusätzlicher Kommunikationsaufwand unerlässlich, um nicht aneinander vorbei zu produzieren.

Wer Musik nutzt, muss sie auch bezahlen oder die Rechte daran erwerben. Wenn ein Komponist gebucht wird, wird ein Honorar vereinbart und bezahlt. Das ist relativ einfach, da dann die Nutzungsrechte direkt verhandelt werden können. Die deutschen Fernsehsender haben einen Pauschalvertrag mit der GEMA geschlossen. Deshalb kann ein Autor, der einen Fernsehbeitrag herstellt, auch jegliche Musik benutzen, die sich im GEMA-Repertoire befindet. Manche Sender

haben auch Verträge für die Online-Veröffentlichung. Um sicher zu sein, sollte
man die einzelnen Titel daraufhin genau prüfen.

Dieser Vertrag mit der GEMA gilt, wie bereits ausgeführt, nicht für eine Kino-
auswertung oder eine Ausstrahlung im Ausland. Diese müssen einzeln geprüft und
verhandelt werden. Die Rechteklärung einzelner Titel kann sehr aufwendig und
auch teuer sein. Hier ist dann abzuwägen, ob nicht die Beauftragung einer eigenen
Komposition günstiger ist.

2.5 Montage/Schnitt

Beim Filmschnitt werden die Darstellungseben linear strukturiert. Bild, Geräusch,
O-Ton und Musik werden in einem komplexen Vorgang verkürzt, verlängert, positioniert, arrangiert und rhythmisiert. Erst dadurch entsteht das eigentliche filmische Erlebnis (vgl. Ondatje 2008). Man spricht beim Filmschnitt auch von Montage, weil das Anordnen und Montieren dem komplexen Handwerk näher kommt als
das bloße Schneiden. Auch impliziert der Begriff der Montage eher, dass es um die
kunstvolle Verbindung der Darstellungsebenen geht und weniger um ein Trennen,
wie es der Begriff Schnitt suggeriert, der seinen Ursprung und seine Berechtigung
aus der Zeit hat, als kilometerlange Filmrollen tatsächlich zerschnitten wurden und
der mechanische Vorgang eine herausragende Bedeutung hatte.

▶   Aus dem gedrehten Rohmaterial schält die Montage eine Geschichte
      heraus. Es gibt unendliche viele Möglichkeiten, einen Film zu montie-
      ren. Welche die richtige ist, entscheiden der Autor, der Regisseur und/
      oder der Cutter.

Die Methoden des Filmschnitts unterscheiden sich sehr stark in Abhängigkeit davon, für welche Sendung, für welches Genre und auf welche finale Filmlänge hin
gearbeitet wird. Für einen abendfüllenden Dokumentarfilm kann sich der Prozess
des Schneidens über Monate hinziehen. Für kurze Magazinbeiträge oder aktuelles
Fernsehen ist eine Stunde Schnittzeit für eine Sendeminute Fernsehbeitrag ein in
der Praxis üblicher Richtwert. Bei so wenig Zeit für die Montage des Films bleibt
nur ein geringer Spielraum für Versuche und verschiedene Rohschnittfassungen,
weshalb die Vorbereitung des Schnittes sehr gründlich erfolgen muss.

▶   Die genaue Kenntnis des gedrehten bzw. des für die Montage zur Ver-
      fügung stehenden Materials, einschließlich von Archiv- und Fremdma-
      terial, aber auch Musik und Grafiken, ist daher wichtige Voraussetzung
      für die erfolgreiche Bearbeitung.

Die erste Leistung des Autors in der Montage ist es dabei, sich von konkreten Er-
lebnissen am Drehort zu lösen, denn in der Regel sind die Eindrücke vom Drehort
für Autoren erlebensstark. Die Prüfung, ob das Gefühl vom Drehort auch wirklich
im Material erscheint, ist aber gerade deshalb ein entscheidender Schritt. Durch
die mediale Reduzierung von Realität ist es wahrscheinlich, dass das Rohmaterial
nicht mehr viel mit dem Erlebten zu tun hat. Hier gilt der Versuch, das Material
mit neuen Augen anzuschauen, so, als ob man gar nicht vor Ort gewesen wäre. Der
Autor muss die Geschichte im Rohmaterial neu suchen und entdecken, und die vor
Ort erlebte Geschichte muss nun mit dem tatsächlich vorhandenen Drehmaterial
neu erschaffen werden.

Wann immer es die Zeit erlaubt ist es sinnvoll, jede Einstellung genau zu erfassen und in einer Liste mit genauer Timecode-Angabe festzuhalten. Für diese
sogenannte Shotlist wie sie die Abb. 2.12 zeigt, empfiehlt es sich, ein persönliches
Bewertungssystem zu entwickeln und jede einzelne Einstellung schon im Prozess
des Materialsichtens zu klassifizieren und zu markieren. Das wird später sehr viel
Schnittzeit sparen helfen und somit den weiteren Prozess beschleunigen.

Auch die auf den ersten Blick nicht besonders gut gelungenen Aufnahmen sollten „geshotet" werden, da es immer wieder vorkommt, dass im Schnitt dann doch
noch Einstellungen benötigt werden, die für die zu erzählende Geschichte relevant
sind und deshalb Eingang in den Film finden, obwohl sie technisch nicht ganz
perfekt ausgeführt sind oder inhaltlich zunächst nicht sinnvoll zu sein schienen.

Medium	File/TC	Bild	Ton	Bewertung
Medium 1	File 3 01:03:50:23	Bildbeschreibung	Beschreibung Geräusch	+++/++/+/0/-
	File 5 01:05:36:12	Bildbeschreibung		+++/++/+/0/-
	File 7 01:08:25:03	O-Ton Name der Person Funktion Bildbeschreibung	O-Ton Inhalt (wörtlich ausgeschrieben)	+++/++/+/0/-
Medium 2				

Abb. 2.12 Beispiel einer Shotlist

Die wichtigsten Informationen, die sich aus einer Shotlist ergeben sollten, sind:

- Bezeichnung und Nummerierung des Aufnahmemediums
- Timecode oder Clip, also eine Angabe des Timecodes oder der Clip-Nummer/ des Clip-Namens, die das Material eindeutig identifizierbar macht
- Bild, also eine kurze Beschreibung dessen, was zu sehen ist
- Die Art der Einstellung, also ob Schwenk, Zoom, Stand oder Gang
- Die Geräusche, also präsente und für die Geschichte oder Orte relevante Geräusche sowie Symbolgeräusche und Atmos sollten als solche gekennzeichnet werden
- Interviews sollten komplett und wortwörtlich verschriftlicht werden. Das versetzt den Autor in die komfortable Lage, die grobe Filmstruktur schon vor dem Schnitt genau festzulegen und auch im Schnitt selbst schnell O-Töne zu finden oder auszutauschen
- Bewertung – in dieser Spalte sollte der Clip sofort bewertet werden, wobei sich Symbole von +++ für hervorragend über ++ inhaltlich oder visuell gut bis zum – also sicher nicht zu verwenden, anbieten. Wichtig ist hier, ein individuelles und im persönlichen Gebrauch eindeutiges System zu finden

Eine sorgfältig erstellte Shotlist erleichtert den weiteren Arbeitsprozess, da, wenn sie elektronisch erstellt ist, Elemente leicht aufgefunden werden können, in der weiteren Folge aber auch Szenen oder Interviewteile einfach in ein Schnittkonzept oder ein Manuskript kopiert werden können.

Wenn man als Autorenteam einen Film macht, helfen diese Sichtlisten sehr gut bei der Kommunikation, und auch ein Autor, der nicht mit auf einem Dreh war, kann sich gezielt einen Überblick über das Material verschaffen.

Nach dem Sichten und Transkribieren sollte der Film auf dem Papier konzeptioniert werden. Um eine grobe Struktur des Films zu erstellen eignen sich erfahrungsgemäß vor allem bei langen Filmen Karteikarten, die horizontal, also linear der Filmzeit folgend, nacheinander angeordnet werden. Hierbei steht eine Karteikarte für eine Szene. Karten der gleichen Farbe verdeutlichen, dass diese Szenen einen Handlungsstrang bilden (oder mit einer Figur verbunden sind). Abbildung 2.14 zeigt diese Arbeitsweise. Diese Methode hilft sehr, sich den filmischen Verlauf zu visualisieren und Stärken und Schwächen der Geschichte und der Filmspannung zu erkennen. Es ist damit möglich, sowohl vor dem Filmschnitt wie auch parallel zum Schnitt sich die Konsequenzen einzelner Umstellungen zu verdeutlichen und zu durchdenken und mögliche rhythmische und strukturelle Schwächen zu antizipieren (Abb. 2.13).

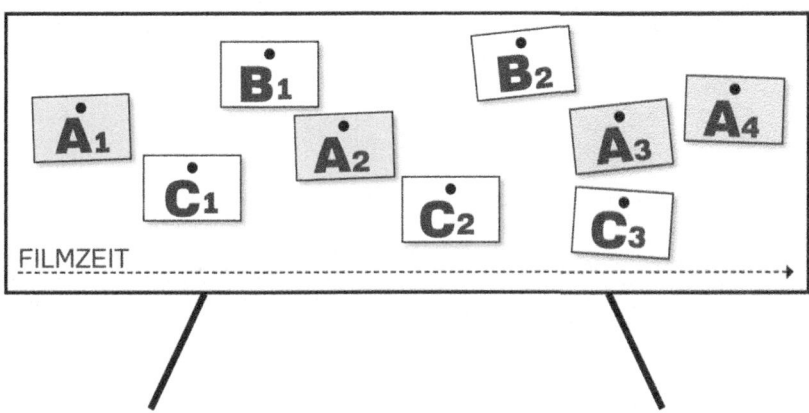

Abb. 2.13 Strukturkonzept mit Karteikarten

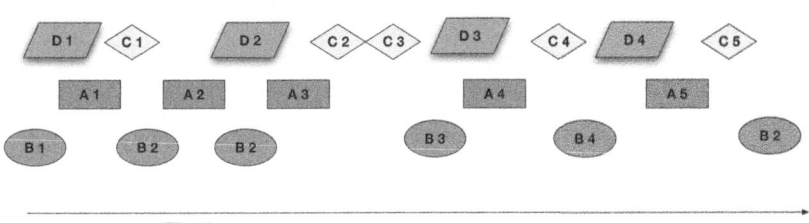

Abb. 2.14 Am Computer erstellte Filmstruktur. (Quelle: OmniGraffle von Omni Group)

In weitgehender Analogie zu dieser Karteikartenlogik gibt es inzwischen auch Tools, um Entsprechungen am Computer herzustellen. Abbildung 2.15 zeigt eine mit OmniGraffle, einem sehr gebräuchlichen Programm für die Strukturvisualisierung, erstellte Visualisierung einer Filmstruktur.

Einen Film erst im Schnittraum gemeinsam mit einem Schnittmeister, Cutter oder Editor zu konzeptionieren und zu strukturieren ist sicher eine Idealvorstellung, um bestens vorbereitet in den Schnitt zu starten, in der Praxis jedoch nur in Ausnahmesituation Projekten ab einer gewissen Spiellänge und guten Finanzierung vorbehalten.

Im Fernsehalltag wird der Cutter in der Regel nicht einmal genug Zeit zur Verfügung haben, um sich das gesamte Rohmaterial genau anzuschauen. Das ist sicher nicht optimal für den zu schneidenden Film, denn der Cutter ist erster Zuschauer und kann zugleich prüfen, ob das, was der Autor erzählen will, auch wirklich in

Nr.	Bild	Ton	TC	Text
1	Szenenbeschreibung Bildbeschreibung Medium 3 File 5 01:03:50:12	Geräuschbeschreibung Soundfile 3 12'30 Musikfile Name	00'01	Kommentartext
2	**Medium 6 File 10 5'13 O-Ton Name Funktion Bildbeschreibung**		00'44	**O-Ton (wörtlich ausgeschrieben)**
3	Szenenbeschreibung Bildbeschreibung Medium 7 File 23 01:06:01:23	Musikfile Name	01'13	Kommentartext
4				
5				

Abb. 2.15 Filmkonzept

dem Material steckt und ein eigenes, nicht von Dreheindrücken überlagertes Gefühl vom Material erlangen. Wenn der Cutter sich im Arbeitsalltag nicht vorab mit dem Material befassen kann, lastet umso mehr die Verantwortung der guten Vorbereitung auf den Schultern des Autors. Am Ende des Prozesses der Filmkonzeptionierung sollte deshalb ein Konzept stehen, wie es exemplarisch die folgende Abb. 2.15 zeigt. Der Autor sollte mit einem fertig konzeptioniertem Film in den Schnitt gehen. Wenn ein solches Schnittkonzept noch Punkte enthält, an denen zwei verschiedene Optionen bestehen ist das unproblematisch, hier kann genau das frische Auge des Cutters sehr nützlich sein und wird in der Regel auch zu einer einfachen und klaren Entscheidung führen.

In vielen Redaktionen hat sich die einfache Wordtabelle als Konzeptionstool durchgesetzt.

Alle Bilder und Töne sind nun katalogisiert und werden in eine Reihenfolge gebracht. In das Filmkonzept finden nur Elemente Eingang, die auch wirklich in den Film sollen. Um das Modell ein wenig offener zu gestalten und noch Alternativen im Schnitt zu haben, kann man natürlich alle für eine Szene erdenklichen Bilder in einer Szene zusammenfassen und dann aktuell im Schnitt entscheiden, welche Einstellungen es genau sein sollen. Auch bei O-Tönen kann man sich durchaus alternative O-Töne hinlegen und im Schnitt die finale Entscheidung treffen. Um effektiv und schnell zu sein und nicht ständig in der Shotlist Einstellungen suchen zu müssen, kann man die Bilder inklusive der passenden Clipbezeichnung und Timecode per copy und paste ins Filmkonzept kopieren, um dem Cutter direkt deutlich zu machen, wo sich das Material befindet.

Der Schneiden und Montieren
Je nach Geschichte und Genre gibt es viele Möglichkeiten, einen Film zu montieren. Wichtig ist hierbei die Kommunikation mit dem Cutter. Er muss verstehen, was für eine Geschichte der Autor erzählen möchte. Erst daraufhin kann er das Material prüfen: ob das gedrehte Material die Geschichte wirklich hergibt und welche Einstellungen es am besten tun. Manchmal ist es dabei auch so, dass Cutter selbst noch andere Handlungsstränge in dem Material entdecken. Erst die genaue Kenntnis der erzählerischen Absicht des Autors ermöglicht es dann, diese in den Kontext des zu schneidenden Films zu bringen. Der Cutter muss alle Elemente der Geschichtsstruktur kennen, insbesondere auch die roten Fäden und die Attribute der Protagonisten, die dem Autor wichtig sind. Ferner muss Klarheit darüber herrschen, welche die Erzählziele des jeweiligen Beitrages sind, was also am Ende von Zuschauern erlebt und verstanden sein soll. Die Kenntnis des avisierten Filmschlusses ist für den Cutter essentiell, muss er diesen doch von Beginn an ansteuern, um einen guten und miterlebbaren Film herzustellen (vgl. auch Rabenalt 2005, S. 17).

Im journalistischen Film wird es in aller Regel zusätzlich einen Kommentartext geben. Dieser sollte jedoch tatsächlich die zuletzt hinzutretende Darstellungsebene sein und die Dinge übernehmen, die durch die Montage der anderen Darstellungsebenen nicht zu leisten sind. Aus diesem Anspruch an den Text ergibt sich, dass er nicht parallel zum Filmschnitt entstehen sollte, sondern tatsächlich erst hinterher (s. u.).

In der zur Verfügung stehenden Schnittzeit ist alle Aufmerksamkeit den filmischen Darstellungsebenen zu widmen. Schreibt man Text parallel oder schon vor dem Schnitt, besteht über die Doppelungen zu anderen Darstellungsebenen hinaus die Gefahr, dass ein geschriebener Kommentartext nur noch bebildert wird und der Text damit die Rolle des den Film vorantreibenden Elements übernimmt und die Geschichte nicht mehr mit filmischen Mitteln erzählt wird.

Bei kürzeren Stücken ist es hilfreich, den Film linear von vorne nach hinten zu schneiden. Einige Cutter neigen dazu, sich erst einmal Material grob zu strukturieren und dann zu montieren. Das führt jedoch leicht zu einem unübersichtlichen Hin- und Hergeschiebe von Filmmaterial, was am Ende eher mehr Zeit kostet. Ein Autor, der sein Material gut kennt, hat alle Argumente, auf diese Arbeitsweise zu verzichten. Bei längeren Filmen kann es hilfreich sein, sich dem Film mit einzelnen Handlungssträngen zu nähern und erst diese komplett zu schneiden und im Nachhinein zu zerlegen.

Schnitthandwerk

Für Walter Murch, einen der bemerkenswertesten Cutter der letzten Jahrzehnte und Autor mehrerer Bücher über den Filmschnitt, wird ein Schnitt von sechs Dingen motiviert, die er unterschiedlich gewichtet:

1. Gefühl 51 % (trifft er das Gefühl des Moments?)
2. Handlung 23 % (Treibt er die Handlung voran?)
3. Rhythmus 10 % (erfolgt er im richtigen Moment?)
4. Augenspur 7 % (Werden die Augen geführt?)
5. Zweidimensionale Fläche der Leinwand 5 % (stimmen zum Beispiel die Bildachsen?)
6. Dreidimensionaler Handlungsraum 4 % (kann der Zuschauer sich noch räumlich orientieren?) (Murch 2004, S. 29)

Die Liste sei nach Murch auch in der Wichtigkeit von oben nach unten gegliedert. Würde ein Schnitt die sechs Punkte nicht erfüllen, so sollte man von unten her streichen. Die Prozentzahlen betrachtet Walter Murch natürlich mit einem Augenzwinkern. Interessant ist jedoch, dass er trotz aller Regeln, die es im Filmschnitt gibt, das Gefühl an erster Stelle nennt. Das richtige Gefühl ist immer relativ, bringt den Cutter oder Autor aber in die Position, seine subjektive Wahrnehmung auf das Produkt zu übertragen. Es ist seine Realität, die hier filmisch konstruiert wird. Dabei die Tageszeit und die Situation der Rezeption des Zuschauers mitzudenken ist eine entscheidende Herausforderung.

Grundsätzlich neigt Filmschnitt in der Tendenz zu einem zu hohen Schnittrhythmus, da die Sehsituation im Schneideraum intensiver ist und Cutter und Autor die Szenen häufiger sehen und damit auch schneller erfassen und Bilder schneller als langweilig empfinden als Zuschauer das in der Situation des ersten und einmaligen Zusehens empfinden.

Schneiden bedeutet in erster Linie weglassen und herausschneiden. Damit werden Abläufe und Handlungen im Film in der Regel verkürzt. Im Grunde ist es fast verwunderlich, dass Zuschauern trotz manchmal massiver Verkürzungen von Handlungen nichts fehlt und die Handlung nicht störend unterbrochen wirkt.

> … Vielmehr nehmen wir die visuelle Realität von dem Moment an, an dem wir morgens aufwachen, bis zu dem Augenblick, an dem wir abends die Augen schließen, als ununterbrochenen Strom miteinander verknüpften Bildern wahr. (…) Dann plötzlich, zu Beginn des 20. Jahrhunderts, wurden die Menschen mit etwas anderem konfrontiert – dem geschnittenen Film. Unter diesen Umständen wäre es ganz und gar

nicht überraschend gewesen, wenn sich herausgestellt hätte, dass unser Gehirn durch Evolution und Erfahrung so verdrahtet ist, dass es sich dem Filmschnitt wiedersetzt. (Murch 2004, S. 19).

Der Mensch ergänzt im Kopf die fehlenden Ereignisse. Hierbei kann man es Zuschauern schwerer oder einfacher machen. Schneidet man Schlüsselbilder in eine Szene hinein, fallen Ergänzungen leichter. Springt man hingegen von einem neuen Ort unvermittelt zum nächsten, kann die Ergänzungsleistung schon anspruchsvoller ausfallen. Das bedeutet, dass alles was die Geschichte nicht vorantreibt, weggelassen werden kann. Man kann eine Flugreise zum Beispiel in ihrer Gänze zeigen, indem man die einzelnen Logikschritte des Eincheckens, Boardens und Startens nacheinander als Szenen montiert. Oder aber man zeigt nur ein startendes Flugzeug und reduziert den Vorgang damit auf das für das Verständnis Wesentliche. In der Regel wird das ausreichen, um die Geschichte voranzutreiben.

Der konkrete Anspruch an den Schnitt und die konkrete Schnitttechnik müssen sich an der Wirkungsabsicht orientieren. Ein zentrales Kriterium ist dabei zunächst die eng mit der Linearität des Mediums verbundene Kontinuität, für die die Montage sorgen kann.

Eine filmische Erzählung soll den Zuschauer in ihren Bann ziehen und fesseln. Es dürfen dabei möglichst wenige Störungen des filmischen Erlebens auftreten, die das Rezipieren unterbrechen oder den technischen Herstellungsprozess sichtbar machen. Die filmische Erzählung muss also „fließen" und kontinuierlich gestaltet sein – es sei denn, eine gegenteilige Wirkung ist genau beabsichtigt.

Wenn filmische Kontinuität gewünscht ist, müssen die einzelnen Einstellungen so geschnitten werden, dass die einzelnen Schnitte am besten gar nicht bemerkt werden und die einzelnen Einstellungen unmerklich verbunden sind. Mit dokumentarischem Filmmaterial ist es natürlich viel schwerer, Kontinuität herzustellen, als in einem planbaren Spielfilm, wo Szenen mehrfach wiederholt werden und mit unterschiedlichen Brennweiten und Perspektiven aufgelöst werden können.

Stellt man in der Montage keine Verbindungen her, sondern macht Schnitte deutlich sichtbar und zeigt dadurch, dass eine Einstellung oder Bild nichts mit dem dann Folgenden zu tun hat, trennt man diese auch im Erleben voneinander. Zuschauer werden die so montierten Orte nicht als Einheit wahrnehmen und auch Sachzusammenhänge nur bedingt wahrnehmen.

Will man Szenen deutlich wahrnehmbar voneinander trennen, sind harte Schnitte das angemessene Mittel.

Achsensprung

Ebenso wie bei der Arbeit mit der Kamera sind auch für den Schnitt die Handlungsachsen relevant. Soll der Zuschauer ein Gefühl für die Positionierung der Figuren und Gegenstände im Raum bekommen oder nicht? In vielen Fällen soll das so sein. Das bedeutet, dass auch im Schnitt keine Achssprünge erlaubt sind. Es werden also im Schnitt nur Bilder in einer Szene verwendet, die von einer Seite der Handlungsachse gedreht wurden. Dies gilt natürlich auch für die Blickrichtungen der Protagonisten. Hans Beller bezeichnet diese Regel als „Das 180-Grad-Prinzip" (Beller 2009, S. 15). Bei der bewussten Trennung, zum Beispiel bei Protagonist-Antagonist Geschichten oder zur Verdeutlichung, dass Dinge an unterschiedlichen Orten spielen, ist der Achssprung das geeignete Mittel, Trennungen in der Montage herzustellen.

Jump Cut

Der Jump Cut, der gelegentlich auch als Match Cut bezeichnet wird, bricht ebenfalls die filmische Kontinuität und zieht daher die Aufmerksamkeit von Zuschauern auf sich. Anders als der Achssprung wird er jedoch eher als technisches Mittel wahrgenommen, weniger als inhaltliche oder räumliche Trennung. Er entsteht durch Sprünge im Bildanschluss, indem entweder die räumlichen Anschlüsse das Raumgefühl missachten, die Figur also im Raum zu springen scheint, oder indem Bewegungen oder Positionen von Gegenständen oder Personen, die nicht zusammen passen, stattfinden und dadurch die Bewegung oder Haltung einer Figur plötzlich springt (vgl. Beaver 2007, S. 135). Es können auch Bilder ähnlicher Kamerapositionen und Einstellungsgrößen so aneinander geschnitten werden, dass sie nicht als eindeutig neue Bilder empfunden werden, sondern als ein Springen der Kamera im Raum.

Bei trennenden Schnitten werden Zuschauer niemals das Gefühl eines 1:1 Miterlebens haben. Verbindungen erreicht man dagegen durch weiche Schnitte, die im Idealfall von Zuschauern gar nicht wahrgenommen werden.

Bewegungsschnitt

Der Bewegungsschnitt kommt dem natürlichen menschlichen Sehen am nächsten. In diesem Fall wird immer in der Bewegung geschnitten. Die Bewegung kann dabei die Bewegung eines Objektes im Bild sein oder die Bewegung der Kamera. Idealerweise beginnt die Bewegung in der ersten Einstellung und wird nach dem Schnitt in einer zweiten Einstellung zu Ende geführt. Ein Protagonist zum Beispiel greift in einer Halbtotalen nach einem Messer, im Zenit der Handbewegung erfolgt der Umschnitt, die Bewegung wird in einer Detailaufnahme, wie die Hand das Messer greift, zu Ende gebracht. Im menschlichen Sehen entspricht das der Fokussierung auf einen wesentlichen Punkt, deshalb wird der Umschnitt kaum als solcher wahrgenommen werden. In Analogie dazu kann ein Bewegungsschnitt auch erfolgen, wenn eine Kamerabewegung vorliegt, eine Kamera sich beispielsweise durch einen unbelebten Flur bewegt. Die Vorwärtsbewegung der Kamera kann genutzt werden, in eine weitere Bewegung, zum Beispiel den Gang in einen Raum, eine entgegenkommende Person, o.ä. umzuschneiden. Hier wird die Bewegung des Bildes die Aufmerksamkeit des Zuschauers so stark binden, dass er den Umschnitt ebenfalls nicht wahrnimmt.

Unsichtbarer Schnitt
Unsichtbare Schnitte sind Bildschnitte, bei denen der Zuschauer den genauen Schnittpunkt nicht erkennen kann. Wenn es beispielsweise bei der Fahrt in einen Tunnel plötzlich ganz dunkel wird, kann in diesem Dunkel ein Umschnitt zu einem anderen Ausgang aus dem Tunnel erfolgen, ohne dass Zuschauer den konkreten Umschnitt wahrnehmen.

Wischer
Eine besondere Form des unsichtbaren Schnittes ist ein Wischer, das heißt, etwas „wischt" so an der Kamera vorbei, dass es nicht konkret wahrgenommen werden kann, aber kurz das Bild verdeckt und danach in ein neues Bild geschnitten werden kann. Wischen entstehen zum Beispiel, indem ein Auto ganz dicht an der Kamera vorbei fährt, eine Tür knapp an der Kamera vorbei schwingt oder auch eine Person vorbei geht. Immer wird das Kamerabild kurz von einer starken aber unkonkreten Bewegung dominiert und verdeckt, so dass in diesem Moment ein Umschnitt in ein anderes Bild möglich ist. Dieser Umschnitt wird kaum wahrgenommen, da es ganz natürlich ist, dass man einer Bewegung folgt oder wegschaut, wenn es nichts mehr zu sehen gibt. Wischer werden im Drehmaterial häufig nicht erkannt oder eher als misslungene Bilder betrachtet, sind für die Schnittpraxis aber sehr viel wert, da sie Umschnitte sehr harmonisch machen können.

Szenischer Schnitt
Als szenischer Schnitt wird die konsequente Montage von Sinneinheiten bezeichnet. Das bedeutet, dass beim szenischen Schneiden der Schnitt einer logischen Handlung von Anfang bis Ende folgt. Der Schnitt eilt dabei niemals voraus. Ein Bild, in dem zuerst die Hand erscheint, kann es nicht geben, vielmehr wird über Bewegungsschnitte immer dem gerade relevanten Vorgang oder Objekt gefolgt, bis die innerszenische Dramaturgie einen Abschluss findet. Beim szenischen Schnitt ist dabei der Szenenabschluss entscheidender als der Szenenanfang, da Szenenanfänge von Zuschauern viel leichter ergänzt werden als Enden.

Parallelmontage
Eine Montageform, die Trennungen und Verbindungen in sich vereint ist die Parallelmontage. Diese wird gelegentlich auch als cross-cutting bezeichnet und bedeutet, zwischen zwei Handlungen oder zwei Orten hin und her zu schneiden. Dabei kann das Hin- und Herspringen Einstellung für Einstellung erfolgen oder szenen-

weise, wobei dann die einzelnen Szenen mit weichen Schnitten in sich verbunden werden. Die Parallelität der Ereignisse wird verdeutlicht, indem der Wechsel zwischen den Szenen durch harte Schnitte erfolgt. Es entsteht dann ein Gefühl der Gleichzeitigkeit. Die Abläufe, also die roten Fäden der einzelnen Handlungen, sind hier entscheidend. Wie viele Einstellungen sind nötig, um einen Vorgang zu verstehen? Um eine Trennung der beiden Handlungen zu erreichen, müssen sie sich auch visuell und auditiv unterscheiden. Parallelmontage bedeutet dabei nicht zwingend, dass zwei Handlungen zusammen passen müssen. Auch eine Kontrastmontage, also das Hin- und Herschneiden zwischen zwei verschiedenen Welten ist handwerklich gesehen eine Parallelmontage, bedingt aber nicht unbedingt eine Gleichzeitigkeit. Parallelmontagen erzählen immer mindestens zwei Handlungen parallel, obwohl es große Sprünge in Raum und Zeit zwischen den beiden Handlungen geben kann.

Zwischenschnitte

Eine besondere Rolle in der Montage spielen die Zwischenschnitte. Diese sind immer dann nötig, wenn aneinander zu schneidende Bilder springen würden. Man geht davon aus, dass die Kameraposition sich entweder um 30 Grad im Verhältnis zum gedrehten Objekt verändern muss oder die Einstellungsgröße um zwei Stufen variieren muss (Detail auf Halbtotale, wobei die Nahe übersprungen wird oder Nahe auf Totale, wobei die Halbtotale übersprungen wird), damit Bilder nicht springen. Das ist nicht immer möglich.

Wenn zum Beispiel zwei Interviewtöne aufeinander folgen sollen, springt das Bild, wenn von dem einen auf den anderen Ton umgeschnitten wird, denn Einstellungsgröße und Perspektive ändern sich nicht. Manche Filmemacher nehmen es in Kauf und rechtfertigen den Schnitt mit journalistischer Transparenz. Andere hingegen behelfen sich mit einer kurzen Weißblende, dem so genannten Blitzen. Will man aber den filmischen Fluss nicht ruckartig unterbrechen, so muss man die Bilder mit anderen unterschneiden, den sogenannten Zwischenschnitten. Hierzu benötigt man Schnittbilder.

Schnittbilder sollten möglichst nicht beliebig sein, sondern immer einen Mehrwert haben und zur Geschichte passen. Im besten Fall treiben auch sie die Geschichte voran. Im gesetzten Interview finden sich nur schwer sinnvolle Schnittbilder. Am einfachsten ist es hier, man bettet die O-Töne in eine Szene ein und unterscheidet die Szenen mit den O-Tönen. Sie fügen sich so pseudosituativ in eine Handlung ein. Wenn Schnittbilder nichts mit der Handlung zu tun haben, irritieren sie nur und führen von der zu erzählenden Geschichte weg. Im gesetzten Interview bleiben gelegentlich nur die Hände, der Interviewer oder Elemente des Hintergrundes. Sind die Hände für die Handlung relevant, oder wird über einen Gegenstand im Raum geredet bieten sich diese Schnittbilder an. Ist dies nicht der Fall wirken

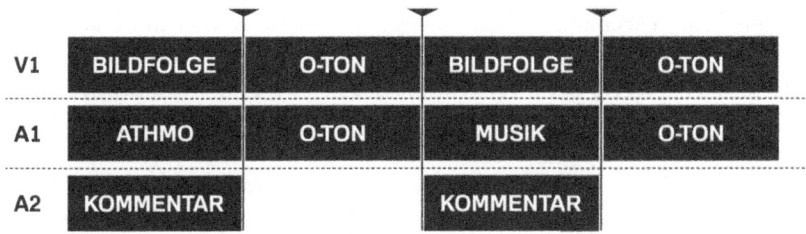

Abb. 2.16 Trennende Montage

sie eher wie eine Verlegenheitslösung. Werden Schnittstellen im Ton jedoch nicht nur mit einem Zwischenschnitt überdeckt, sondern an dieser Stelle drei einzelne Schnittbilder aneinander geschnitten, wird das von Zuschauern eher als Szene und als ein Umschauen und Charakterisieren empfunden als es bei einem einzelnen Schnittbild der Fall wäre.

Im konkreten Handwerk der Montage ist es oftmals nützlich zu prüfen, ob Schnitte so angelegt sind, dass die Darstellungsebenen alle gleichzeitig geschnitten werden. Abbildung 2.16 zeigt diese Art des Schneidens. Hier würde also eine Trennung auf allen Ebenen erfolgen.

Die Alternative dazu zeigt Abb. 2.17, ein möglichst unabhängiges Schneiden der Darstellungsebenen.

Schnitte, die nur im Ton bei fortlaufendem Bild oder nur im Bild bei fortlaufendem Ton erfolgen, werden als viel harmonischer wahrgenommen und fallen weit weniger auf als solche, bei denen Bild und Ton gleichzeitig wechseln. Häufig ist es sogar möglich, nicht gut zueinander passende Bilder durch einen fortlaufenden Ton zu verbinden, so dass sie doch zusammengehörig erscheinen. Nicht ganz passende

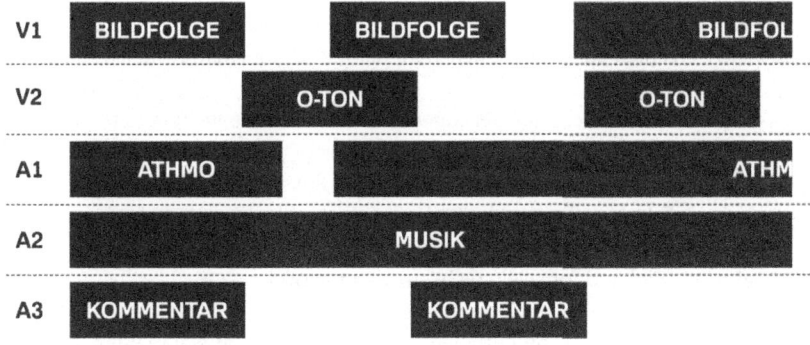

Abb. 2.17 Verschränkte Montage

Schnitte können aber auch verbunden werden, indem kurz vor den Irritation her-
beiführenden Punkten Elemente gesetzt werden, die Aufmerksamkeit binden. Das
kann zum Beispiel ein direkt vor dem Schnittpunkt liegendes Geräusch sein oder,
wenn das nicht ausreicht, ein Sprechertext, der genau den problematischen Schnittpunkt überdeckt und die Zuschaueraufmerksamkeit auf die Textinformation führt.

Allein aus der Fülle der Möglichkeiten, die bereits diese naturgemäß nur ober-
flächliche Darstellung dessen, was Montage leisten kann und welche Möglichkeiten sie bietet, aufzeigt, wird deutlich, wie entscheidend die Montage für das
Gesamtergebnis, den Rhythmus und damit das filmische Erleben ist. Umso mehr
ein Film auf das Erleben und die Teilhabe von Zuschauern setzt, desto wichtiger
wird die Montage und umso mehr Zeit sollte dafür eingeplant werden.

2.6 Text

Als Text werden im Film sowohl Schrifteinblendungen als auch gesprochener Text
nach Maßgabe des Autors verstanden. Der Text ist insofern nicht zwingender Bestandteil aller non-fiktionalen Filme. Gerade Kino-Dokumentarfilme verzichten
häufig auf Text.

Der Filmtext unterscheidet sich deutlich von einem Text für eine Zeitung oder
für einen Internetbeitrag. Der Filmtext ist eine für den Inhalt eines Films zwar sehr
starke, für das emotionale Erlebnis aber vergleichsweise schwache Darstellungsebene. Der Text im non-fiktionalen Film soll Bilder, Geräusche, O-Ton und Musik
ergänzen. Daher muss der Filmtext alleine gelesen keinen Sinn ergeben oder verständlich sein. Erst im Zusammenwirken der Darstellungsebenen bildet sich das
Gesamtbild für den Zuschauer.

Je nach Geschichte und Genre kann Text sparsam oder dominant eingesetzt
werden. Grundsätzlich gilt, je stärker ein Film auf das Erleben setzt, desto mehr
sollte der Text im Hintergrund bleiben. Andererseits brauchen Filme, die stark ar-
gumentativ erzählen unbedingt einen Text, der die Argumentationsfäden führt.

▶   Der Text kann auch im übertragenen Sinne wie eine weitere Kamera
      verstanden werden. Diese „unsichtbare Kamera" schaut der Hauptfigur
      über die Schulter oder blickt von weit oben auf sie herab. Sie kümmert
      sich um Fakten außerhalb des Bildes. Der Text ergänzt somit die vorhan-
      denen Darstellungsebenen mit Fakten, die für die Geschichte wichtig,
      aber aus Bild und Ton allein nicht zu erlangen sind.

Der Text sollte keinesfalls beschreiben, was in Bild und Ton wahrnehmbar ist, da
die entsprechenden Informationen ja bereits auf der Bild- und Ton-Ebene wirken.
Geschieht es dennoch, nennt man das „Text-Bild-Verklebung". Was der Zuschauer

sieht und hört wird dann im Text noch einmal beschrieben (vgl. Renner 2007, S. 412). Der Text sollte jedoch Bild und Ton anreichern, indem er Fakten ergänzt. Hierbei ist es entscheidend, dass Zuschauer zunächst einen Moment die Situation erleben können – auch wenn es nur wenige Sekunden sind. Kurz darauf beantwortet der Text idealerweise die sich aus der Szene stellenden Fragen. Grundsätzlich gilt dabei, umso klarer ein im Bild gezeigter äußerer Vorgang ist, umso weiter kann der Text Abstand vom Bild haben. Erst wenn Bild- und Textinformationen soweit auseinander fallen dass sie für den Zuschauer keine Sinneinheit mehr ergeben, spricht man von einer Tex-Bild-Schere, die das Erlebnis verhindert.

Der Text sollte keine Fragen beantworten, die sich dem Zuschauer nicht gestellt haben. Fakten, die kurz nach einer erlebten Situation im Text ergänzt werden, erweitern das Erlebte mit Informationen. Erleben kommt immer vor Verstehen. Das gilt insbesondere auch für den Filmanfang. Der Filmtext sollte den anderen Darstellungsebenen kurz die Chance geben, wirken zu können, bevor er einsetzt und ergänzt, dann gibt der Filmtext der filmischen Situation größere Tiefe. Der Filmtext kann auch Erwartungen wecken, indem er kleine Ausblicke in die Zukunft macht.

Die im Filmtext erwähnten Fakten müssen möglichst konkret sein und nicht zu allgemein. Allgemeine Informationen wirken leicht als Behauptungen und haben wenig Wirkungskraft. Konkrete Fakten geben dem Zuschauer eine Vorstellung von einem Sachverhalt und wirken glaubwürdiger. Ebenso verhält es sich mit Plakatsätzen. Sie wirken wie Überschriften, grobe Behauptungen oder Feststellungen und erzeugen wenig Vorstellung im Zuschauer.

Die zentrale dramaturgische Funktion des Textes ist es, zu steuern und zu orientieren. Die Steuerung bezieht sich dabei sowohl auf den Film in seiner Gesamtheit, also wo läuft die Geschichte hin oder was ist das Ziel des Ausschnittes der Realität, die hier präsentiert wird wie auch auf die Aufmerksamkeit. Durch den Bezug auf Fakten zu bestimmten Personen oder Objekten im Bild kann der Filmtext sehr leicht die konkrete Wahrnehmung des Zuschauers im Bild steuern. In gleicher Weise kann er natürlich auch von für die Geschichte nicht relevanten Teilen des Bildes ablenken.

Filmtext ist auf diese Weise ein hilfreiches Mittel, um Fehler in anderen Darstellungsebenen zu verdecken. Ein falscher Schnitt, ein falscher Ton kann durch Text so überspielt werden, dass er nicht mehr so stark wahrgenommen wird. Text kann außerdem Szenen trennen oder verbinden. Durch das Texten über einen Schnitt kann man Szenen und Bilder verbinden. Will man aber Bilder oder Filmszenen, die man im Schnitt fließend verbunden hat, wieder trennen, kann man dies mit einer Textpositionierung direkt nach dem Schnitt erreichen.

Um für eine Geschichte den passenden Text zu formulieren ist zu überlegen, aus welcher Perspektive der Text erzählt. Ist es der allwissende Erzähler oder soll der Erzähler auch nicht mehr wissen als der Zuschauer an dieser Stelle des Films?

Hierzu ist es hilfreich, eine Person zu definieren, die den Text formuliert. Diese Person kann einen regelrechten Lebenslauf erhalten, zumindest aber braucht sie soziologische Attribute, um ihre Perspektive festzulegen. Wie erzählt beispielsweise ein städtisch sozialisierter Mann diese Geschichte oder wie eine gebildete Freundin des Protagonisten? Die Eigenschaften der Textperspektive müssen nicht in den Vordergrund treten und sollten schon gar nicht ausdrücklich thematisiert werden. Vielmehr handelt es sich dabei um ein Hilfsmittel, sich im Prozess des Textschreibens zu verdeutlichen, welche die angemessene Art und Weise ist und zu kontrollieren, dass einem nicht versehentliche und von Zuschauern schwer nachvollziehbare Wechsel in der Perspektive unterlaufen.

Je nach Genre ist die Erzählperspektive eher weit von der Hauptfigur entfernt oder sogar eng bei ihr (vgl. Heussen 2004, S. 32). Zum Beispiel:

- *Bericht* Hier könnten ein Anwalt oder Staatsanwalt oder ein Chronist die angemessenen Erzählperspektiven sein, da sie analytisch, knapp und damit zeitökonomisch und zudem verschiedene Perspektiven aufnehmend und abwägend berichten. Sie dienen dem Erzählziel des Berichts, Zuschauern eine eigene Meinung zu einem Ereignis oder Sachverhalt zu ermöglichen, besonders gut.
- *Porträt* Hier könnten ein Besucher, ein Kollege, ein Nachbar oder auch der Kritiker eines Prominenten interessante Perspektiven sein, um dem Ziel des Porträts, Personen in Facetten, Eigenheiten und Widersprüchen erlebbar zu machen, zu dienen. Ein Freund oder ein Fan würden eine zu große Nähe bedeuten und kritische und damit oft auch besonders interessante Facetten wohl leicht weglassen. Sie sind deshalb nicht geeignet und wären eher angemessen, wenn es darum geht, ein Gefühl oder eine Stimmung widerzugeben, wie es in der Reportage der Fall ist.
- *Reportage* Hier steht im Vordergrund, ein Ereignis in seinem zeitlichen Verlauf für Zuschauer mit- oder nacherlebbar zu machen. Dafür eignen sich Reporter und Begleiter, unter Umständen aber auch Freunde und Weggefährten. Wenn die Reportage eine besonders intensive Originalatmosphäre hat, muss der Sprechertext möglichst sparsam sein, um diese nicht zu überdecken. Deshalb bieten sich in einem solchen Fall besonders knappe Perspektiven an, wie es die von Protokollanten oder Chronisten sind.
- *Erklärstück* Hier geht es darum, Dinge nachvollziehbar und verständlich zu machen. Das ist in der Realität die Aufgabe von Lehrern, Analysten oder Spezialisten, wobei letztere natürlich mit dem Auftrag ausgestattet sein müssen, Laien den Sachverhalt ihres Spezialgebietes möglichst gut verständlich zu erklären. Aus diesem Grund sind solche Perspektiven in diesem Fall auch die angemessenen Herangehensweisen an den Filmtext.

• *Nachricht* Die kürzeste Form einer Neuigkeit wird durch den Überbringer oder durch einen Journalist dargestellt. Sie beschränken sich auf das Wesentliche und geben wieder, was wichtig ist oder sie für wichtig halten, ergänzt maximal um eine kurze Erläuterung.

Eine klare Festlegung einer Perspektive, aus der der Text gestaltet wird, bietet auch die Chance einer zusätzlichen Identifikation von Zuschauern mit dieser Perspektive. So kann zum Beispiel bei einer Hauptfigur, die nichts mit der Lebensrealität von Zuschauern gemein hat und von Zuschauern eher als unangenehm empfunden wird, eine Perspektive gewählt werden, die zu dieser Hauptfigur eine kritische Distanz hat. Dadurch fühlen sich Zuschauer besser geführt und lassen sich lieber auf die filmische Erzählung in ihrer Gesamtheit ein, als es der Fall wäre, wenn auch die Erzählperspektive weit ab der eigenen Welt und zum Beispiel ein Vertrauter der Hauptfigur wäre.

▶ Gesprochener Text ist eine besondere Form des Geräusches. Da er nur dann eine sinnvolle Wirkung entfalten kann wenn er klar verständlich ist wird er die Geräuschebene zwangsläufig dominieren, sobald er auftaucht. Er ist insofern ein sehr starkes Mittel, der dem Film zugleich viel nehmen kann.

Die durch Originalatmosphäre zu erreichende Authentizität hat gegen den gesprochenen Text ebenso wenig eine Chance, ihre Wirkung zu entfalten, wie stimmungsverstärkende Musik. Der Einsatz von Sprechertext ist insofern immer auch ein Abwägen zwischen den verschiedenen Darstellungsebenen. Die Tatsache, dass er so wesentliche Elemente wie die Originalatmosphäre überdeckt sollte regelmäßig ein Argument sein, ihn im Zweifelsfall eher sparsam einzusetzen und nur dann, wenn er für die filmische Erzählung notwendig ist und einen klaren Mehrwert gegenüber einem Verzicht darauf bietet.

Um dem Filmtext die ihm angemessene Rolle zukommen zu lassen, bewährt es sich in der Praxis, Filme nach dem Schnitt zunächst ohne Kommentartext anzuschauen. In Redaktionen, in denen keine Tagesaktualität herrscht, sollten auch Filmabnahmen zunächst ohne Kommentartext erfolgen, da auf diese Weise am besten hinterfragt werden kann, an welchen Stellen welche Textinformationen notwendig sind und was auch ohne Sprechertext bereits von Zuschauern verstanden wird und folglich keine Textunterstützung benötigt. Egal, ob als Abnahme oder als individueller Arbeitsschritt zur Verbesserung des filmischen Ergebnisses, bei der Ansicht ohne Text ist es entscheidend, ein Feedback zu erhalten, an welchen Stellen der Film besonders erlebensstark ist, was Szenen oder Momente sind, die eindrucksvoll im Gedächtnis bleiben. Diese Stellen dürfen keinen Sprechertext erhalten, da die Erlebensstärke in der Regel auf der Wirkung von Bild und Atmosphäre beruht, welche durch den Text verdeckt werden würde.

Darüber hinaus ist natürlich relevant, wo der Film eventuelle Schwächen in der Verständlichkeit aufweist oder Filminformationen gar falsch verstanden werden, weil die Aufmerksamkeit falsch fokussiert ist oder Details in Bild und Ton, die für den Fortgang der Geschichte relevant sind, nicht erfasst werden. Immer dann, wenn das filmische Erleben gestört ist, selbst dann, wenn es nur durch die für Zuschauer auftauchende Frage „Wo ist das eigentlich" ist, muss der Text seine Steuerungs- und Orientierungsfunktion wahrnehmen.

Und schließlich ist Filmtext natürlich auch noch ein Element, welches den Filmrhythmus mitbestimmt und einen eigenen Rhythmus hat. So ist durchaus ein Argument, Text einzusetzen, wenn Stellen des Films als etwas langatmig empfunden werden oder wenn es der Abstand von einzelnen Textpassagen verlangt, dass ein neuer Texteinsatz folgt, um einen angenehmen und nachvollziehbaren Rhythmus des Sprechertextes zu erhalten. Ein Gefühl, dass der Sprecher plötzlich weg ist und später wieder aufwacht, sollte nicht entstehen.

In der handwerklichen Umsetzung bieten sich für den Filmtext einfache kurze Sätze an, da der Inhalt ja zusätzlich zu den anderen Darstellungsebenen verstanden werden muss. Nicht immer muss es dafür ein ganzer Satz sein. Wenige Worte können ausreichen, wenn sie sich mit Bild und Ton harmonisch verbinden. Ein Rhythmuswechsel schafft auch hier Abwechslung und aktiviert den Zuschauer. Verbliche statt nominale Satzkonstruktionen und Aktiv- statt Passivsätze machen Figuren aktiver. Viele Adjektive können normalerweise vermieden werden, da diese ja durch das Erleben einer gelungenen Film-Szene vermittelt werden sollen. Zuschauer merken sich in linearen Medien die Dinge am besten, die am Ende eines Textes und in der Makroebene am Ende eines Satzes stehen. Erinnert werden oftmals auch Informationen vom Satzanfang. In der Mitte eines Satzes angesiedelte Informationen haben in linearen Medien dagegen kaum eine Chance zu wirken und in Erinnerung zu bleiben.

Eine gute Arbeitsweise ist es häufig, zunächst einen „ganz normalen" Text zu schreiben und diesen dann drei Überarbeitungsstufen zu unterziehen:

1. Streichung aller Dinge, die im Bild zu sehen oder die durch die anderen Darstellungsebenen zu verstehen sind.
2. Ersatz von allen Dingen, die als Wirkung bei Zuschauern entstehen sollen durch konkrete Fakten, damit die beabsichtigte und zunächst beschriebene Wirkung entsteht.
3. Prüfung, ob alle Informationen auf die Hauptfigur bezogen sind und die Hauptfigur wo immer möglich aktiv getextet wird.

Ein in dieser Weise bearbeiteter Filmtext wird am Ende etwa um ein Drittel knapper als zu Beginn der Überarbeitung sein, insgesamt aber zu einer höheren Akti-
vierung bei Zuschauern führen. Auch wenn es im journalistischen Alltag aus dem
Missverständnis heraus, die zur Verfügung stehende Filmzeit möglicherweise
nicht effektiv genug zu nutzen, offensichtlich schwer fällt: im Zweifelsfall ist es
immer besser, auf Filmtext zu verzichten, als Stellen unnötig zu besprechen. So
entstehende Freiräume auf der Textebene wirken häufig als Resonanzräume für
bis dahin erlangte Informationen und schaffen Raum für das filmische Erleben,
was insgesamt zu einer Aufwertung des Erlebniswertes und des Filmes führt und
letztendlich auch dafür sorgt, dass die wirkungsvoll transportierten und erinnerbar
vermittelten Informationen deutlich mehr werden, als es bei einem dicht getexteten
Film der Fall wäre.

Bei kurzen, non-fiktionalen Formen sollte gelten, dass zumindest die ersten und
die letzten Sekunden frei von Sprechertext sein sollten. Am Anfang, um zunächst
ein Gefühl und eine Frage entstehen zu lassen und am Ende, um die Chance für
einen Nachhall und einen Resonanzraum für das Erfahrene zu erhalten.

2.7 Zusammenfassung

Das Zusammenspiel der Darstellungsebenen macht Film und Fernsehen attraktiv.
Dabei müssen keineswegs alle Darstellungsebenen immer gleichzeitig bedient
werden, vielmehr kommt es auf ein gutes Verhältnis der einzelnen Ebenen zueinander und zu der Hauptaussage des Filmes an. Die direkten, an einem Originalschauplatz aufzunehmenden oder herzustellenden Darstellungsebenen Bild,
Atmosphäre, Originalton und Musik schaffen dabei die Grundlage, um mit den
indirekten Darstellungsebenen Montage und Text dann in der Postproduktion das
Erlebnis und den Film in seiner inneren Logik herzustellen.

Die Betrachtung eines audiovisuellen Produkts als Summe von vier direkten
und zwei indirekten Darstellungsebenen ist zugleich ein Instrument zur Analyse
und Optimierung, lässt sich doch die Schwäche auf einer Ebene durch eine besondere Attraktivität auf einer anderen Darstellungsebene ausgleichen. Ferner ist die
besondere Stärke einer Ebene natürlich ein Argument dafür, die anderen Ebenen
bewusst in den Hintergrund treten zu lassen, um eine Wirkung nicht zu überlagern.
Wichtig ist das Zusammenspiel der Ebenen. Die Stärkung einer einzelnen Ebene
reicht häufig aus, um die Schwachstelle, die ein Film in einem Erarbeitungssta-
dium an einer Stelle hatte, zu kurieren.

Im non-fiktionalen Film sollten die direkten filmischen Darstellungsebenen immer wichtiger sein als die indirekte Ebene des Textes. Viele Dinge, die man auf
den ersten Blick dem Text zur Aufgabe machen würde, sind auch mit filmischen

Mitteln zu erzählen. Bevor eine Informations- oder Wirkungsabsicht also dem Text
übertragen wird sollte man zunächst prüfen, ob dasselbe auch mit einer anderen
Darstellungsebene zu erzählen ist. Das läuft dem ursprünglich textbasierten Journalismus auf den ersten Blick entgegen, wird jedoch für eine höhere Attraktivität
des Gesamtprodukts sorgen.

Checkliste 2.1 Darstellungsebenen
Grundprüfung
- Werden alle Darstellungsebenen bewusst genutzt?
- Übernehmen die direkten filmischen Darstellungsebenen, wo immer
  möglich, die Führung der Geschichte?
- Gibt es zu jeder Zeit im Film mindestens eine Darstellungsebene, die das
  Erzählziel anvisiert?
Funktion
- Nutzt das Bild sein Potential, Dinge sachlich und genau darstellen zu
  können, insbesondere, indem ausreichend Details vorhanden sind?
- Passen Bild- und Tonperspektive zusammen?
- Nutzt der Ton seine Möglichkeit, räumliche Verbindungen zu schaffen
  konsequent aus?
- Wechselt der Rhythmus über die Länge des Films?
- Ist der Rhythmus dem Thema und dem Protagonisten angemessen?
- Werden Gegenpole innerhalb der einzelnen Darstellungsebenen gesetzt
  und genutzt?
- Sind die jeweils wichtigen (den Film vorantreibenden) Darstellungsebe-
  nen gut wahrnehmbar und werden nicht durch andere überdeckt?
Optimierung
- Ist die Authentizität durch mehr Atmosphäre zu steigern?
- Kann vom Text gelieferte Information auch durch andere Darstellungs-
  ebenen übernommen werden?
- Beschränkt sich der Text auf seine Grundfunktionen Steuern und Orien-
  tieren?
- Wirkt die Musik als Emotionsverstärkung und nicht als Klimavorgabe?
- Ist durch dokumentarische Mischung zwischen Musik und Atmo eine
  Steigerung im Erleben zu erreichen?
- Gibt es ablenkende oder unangemessen wahrnehmbare Brüche in der
  Kontinuität einer Darstellungsebene, die ggf. durch Stärkung einer ande-
  ren Darstellungsebene in ihrer Wahrnehmbarkeit abgemindert werden
  können?

Checkliste 2.2 Vorbereitung Montage
Drehmaterial aufbereiten
- Welches Format hat das Ausgangsformat, gibt es einen Mix unterschiedlicher Ausgangsformate?
- Existiert eine Sicherungskopie des Rohmaterials vor Schnittbeginn?
- Sind alle Interviews verschriftlicht?
- Existieren Sichtlisten, die Medium, Timecode, Bild- und Tonbeschreibungen umfassen?

Drehmaterial bewerten
- Alle Symbolbilder identifizieren und katalogisieren.
- Alle Symbolgeräusche identifizieren und katalogisieren.
- Fremdsprachige O-Töne übersetzen.
- Material separieren, welches geeignet ist, Szenen abzuschließen.
- Material separieren, welches geeignet ist, zu Szenen mit charakterisierenden Details montiert zu werden.
- Material separieren, welches über eine Akustik verfügt, die als neutrale Atmo oder in von der Szene unabhängigen Situationen genutzt werden kann.
- Material nach Handlungsorten, Handlungssträngen oder Protagonisten ordnen und bewerten.

Schnittvorbereitung
- Steht alles benötigte Archivmaterial zur Verfügung?
- Steht eine Musikauswahl, einschließlich einiger Alternativen zur Verfügung?
- Sind zu allem für den Schnitt vorgesehenem Material die Rechte geklärt oder gibt es Material bei dem Verwendungsrisiken bestehen?
- Ist das Lieferformat und Liefermaterial für das fertige Produkt bekannt?

Checkliste 2.3 Text

Text sollte es geben, wenn

• Bilder extra für Text gemacht sind.

• Nur der Text die Geschichte weiter erzählen kann.

• Schnitte besser verbunden werden sollen.

• Orts-, Zeit-, Perspektiv- oder Ebenenwechsel erfolgen und markiert werden sollen.

• Steuerung und Orientierung zur besseren Interpretation von Bildern und Tönen nötig ist.

• der Rhythmus des Films es erfordert.

Auf Text sollte verzichtet werden, wenn:

• der Film beginnt.

• Bild und Geräusche die Geschichte selbstständig forterzählen.

• andere Elemente besonders stark sind.

• starke Bewegungen im Bild oder der Kamera erfolgen.

• Details im Bild erscheinen.

• Szenen an neuen Schauplätzen beginnen, die nicht verbunden werden sollen.

• Musik einsetzt.

• der Film oder eine wesentliche Sequenz endet ein Ressonanzraum benötigt wird, damit das gerade Dargebotene Wirkung entfaltet.

In einem weiteren Prozess bietet sich dann ein, einen zunächst einfach geschriebenen Text in drei Arbeitsschritten auszudünnen:

1. Alle Bild- und Situationsbeschreibungen streichen.

2. Alle Wirkungsabsichten (eine gefährliche Situation, belastender Zustand,…) durch konkrete Fakten ersetzen, damit im Zuschauer diese Wirkung entsteht.

3. Text verknappen und die Informationen auf die Hauptfigur beziehen.

Literatur

Beaver, Frank Eugene 2007. *Dictonary of film terms: the aesthetic companion of film art.* New York: Peter Lang Publishing.

Beller, Hans 2009. *Handbuch der Filmmontage.* Konstanz: Uvk.

Borstnar, Nils, Pabst, Eckhard, und Wulff, Hans-Jürgen 2002. *Einführung in die Film- und Fernsehwissenschaft.* Konstanz: Utb.

Flückiger, Barbara 2007. *Sound Design. Die virtuelle Klangwelt des Films*. Marburg: Schüren.

Friedrichts, Jürgen, und Ulrich, Schwinges 2005. *Das journalistische Interview*. Wiesbaden: VS Verlag für Sozialwissenschaften.

Heussen, Gregor Alexander 2004 Der Erzählsatz. Das dramaturgische Skelett einer Geschichte. ISBN 978-3-00-028648.3, Darmstadt: Selbstverlag.

Hickethier, Knut 2001. *Film- und Fernsehanalyse*. Stuttgart: Metzlersche.

Hickethier, Knut 2003. *Einführung in die Medienwissenschaft*. Stuttgart: Metzlersche.

Lensing, Jörg U. 2009. *Sound-Design, Sound Montage, Soundtrack Komposition. Über die Gestaltung von Filmton*. Berlin: Schiele & Schön.

Mikunda, Christian 2002. *Kino spüren. Strategien der emotionalen Filmgestaltung*. München: Facultas.

Murch, Walter 2004. *Filmmontage. Ein Lidschlag, ein Schnitt. Die Kunst der Filmmontage*. Berlin: Alexander.

Ondatje, Michael 2008. *Die Kunst des Filmschnitts, Gespräche mit Walter Murch*. München: Deutscher Taschenbuch.

Rabenalt, Peter 2005. *Filmmusik. Form und Funktion von Musik im Kino*. Berlin: Vistas.

Renner, Karl Nikolaus 2007. *Fernsehjournalismus*. Konstanz: UVK.

Weidinger, Andreas. 2011. *Filmmusik*. Konstanz: Uvk.

Fernsehdramaturgie

Viele Autoren und Regisseure von dokumentarischem Fernsehen formulieren als ihren Anspruch, die Wirklichkeit so zu zeigen, wie sie tatsächlich ist, doch tatsächlich gelingen kann das nicht. Sieht man einmal davon ab, dass meistens schon die Anwesenheit einer Kamera oder nur einer zusätzlichen Person die Szene in ihrem eigentlichen Gang der Dinge verändert, so ist spätestens die Festlegung von Einstellungen, Schnitten, Einstellungsgrößen und die Reihenfolge, in der Dinge gezeigt werden, eine Gestaltung, die zwangsläufig dazu führt, dass der Betrachter des Films in seiner Wahrnehmung gelenkt wird und auf Dinge fokussiert, die der Macher des Films für ihn ausgewählt hat weil er sie für interessant oder wichtig hält. Die unabdingbare Tatsache, dass mit medialem Erzählen immer auch Auswahl, Gestaltung und Lenkung verbunden ist, stellt keineswegs infrage, dass Medien von der Realität erzählen. Sie sind allerdings nicht die Realität selbst. Je klarer einem bewusst ist, dass man Realität nicht nur abbildet, sondern mit den zur Verfügung stehenden Handwerksmitteln eine mediale Realität schafft, desto klarer und nachvollziehbarer ist auch, dass die Auswahl der geeigneten Mittel und Details, aus denen diese Medienrealität zusammengesetzt wird, einer der zentralen Gestaltungsmomente ist. Zugleich liegt damit aber auch Verantwortung bei Autoren und Regisseuren.

Dramaturgie bezeichnet nicht nur in verschiedenen Lebensbereichen, sondern selbst in verschiedenen Kunstgattungen durchaus unterschiedliche Dinge. Gemeinsam ist bei der Verwendung des Begriffs, dass es im Kern

© Springer Fachmedien Wiesbaden 2015
O. Jacobs, T. Großpietsch, *Journalismus fürs Fernsehen,* Praxiswissen Medien,
DOI 10.1007/978-3-658-02417-8_3

immer um den Prozess der Kommunikation geht, also darum, was wem in welcher Reihenfolge mitgeteilt wird. Dabei ist es zunächst unerheblich, ob es die Dramaturgie eines Theaterstückes, eines Parteitages, einer öffentlichen Veranstaltung, eines Romans oder eben eines Films ist.

Für den Film bedeutet Dramaturgie, eine für Zuschauer erlebbare Reihenfolge herzustellen. Für den dokumentarischen Film impliziert das, dass eine ganz bewusste Gestaltung und Aufbereitung von der Realität entnommenen Fakten und Elementen erfolgen muss. Es geht dabei keineswegs um Verfälschungen oder Vereinfachungen, sondern vielmehr um eine Präsentation, die Zuschauern ein Verstehen überhaupt erst ermöglicht und damit den Zugang zu dem mit dem Film beabsichtigten kommunikativen Prozess ermöglicht. Die genaue journalistische Recherche muss selbstverständlich die Grundlage dieser Arbeit sein.

Das „Dramatisieren" von Themen meint also nicht mehr und nicht weniger, als die Wirklichkeit so aufzubereiten, dass sie von Publikum nacherlebt, wahrgenommen und verstanden werden kann. Erst durch das Dramatisieren von Themen werden daraus Geschichten und ist es möglich, Publikum auch für solche Dinge zu interessieren, die sonst wahrscheinlich nicht im Fokus seines Interesses lägen.

Dramaturgie im dokumentarischen Film lebt im ersten Schritt von der Extraktion der Geschichte aus dem Thema, also der Installation von Figuren, Handlungen und Spannungsbögen, die den Zuschauer mit dem Film mitgehen lassen. Im zweiten Schritt ist die Attraktivität der Präsentation entscheidend, indem Formen gefunden werden, Rhythmuswechsel erfolgen und ein Wechselspiel von Spannung und Entspannung implementiert wird, welches den Zuschauer auch emotional eine Reise durch den Film unternehmen lässt. Die Dramaturgie im Dokumentarischen ist dabei häufig organisiert wie eine Perlenkette. Eine Frage führt zur nächsten Frage, und über die Kette der Einzelfragen ist ein großer Bogen gespannt, meistens in Form eines filmtreibenden Problems oder einer mit einer Figur verbundenen konkreten Anforderung, deren Einlösung jeweils das Ende des Films markiert.

3.1 Erlebbare Ordnung

Die grundlegende Herausforderung der Filmdramaturgie besteht in der Linearität des Mediums, das heißt der Zwangsläufigkeit der Reihenfolge, in der die Dinge durch einen Zuschauer rezipiert werden. Film unterscheidet sich damit einerseits von online und interaktiven Medien, bei denen eine interessengeleitete individuelle Nutzung möglich ist. Zum anderen aber auch von Printmedien, bei denen ein aus Interesse bekundeter Rücksprung oder eine aus Interesse motivierte Wiederholung möglich ist.

Film, Fernsehen und Radio erlangen diese Möglichkeiten erst parallel zur Etablierung des zeitsouveränen Konsums. Allerdings zeigen alle bisherigen Erfahrungen zur Akzeptanz des zeitsouveränen Medienkonsums, dass dieser zwar intensiv genutzt wird, auch dann, wenn das klassische lineare Medium zeitnah zur Verfügung stünde. Die tatsächlich genutzte Souveränität des Konsumenten bezieht sich in der Praxis jedoch nur auf die Wahl einer geeigneten Startzeit und Situation des Konsums, die prinzipiell ebenfalls gegebene Möglichkeit eines Rücksprungs oder einer Wiederholung von Passagen wird hingegen offensichtlich nicht genutzt. Dem Film bleibt seine Linearitätseigenschaft also trotz allen technischen Fortschritts erhalten. Aus ihr leitet sich auch die Notwendigkeit ab, in linearen Medien alle Informationen, die transportiert werden sollen nicht nach ihrer Wichtigkeit zu ordnen, sondern in einer Art und Weise, die sie für Zuschauer erlebbar machen. Das Erlebnis im Film sorgt für die Wirkung von Emotion, nur die erlebbare Reihenfolge von Informationen sorgt dafür, dass sich Informationen mit Emotionen verbinden und so eine Wirkung beim Publikum erreichen können. Wenn es um Filmdramaturgie geht, geht es folglich immer darum, die Informationen so anzuordnen, dass sie miterlebbar sind. Das ist keinesfalls mit einer Oberflächlichkeit gleichzusetzen, sondern tatsächlich „nur" mit einer anderen Abfolge der Präsentation von Informationen. Die Menge der präsentierbaren Informationen wird auf diese Weise nicht geringer, die Wirkung und Nachhaltigkeit jedoch erhöht. Das Dramatisieren eines Themas ist insofern keine Verfremdung oder gar Entstellung, sondern eine den Gewohnheiten und Möglichkeiten der menschlichen Wahrnehmung gemäße Aufbereitung eines Stoffes und die sichere Beherrschung von dramaturgischen Mitteln und Prinzipien das Schlüsselhandwerk für Autoren linearer Medien (vgl. Hicketier 2007, S. 115 ff.).

3.2 Filmziele

Filme herzustellen ist in der Regel kein Selbstzweck, sondern mit einer Absicht verbunden. Im Dokumentarischen speist sich diese Absicht aus dem Anspruch, etwas zu zeigen, was Zuschauer sonst nicht oder zumindest nicht in dieser Weise wahrnehmen würden. Der journalistische Film verbindet sich üblicher Weise mit der Motivation, Dinge zu erklären, für Zuschauer zu entdecken, aufzudecken, zu informieren oder verständlich zu machen. Die Formulierung von Ansprüchen an die eigene Arbeit fällt den meisten Autoren nicht schwer. Komplexer ist die konkrete Formulierung von Erwartungen an die Gestaltung des Films.

Grundsätzlich gibt es nahezu unerschöpflich viele Möglichkeiten, Dinge im
Film zu erzählen. Andererseits ist aber die Aufnahmefähigkeit von Zuschauern
durchaus begrenzt, und sie sollte wegen der Linearität des Mediums möglichst nie
zu einem Aufmerksamkeitsriss geführt werden (vgl. Ehlers 1997, S. 332f.). Daher
ist es ein Mittel, erzählerische Klarheit zu finden, jeden Film, völlig unabhängig
von seiner Länge, mit einem offenkundigen Erzählziel zu verbinden. Dieses Ziel
müsste dasjenige sein, welches dem Zuschauer am Ende erinnerlich bleibt. Idealer
Weise ähnelt es einem Satz, den ein Zuschauer am Folgetag weitererzählen würde,
wenn er am Vorabend den Film gesehen hätte.

Dieses Erzählziel des Films sollte auf zwei Ebenen formuliert werden: Einerseits, was Zuschauer tatsächlich verstanden oder erfahren haben sollen und auf
der anderen Ebene, was sie mit dem Film erlebt haben sollten (vgl. Heussen 2004,
S. 10). Der Hinweis auf das Erlebnis ist gerade beim journalistischen Film wichtig,
entfaltet doch erst die Verbindung von Information und Emotion die eigentliche
Wirkung, die Inhalte tatsächlich ankommen lässt.

In einigen Quellen und in einigen Zusammenhängen des Praxisgebrauchs ist
daher auch von zwei Erzählzielen des Films oder von zwei Filmergebnissen die
Rede, einem sachlichen und einem emotionalen (vgl. Heussen, 2004, S. 10). Völlig
unabhängig von der konkreten Begrifflichkeit ist entscheidend, dass die Methodik
identisch ist. Die klare Formulierung der Ziele ermöglicht es, alle Elemente des
Films daran zu messen, was sie zu der Erreichung dieser Ziele beitragen können.

Das sachliche Erzählziel kann dabei jeder nur denkbare Inhalt sein. Die Kenntnis eines Zusammenhangs, das Wissen um eine besondere Problematik, das Verstehen eines Verfahrens oder der Einblick in eine entfernte Welt.

Das emotionale Erlebnisziel eines Films beschreibt das, woran Zuschauer mit
dem Film Anteil haben, was sie im Filmverlauf miterleben. Das kann jede Form
eines natürlichen Ablaufs, wie zum Beispiel von Frühjahr bis Winter, von Sonnen-
auf- bis Sonnenuntergang, von Geburt bis Tod sein. Infrage kommen alle zeitlichen
Abläufe, zum Beispiel ein Nachmittag, eine Stunde, eine Woche, eine Saison. Es
können aber auch alle prozesshaften Vorgänge sein, so das Zustandekommen eines
Buches, die Herstellung eines Autos, eine Reise um die Welt, eine Recherche oder
der Prozess eines wissenschaftlichen Beweises. Infrage kommen darüber hinaus
auch alle gerichteten Abläufe, also beispielsweise das Erreichen eines Ziels, eine
Annäherung an den Nordpol, ein Countdown bis Mitternacht, die letzten Stunden vor einer Schließung. Es geht bei einem das Erleben beschreibenden Ziel also
nicht um den tatsächlichen Berichtsgegenstand, sondern um einen ersten Hinweis
darauf, in welcher Struktur der Film erzählt wird. Selbstverständlich ist es auch
möglich, als Informationsziel zu formulieren, dass Zuschauer ein Verständnis für
die Geschichte des Christentums haben sollen und das Erlebensziel ist, einen Gottesdienst miterlebt zu haben. Der Film wird in diesem Fall also einen Gottesdienst

zum Rahmen nehmen. Die innere Logik des Gottesdienstes mit seinen Ritualen und Programmpunkten gibt dem Film Struktur. Aus diesem Rahmen heraus erfährt der Zuschauer von der Geschichte des Christentums und wird dafür ein Verständnis entwickeln. Erst diese Verbindung der beiden Filmziele führt zu der für das Erleben so notwendigen Verbindung von Emotion und Information. Würde man dieses Beispiel nur mit dem Sachziel ausstatten, wäre das Risiko eines sehr didaktischen und wenig interessanten und vor allem wenig interessierenden Films sehr hoch.

Handwerklich nützlich ist es, sich für die Formulierung der Erzählziele tatsächlich die Beschränkung auf jeweils einen Satz vorzunehmen. Das führt meisten zu einer hohen inneren Klarheit. Erst wenn die Erzählziele klar sind, gelingt die Entwicklung der eigentlichen Geschichte des Films und ihrer Dramaturgie.

3.3   Elemente und Aspekte der non-fiktionalen Filmdramaturgie

Dramaturgie funktioniert in ihren Grundelementen unabhängig von Genres, Gattungen und dem Verbreitungsweg des Mediums, in dem sie genutzt wird. Und doch verdient jede Form ihre spezielle Modifikation. Für die Dramaturgie des non-fiktionalen Films verdienen die Aspekte Kontext, Glaubwürdigkeit und Linearität des Mediums eine besondere Berücksichtigung.

Kontext
Da non-fiktionale Geschichten der Realität entnommen und eng mit dieser verbunden sind, muss, anders als im Fiktionalen, der Grund für einen Film nicht zwangsläufig innerhalb des Films geliefert werden. Der Anlass kann sich auch aus dem Kontext einer bestimmten Nachrichtenlage oder der gegenwärtigen Relevanz eines Thema oder einer Frage ergeben. Der im Spielfilm immer innerhalb des Films notwendige Anstoß der Geschichte wird oftmals einfach der Grund sein, weshalb der non-fiktionale Film überhaupt gemacht wird.

Glaubwürdigkeit
Im non-fiktionalen Film ist die Erwartungshaltung des Publikums, welches davon ausgeht, einen Ausschnitt der realen Welt zu erhalten, eine spezielle. Insofern sind Glaubwürdigkeit und innere Logik der filmischen Erzählung von besonderer Wichtigkeit. Wiederum kommt es auch dabei auf das Empfinden beim Publikum an. Das heißt, umso unglaublicher eine Geschichte tatsächlich ist, desto glaubwürdiger muss sie erzählt werden (vgl. Hißnauer 2011, S. 47).

Linearität

Der Eigenart der Linearität ist in der Unterscheidung zum Printjournalismus dadurch Rechnung zu tragen, dass eine miterlebbare Erzählung zu finden ist und Wechsel zwischen verschiedenen Ebenen vom Zuschauer in der einmaligen Rezeption nachzuvollziehen sind. Dafür notwendige Resonanzräume muss die filmische Erzählung bereits enthalten, da sie durch den Zuschauer nicht unterbrochen werden kann.

Darüber hinaus gehende Besonderheiten weist die Dramaturgie des Non-Fiktionalen nicht auf. Allerdings haben sich in der Praxis einige Begriffe herausgebildet, die sich von der Dramaturgie des Spielfilms und erst recht der des Theaters unterscheiden. So ist in einigen Zusammenhängen vom „Erzählsatz" (vgl. Heussen 2004, S. 15) die Rede (vgl. Blaes und Heussen 1997, S. 330ff.), in anderen vom „Drama-Grundmuster" oder einfach der Geschichtsstruktur. Unabhängig von der im Detail verwendeten Begrifflichkeit sind die notwendigen Elemente freilich dieselben.

3.3.1 Hauptfigur

Die Hauptfigur ist das zentrale Element einer jeden Geschichtsstruktur. Es ist die Figur im Film, mit der sich die den Film vorantreibende Frage verbindet. Oft ist es ein einzelner Mensch, es kann aber auch eine Gruppe, ein Tier, ein Ort, ein Gegenstand oder ein Abstraktum sein (vgl. Heussen 2004, S. 19). Vor allem im journalistischen Film funktionieren gut auch Stellvertreterfiguren, das heißt solche, die stellvertretend für den Zuschauer den Prozess von der geringen Kenntnis über einen Sachverhalt hin zum Wissen bzw. zur Erkenntnis durchlaufen, sowie Reporter oder Journalisten, die Publikum an einer Recherche Anteil haben lassen.

▶   Da der Hauptfigur eine so zentrale Rolle zukommt, sollte es möglich
      sein, dass der Zuschauer für diese eine gewisse Empathie empfindet.
      Daher ist es natürlich grundsätzlich einfacher, mit Hauptfiguren zu
      arbeiten, die Menschen (oder Tiere) sind – und aktive Hauptfiguren sind
      leichter zu führen als passive.

Die Hauptfigur darf über die Länge des Films nicht wechseln, da ein Wechsel in der Hauptfigur Zuschauern die Orientierung nähme und den Film wie mehrere getrennte Geschichten erscheinen ließe. Manchmal bieten sich auch Gruppenfiguren an, selbst dann, wenn Geschichten parallel geführt werden sollen. Gruppenfiguren sind immer möglich, wenn die Mitglieder der Gruppe einander ähnlich genug sind in Bezug auf den Gegenstand der Geschichte. Auf diese Weise wären beispielsweise Menschen, die rund um die Welt dem gleichen Beruf nachgehen, als Gruppe zu führen, wenn es um diesen Beruf geht. Ginge es dagegen allgemein um Altersvorsorge, wären sich die Menschen ein und desselben Berufes weltweit nicht ähnlich genug in Bezug auf diese Fragen, als dass sie dafür als Gruppenfigur zu führen wären.

Abstrakte Hauptfiguren sind eine Besonderheit, die es nur im journalistischen Film gibt. Sie sind, obwohl die Zuschaueridentifikation mit ihnen schwer möglich ist, vor allem immer dann hilfreich, wenn in kurzen Formen aktuelle Sachverhalte nicht nur beispielhaft erklärt, sondern in ihren verschiedenen Facetten thematisiert werden sollen.

Mit der Festlegung auf eine Hauptfigur entscheidet sich auch, welche anderen Elemente in der jeweiligen Geschichte eine Rolle spielen. Deshalb sind im ersten Schritt bei der Überführung eines Themas in eine Geschichte die möglichen Hauptfiguren zu identifizieren. Für die Figuren, die als Hauptfiguren infrage kommen könnten, ist die Geschichtsstruktur in ihrer Gesamtheit durchzuspielen, um festzustellen, wie die journalistisch passende und spannende Geschichte zu finden ist.

3.3.2 Attribute

Unmittelbar mit der Hauptfigur verbunden sind die Attribute. Als Attribute werden die Haupteigenschaften einer Figur bezeichnet, die im Film herausgearbeitet werden (vgl. Heussen 2004, S. 21). Jede Figur hat nahezu unerschöpflich viele Eigenarten und Eigenschaften, die als Attribute infrage kommen. Es ist die Entscheidung des Autors festzulegen, welche davon im Film herausgestellt werden sollen. Er wird die Eigenschaften wählen, die für das Thema des Films und die zu erzählende Geschichte relevant sind. Das sind eher die Eigenschaften, die dazu führen, dass das, was die Hauptfigur im Film durchläuft, für sie selbst besonders anspruchsvoll ist. Beispielsweise ist eine lange Berufserfahrung bei einem Handwerksmeister vor seiner Prüfung als Sachverständiger gewiss weniger geeignet, Spannung zu erzeugen, als die Tatsache, dass er vor Prüfungen schon immer Probleme hatte oder dass er seinen Gesellenprüfung damals erst im zweiten Anlauf bestanden hatte.

Bei den Attributen sind solche Eigenschaften zu unterscheiden, die beiläufig erzählt werden können, weil sie ohnehin im äußeren Erscheinen einer Figur liegen, wie zum Beispiel ein körperliches Handicap, von solchen, die im Inneren der Figur liegen, die nicht sofort ersichtlich sind und herausgearbeitet werden müssen. Wenn es gelingt, die Attribute einer Figur nicht nur durch Sprechertext oder Originalton zu benennen, sondern mit filmischen Mitteln, zum Beispiel durch geeignete Situationen oder die Interaktion mit Anderen dafür zu sorgen, dass die Zuschauer von sich aus der Figur die herauszuarbeitende Eigenschaften zuschreiben, erhöht sich die Wirkungsintensität.

Als Attribute kommen auch Dinge infrage, die auf einer Figur lasten, wie zum Beispiel Abhängigkeiten, Verpflichtungen, Vorbelastungen oder Bedrohungsszenarien.

Da erst die Attribute es Zuschauern möglich machen, Figuren einzuordnen und damit ihre Rolle in der Geschichte zu dechiffrieren, benötigen nicht nur die Hauptfiguren Attribute, sondern alle im Film auftretenden Figuren. Zu beachten ist außerdem, dass nicht nur Personen Attribute haben und in der Geschichte brauchen, sondern alle Hauptfiguren, auch und gerade dann, wenn es abstrakte sind.

3.3.3 Herausforderung

Zuschauer interessieren sich für Figuren, die Aufgaben zu lösen haben, die Bewährungsproben absolvieren, Ziele verfolgen oder Entscheidungen treffen müssen. In der Dramaturgie wird das in der Regel als der Konflikt beschrieben, der eine Geschichte spannend macht. Im non-fiktionalen Film kann dieser Konflikt unter Umständen eher eine Aufgabe oder eine Anforderung sein. Es bietet sich aus diesem Grund an, nicht von Konflikt, sondern von Herausforderung (vgl. Heussen 2004, S. 23) zu sprechen. Der Begriff Herausforderung macht deutlich, dass es nicht um eine künstliche Dramatisierung geht, sondern um eine tatsächliche Anforderung.

Eine solche Herausforderung kann in der konkreten Ausgestaltung durchaus ein Konflikt sein oder eine Aufgabe, eine Prüfung oder ein innerer Konflikt, bei dem die Hauptfigur zum Beispiel eine Entscheidung treffen muss. Er kann aber auch etwas scheinbar Banales sein, wie einen langweiligen Tag zu überstehen. Besonders gut zu handhaben sind Herausforderungen, die auf die einfache Frage „Schafft er es – oder schafft er es nicht" zu bringen sind. Selbstverständlich ohne dass diese Frage so im Film ausgesprochen wird, jedoch als Gerüst immer gegenwärtig ist.

Die Herausforderungen sind Hürden, die die Figur im Laufe des Films überwinden muss. Die Herausforderung bringt Spannung in die Geschichte. Der Zuschauer möchte wissen, ob eine Figur eine bestimmte Herausforderung meistert oder nicht. Das schafft Identifikationspotenzial und ein hohes Maß an Nachvollziehbarkeit. Je nach Länge des Films können die Herausforderungen sich in verschiedenen Facetten bemerkbar machen. Es entsteht damit ein Hürdenlauf für den Protagonisten und der Zuschauer kann mitfiebern.

Für die filmische Umsetzung müssen Herausforderungen durch ganz konkrete Hürden oder konkrete Gegenspieler repräsentiert sein.

3.3.4 Nebenfiguren

Alle Figuren im Film – außer der Hauptfigur – sind Nebenfiguren (vgl. Heussen 2004, S. 26). Sie wirken auf die Hauptfigur und deren Herausforderung. Sollte eine Nebenfigur keinen Einfluss auf die Entwicklung der Hauptfigur haben, hat sie keine Funktion in der Geschichte und ist mutmaßlich verzichtbar. Auch alle Nebenfiguren besitzen Attribute und ein Ziel, welches herausgearbeitet werden muss. Nebenfiguren helfen der Hauptfigur, ihre Herausforderung zu bestehen oder hindern sie daran. Nebenfiguren verhalten sich gelegentlich auch neutral oder verändern ihre Beziehung zur Hauptfigur im Laufe des Films. Nebenfiguren können auch die Aufgabe haben, der Hauptfigur die Entfaltung ihrer maßgeblichen Eigenheiten zu ermöglichen.

Im journalistischen Film kann es sinnvoll sein, eine Vereinfachung zu treffen, die so weit geht, dass eine klare pro und contra Positionierung von Nebenfiguren möglich ist. Vor allem politische Magazine wählen eine solche Struktur häufig, weil damit gegensätzliche Positionen zu ein und demselben Sachverhalt gut zu personalisieren und damit darzustellen sind.

3.3.5 Veränderung

Während ein Spielfilm in der Regel auf eine Problemlösung hinaus läuft, bietet sich im non-fiktionalen Film an, von einer Lösung oder Veränderung zu sprechen (vgl. Heussen 2004, S. 25). Die häufig der Realität entnommene Sachverhalte haben am Ende der filmischen Erzählung noch keinen klar definierten Abschluss, Entwicklungen setzen sich in der Realität fort oder die finale Bewertung muss im individuellen Blickwinkel des Betrachters liegen.

Die Veränderung entsteht für den Zuschauer am Ende einer Geschichte. Die Hauptfigur besteht die am Anfang angelegte Herausforderung oder auch nicht. Eine klare Veränderung tritt ein, wenn sich ein Attribut der Figur deutlich verändert oder die Herausforderung eindeutig erreicht ist. Manchmal bleibt aber auch alles beim Alten und die Veränderung besteht in der Erkenntnis, dass die Dinge trotz aller Anstrengung nicht zu ändern sind. In diesem Fall hat sich die Sicht des Zuschauers auf die Hauptfigur und ihre Herausforderung verändert. Und genau darum geht es: Der Zuschauer muss einen anderen Blick auf die Hauptfigur bekommen. Vereinfacht gesagt heißt das, dass die Figur nicht objektiv eine Veränderung durchlaufen muss, was oft auch nicht realistisch ist, sondern die Veränderung vor dem geistigen Auge des Zuschauers stattfindet.

Mögliche Veränderungen sind: Problem gelöst oder verstärkt, Sieg oder Nieder-
lage, gewonnen oder verloren, einen Schritt weiter, einen Schritt zurück, alles wie
vorher. Vom Unverständnis zum Verständnis, mehr Wissen, als zu Beginn.
Wenn die Veränderung darin besteht, dass sich Dinge weiter entwickelt haben
ohne dass eine klar positive oder klar negative Lösung gefunden wurde, ist es besonders wichtig, dass dieser Weg zur Veränderung, die dann in der Regel in einem
tieferen Verständnis oder einer Abweichung vom ersten Eindruck besteht, besonders sorgfältig geführt wird. Haben Zuschauer nicht das Gefühl, an einer Veränderung teilzuhaben, verlieren sie das Interesse, denn im Grunde schauen sie dann ja
vergeblich zu.

3.3.6 Fallhöhe

Die Fallhöhe ergibt sich indirekt aus den Elementen der Geschichte. Die Fallhöhe
ist umso größer, je größer der Abstand zwischen den Attributen der Hauptfigur und
ihrer Herausforderung ist, je mehr das Attribut gegen das Bestehen der Herausforderung spricht. Die Fallhöhe einer Geschichte beschreibt letztlich, wie groß die
Herausforderung für eine Figur wirklich ist (vgl. Heussen 2004, S. 30).
Um eine möglichst große Fallhöhe zu erreichen, ist also das Verhältnis der Attribute zur Herausforderung zu überprüfen. In einer Reportage über eine Alpenüber-
querung ist ein Gruppenmitglied, welches zeitlebens immer auf dem flachen Land
gelebt hat sicher interessanter, als eines, welches in den Bergen aufgewachsen ist.
Die Herausforderung, wenn man Berge und Bergtouren nicht kennt ist höher und
die Geschichte damit wahrscheinlich spannender.
Die Fallhöhe von einzelnen Geschichten lässt sich leicht überprüfen, indem
man für die verschiedenen Figuren einer Geschichte jeweils die Geschichtsstruktur
durchspielt. Hierbei macht man jede Figur einmal gedanklich zur Hauptfigur und
prüft, in welchem Fall der Abstand zwischen den maßgeblichen Attributen der Figur zu ihrer Herausforderung am größten ist. Hierbei werden sich unterschiedliche
Fallhöhen für die Figuren ergeben. Die Figur mit der größten Fallhöhe ist dramaturgisch am besten geeignet, die Hauptfigur im Film zu sein.

3.3.7 Rote Fäden

Rote Fäden bilden die Ablaufstruktur des Films. Sie strukturieren die Geschichte,
halten zusammen und können auf verschiedenen Darstellungsebenen geführt werden (vgl. Heussen 2004, S. 36). Wichtig ist, die relevanten Abläufe der Geschichte

zu erzählen. Es kann für den Zuschauer frustrierend sein, wenn rote Fäden angefangen, aber nicht bis zum Ende fortgeführt werden. Oft ist ein roter Faden in einer Geschichte ein zeitlicher Verlauf, aber auch Verfahren können für eine Geschichte relevante rote Fäden sein. Viele Abläufe sind natürlicher Art und den meisten Menschen geläufig. Andere, wie zum Beispiel Fachlogiken, können unbekannt sein und sind daher interessant und führen zu einem zusätzlichen Erkenntnisgewinn. Wichtig ist, die für die jeweilige Geschichte relevanten roten Fäden zu führen. Nachfolgend einige Beispiele: Natürliche Abläufe: Geburt, Leben, Sterben, Ablauf einer Krankheit, Einschlafen, Aufwachen, Sonnenaufgang, Sonnenuntergang.

* Raumablauf: Start, Ziel, Stockwerke, Ebenen, von Süden nach Norden, von unten nach oben.
* Zeitablauf: Jahreszeiten, Tagesablauf, konkrete Uhrzeiten.
* Regelungen und Verfahren: Spielregeln, Straßenverkehrsordnung, Rituale, Berufliche Fachmethoden.
* Fachlogiken: Ermittlungslogiken, Indizienketten.
* Argumentketten: Von der Behauptung oder der These zum Beweis,
* Qualitativ: vom Einfachen zum Komplexen, vom Schlechten zum Guten.
* Quantitativ: vom Kleinen zum Großen, von Wenig zu Viel, vom Billigen zum Teuren.

Rote Fäden sind das Skelett hinter dem Film. Sie sorgen für eine unterbewusste Orientierung, sind aber nicht der Hauptträger der Information.

3.3.8 Erzählperspektive

Ein weiteres wichtiges Element der non-fiktionalen Filmdramaturgie ist die Erzählperspektive. Sie beschreibt, aus welcher Position der Film erzählt wird und damit, an welche Stelle in der Geschichtsstruktur der Zuschauer positioniert wird.

Die maßgeblichen Bestimmungsfaktoren dafür sind, wie nah die Erzählperspektive der Hauptfigur ist, aus welchem Vorwissen heraus sie agiert und mit welcher Grundhaltung. Man kann die Erzählperspektive auch als eine Person auffassen, die die Geschichte erzählt und sich anhand dieser gedachten Person überlegen, wie jemand, der die unterstellten Eigenschaften hätte, wohl erzählen würde, wie distanziert, wie vertraut, wie kritisch oder wie euphorisch er sich nähern würde. Die Erzählperspektive kann auch dazu dienen, Zuschauern einen zusätzlichen Identifikationspunkt zu bieten, wenn die Identifikation mit der Hauptfigur kompliziert ist. Es bietet sich deshalb häufig an, Erzählperspektiven zu suchen, die der

Hauptfigur nicht zu ähnlich sind, sondern die eher denjenigen Zuschauern einen Zugang ermöglichen, die der Hauptfigur nur schwer nahe kommen. Vor allem darf die Erzählperspektive keine Insider-Position sein. Eine allwissende Perspektive oder die Perspektive eines Fachmannes ist häufig weit weniger geeignet als die eines interessierten Laien.

Einige Redaktionen definieren für Erzählperspektiven regelrechte fiktive Biografien, um sich dann immer fragen zu können, ob diese Erzählerfigur und damit Erzählperspektive bestimmte Formulierungen gebraucht und ein bestimmtes Vorwissen hat. Die handwerkliche Umsetzung der Erzählperspektive erfolgt maßgeblich mit den Mitteln Kamera und Text.

3.3.9 Damokles

Ein Damokles, gelegentlich auch Achilles genannt, ist ein zusätzliches Element zum Spannungsaufbau und beschreibt etwas, welches für die Geschichte latent eine Rolle spielt ohne im Film unbedingt vollzogen zu werden. Für eine Reportage über einen Ballonflug kann es beispielsweise sinnvoll sein, das Wetter als permanentes Risiko für das Zustandekommen des Fluges zu thematisieren, auch wenn der Flug letztendlich stattfinden kann. Die Einhaltung der Wetterparameter ist hier das latente Risiko, dem die Unternehmung ausgesetzt ist, wie es das Durchhalten eines Motors unter extremen klimatischen Bedingungen sein kann oder in einem anderen Film, das rechtzeitige Erkennen einer Gefahrensituation durch einen Protagonisten. Den jeweils verwundbarsten Punkt einer Figur oder einer Geschichte auch dann mit zu erzählen, wenn aus ihm im filmischen Verlauf kein konkretes Problem erwächst ist mit Damokles gemeint und erzeugt zusätzlich Spannung, da es die Anforderung an die Hauptfigur vergrößert.

3.4 Erzählmuster non-fiktionaler Geschichten

Nachdem die wesentlichen Elemente der non-fiktionalen Dramaturgie betrachtet wurden, zeigt (in Anlehnung an Heussen 2004, S. 32) die folgende Abb. 3.1 die Organisation und Bezugsetzung der einzelnen Elemente zueinander. Auf diese Weise entsteht ein Erzählmuster, welches eine gute Arbeitsgrundlage für den gesamten Prozess der Filmentstehung ist (vgl. Heussen 2004, S. 32).

Dieses Erzählmuster ist ein dynamisches Instrument. Es muss für verschiedene journalistische Darstellungsformen modifiziert werden und im Laufe des Produktionsprozesse immer wieder hinterfragt werden. Sehr häufig ändert sich das Erzählmuster im Laufe der Zeit, weil sich während der Recherche, beim Dreh oder bei der Bewertung des Materials vor dem Schnitt herausstellt, dass eine andere

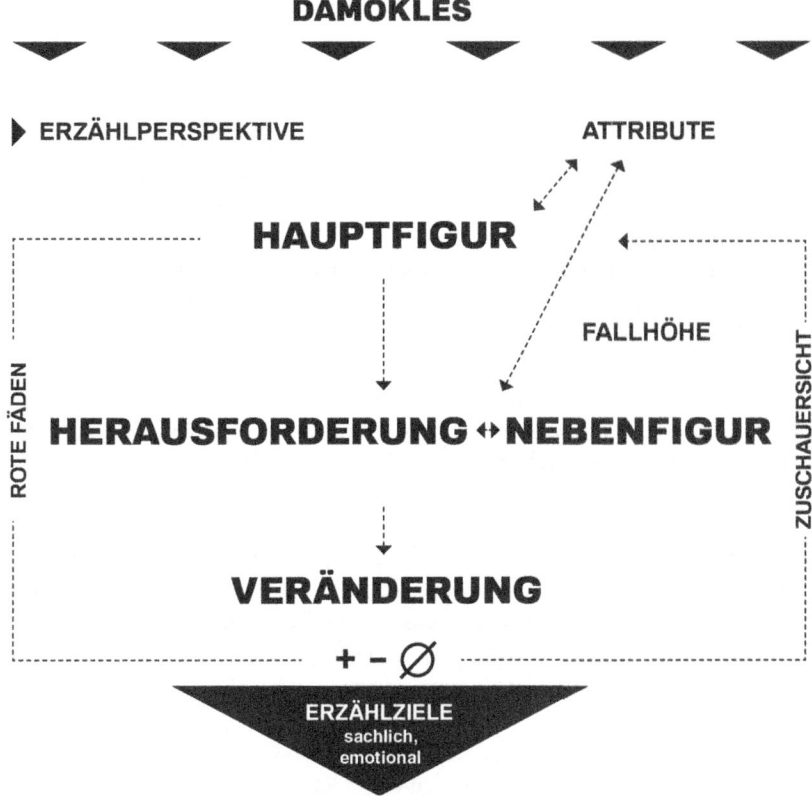

Abb. 3.1 Erzählmuster non-fiktionaler Geschichten in linearen audiovisuellen Medien

Figur die interessantere Hauptfigur wäre oder einfach, weil weitere Figuren oder durch rote Fäden repräsentierte Aspekte der Geschichte hinzu treten.

Wichtig ist, dass zu jedem Zeitpunkt der Filmherstellung alle Elemente Berücksichtigung finden und Veränderungen, die vorgenommen werden, auch bezüglich ihrer Auswirkungen auf die anderen Elemente der Geschichtsstruktur bedacht werden

3.5   Aus Themen Geschichten entwickeln

Nimmt man das Muster der journalistischen Filmdramaturgie auf, so ist unmittelbar ersichtlich, dass unentwegt Entscheidungen zu treffen sind und die klare Entscheidung für eine Hauptfigur, eine Herausforderung und mindestens einen Haupt-

faden vorrangig für das Funktionieren des Films ist. Damit ist jedoch auch klar,
dass die Entscheidung für eine bestimmte Geschichte zwangsläufig heißt, auf eine
Fülle von anderen Geschichten zu verzichten. Das freilich ist nicht zu verwechseln
mit einem Verzicht auf Information, denn die Fokussierung auf eine Geschichte
bedeutet zwar, dass alle im Film enthaltenen Informationen auf die Hauptfigur
und ihren Konflikt ausgerichtet werden, aber keineswegs, dass auf Informationen
verzichtet wird.

▶   Die Entscheidung für eine bestimmte Geschichte ist und bleibt jedoch
     vor allem die Entscheidung gegen zahlreiche andere, denn in jedem
     Thema stecken viele Geschichten.

Der Prozess, aus einem Thema die ihm angemessene Geschichte abzuleiten, ist
ein besonders verantwortungsvoller, da er in einem sehr frühen Stadium das Endprodukt maßgeblich prägt und nicht mehr beliebig zu korrigieren ist (vgl. Mothes
2001, S. 21ff.). Die Frage nach der dem Inhalt angemessenen Geschichte muss
aus der Publikumsperspektive betrachtet werden. Zunächst sind also die Filmziele zu definieren, also: was sollen Zuschauer durch den Film verstanden und was
sollen Zuschauer mit dem Film erlebt haben. Ist diese Zielfestlegung klar, kann
der eigentliche Prozess des Dramatisierens beginnen, nämlich die Besetzung aller Elemente der Geschichtsstruktur. Es bietet sich dabei an, zunächst aus einem
Thema sämtliche mögliche Hauptfiguren zu identifizieren. Bedacht werden sollten
dabei auf keinen Fall nur die naheliegenden und keineswegs nur die Figuren, die
in der Pressemeldung oder dem der Filmidee zugrunde liegenden Artikel auftauchen. Vielmehr können alle in irgendeiner Weise mit dem Thema verbundenen
Figuren Hauptfiguren sein sowie zusätzlich der Reporter, der recherchierende
Journalist sowie Stellvertreterfiguren (für das Publikum). Es ist sehr lohnend, den
Kreis der Figuren, die man durchdenkt wirklich bewusst breit und bewusst absei-
tig des ersten Gedankens zu fassen. Es ist beispielsweise unmittelbar einsichtig,
dass die Freilassung eines Strafgefangenen zu Weihnachten für den Gefangenen
überhaupt kein Problem darstellt, mit dem sich ein Durchschnittszuschauer identifizieren kann. Für den Leiter einer Einrichtung, die ihn überraschend aufnehmen
muss, ist es wahrscheinlich schon eine Schwierigkeit. Vielleicht gelänge auch die
Identifikation mit dem Richter, der hier eine gerechte Entscheidung am letzten
Tag vor Weihnachten treffen muss oder mit dem Staatsanwalt, der die Freilassung
verhindern will. Vielleicht sind aber auch die Eltern von Kindern, in deren Sport-
verein der Freigelassene wieder mitarbeiten will, in einem Konflikt, der sie zu den
wesentlich interessanteren Hauptfiguren macht.

Sind alle möglichen Hauptfiguren identifiziert, beginnt das Abwägen, welche die interessanteste ist. Interessant heißt dabei, diejenige zu nehmen mit dem größten Potenzial, Zuschauer zu binden und tatsächlich eine nachvollziehbare Entwicklung über die Länge des Films verfolgen zu lassen. Dazu ist zunächst für jede der infrage kommenden Hauptfiguren die zugehörige Herausforderung festzulegen, vor die diese im Film gestellt werden kann. Hier ist zwingend die Lösung von der Realität erforderlich. Die hier unterstellte Herausforderung ist tatsächlich eine Setzung durch die Autoren und muss nicht identisch sein mit dem, was die Figur möglicher Weise selbst als ihre Herausforderung formulieren würde. Wenn allen infrage kommenden Hauptfiguren Herausforderungen zugeordnet sind, ist im nächsten Schritt darauf abzustellen, was die maßgeblichen Attribute sind, die einer Figur zugeordnet werden können. Diese Attribute müssen natürlich glaubhaft, filmisch nachvollziehbar und mit einem möglichst großen Abstand zur Herausforderung sein. Wenn für alle infrage kommenden Hauptfiguren die zugehörigen Herausforderungen und die herauszuarbeitenden Attribute klar sind, dann ist eine Bewertung möglich. Die Figur, bei der der Abstand, also das Spannungsverhältnis zwischen ihrem Attribut und der Hausforderung am größten ist, hat die größte Fallhöhe und ist damit dramaturgisch die interessanteste. Um diese Hauptfigur herum sollten nun die anderen Elemente der Geschichte gefunden werden. Wichtig sind vor allem die Fragen nach der Veränderung, bis zu der die Geschichte erzählt werden kann, und welche roten Fäden sich anbieten. Letztere geben wesentliche Hinweise darauf, welche horizontale Verbindungen und damit Spannungsbögen über den Film in seiner Länge gezogen werden können.

Die Festlegung der Nebenfiguren ist der letzte Schritt. Ihre Anzahl hängt von der Länge der zur Verfügung stehenden Filmzeit ab, aber auch wiederum vom Erzählziel des Films, ob Pro- und Kontra-Situationen eine Rolle spielen, welchen spezifischen Charakter Nebenfiguren haben und ob sie die Hauptfigur eher stärken oder eher hinterfragen sollen.

Ein Hilfsmittel bei der Festlegung auf Nebenfiguren, das Orchestrieren, kann aus der Spielfilmarbeit in den dokumentarischen Film übertragen werden. Abbildung 3.2 zeigt, wie beim Orchestrieren (vgl. Schütte 2009, S. 122) von Figuren infrage kommende Nebenfiguren nach ihren in Bezug auf die Geschichte relevanten Eigenschaften analysiert und somit recht mechanisch bewertet werden.

Die Abbildung zeigt, dass jede für den Film vorgesehene Nebenfigur mit einem Buchstaben gekennzeichnet ist und auf einem Raster der für den Film relevanten Eigenschaften eingetragen wird. Auf einen Blick ist damit erkennbar, welche Figuren sich besonders ähneln, welche möglicherweise verzichtbar wäre. Es ist aber auch zu sehen, welche Figur unter Umständen eine zusätzliche Bereicherung für die Geschichte sein könnte und in der weiteren Recherche gefunden werden muss.

	1	**2**	**3**	**4**	
KOLLEGE	AC			B	**KUNDE**
KONKURRENT	C		B	A	**PARTNER**
MANN	A			BC	**FRAU**
ALT	AB			C	**JUNG**
BERUF	ABC				**PRIVAT**
KRITIKER	C	B	A		**UNTERSTÜTZER**
FRÜH			B	AC	**SPÄT**

Abb. 3.2 Das Orchestrieren von Nebenfiguren im Filmkonzept

Es versteht sich von selbst, dass die einzelnen Kategorien nur Hinweise geben und unterschiedlich bewertet werden müssen. In einem Porträt beispielsweise wird man Nebenfiguren viel leichter akzeptieren, die einander ähneln und sich zum Beispiel nur dadurch unterscheiden, dass eine Figur den Porträtierten schon aus einer früheren Zeit kennt im Gegensatz zu einer anderen, ansonsten ähnlichen Figur. Vergleichbar kann das bei Zeitzeugen in der historischen Dokumentation sein. Im politischen Bericht wiederum werden Alter, Geschlecht und Bekanntheit mit der Hauptfigur weit weniger relevant sein als die Frage, ob die jeweilige Nebenfigur Kritiker oder Unterstützer ist.

Ganz am Ende des Prozesses der Geschichtenentwicklung sollte noch einmal hinterfragt werden, welche Dinge sich möglicherweise eignen, als zusätzliche rote Fäden eingeführt zu werden. Geben doch auch kleine rote Fäden, die anders als der Hauptfaden nicht von vorne bis hinten reichen müssen, dem Film zusätzliche Stabilität und zusätzliche Einstiegspunkte für möglicherweise später hinzu kommendes Publikum.

Am Ende dieses Kapitels findet sich eine Checkliste, mit der die so gefundene Geschichte durch einfache Kontrollfragen leicht überprüft werden kann.

Der nächste Schritt ist dann die Festlegung auf eine Filmform, also ein Genre, indem die Geschichte erzählt wird. Die Filmform ist das maßgebliche Scharnier zwischen der Geschichte des Films und seiner konkreten filmhandwerklichen Umsetzung. Die nachfolgende Eigenheiten der Genres finden sich ausführlich in Kapitel 4.

Im Prozess der Stoffentwicklung ist die Festlegung natürlich primär vom Erzählziel des Films abhängig, aber auch mit Blick auf sich daraus unter Umständen ergebende Einschränkungen. So wäre die Absicht, massiv auf Archivmaterial zu setzen oder zahlreiche Experten zu involvieren ein schlüssiges Argument, sich gegen ein Reportageformat zu entscheiden. Abbildung 3.3 zeigt die systematische Entwicklung einer Geschichte aus einem Thema.

Abb. 3.3 Der Weg vom
Thema zur Geschichte

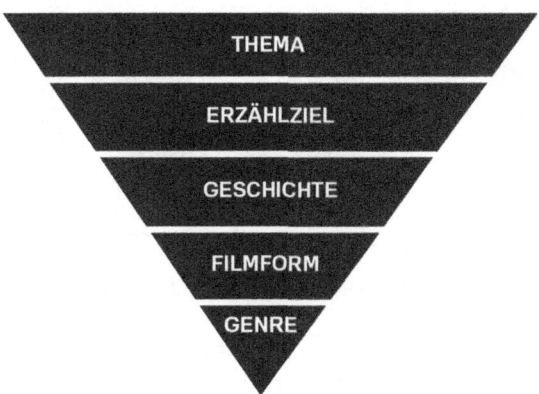

Es wird deutlich, dass mit jedem weiteren Schritt der Stoffentwicklung eine
weitere Eingrenzung erfolgt. Im Grunde hat die Entwicklung vom Thema zur Geschichte quasi die Form eines Trichters. Aus einem anfänglich großen Volumen mit
verschiedenen Möglichkeiten wird bei jedem Entwicklungsschritt eine genauere
Eingrenzung und Richtungsführung hin auf das beim Zuschauer beabsichtigte In-
formations- und Wirkungsziel erreicht. Sind alle diese Stufen des Entwicklungs-
prozesses vor Drehbeginn zumindest gedanklich durchlaufen, ist mit sehr großer
Sicherheit davon auszugehen, dass man auf einem guten Weg zu einer funktionierenden Geschichte ist. Außerdem sorgt es für eine hohe innere Klarheit, die auch
die Kommunikation mit allen Produktionsbeteiligten deutlich vereinfacht und im
Ergebnis ein zielgenaues und damit auch zeit- und materialökonomisches Arbeiten
ermöglicht.

Dennoch darf hier der Hinweis nicht fehlen, dass auch dieser Prozess der Entwicklung einer Geschichte ein dynamisches Instrument sein muss. Stellen sich
Dinge vor Ort anders dar oder ergeben sich neue Informationen oder Aspekte, die
es sinnvoll machen, vom ursprünglichen Plan abzuweichen, sollte man das natürlich tun. Allerdings müsste dann genau derselbe Prozess gedanklich wieder vollzogen werden. Gelegentlich werden in einem solchen Fall einfach Elemente der
ursprünglich geplanten Geschichte eine andere Position in der neuen Geschichte
einnehmen. Der Wechsel zwischen Protagonist und Antagonist, der Wechsel von
einer sich als schwach herausstellenden Hauptfigur zu einer Gruppenfigur oder
dem Reporter als Hauptfigur sind typische Veränderungen der Geschichtsstruktur,
die sich am Drehort ergeben.

Veränderungen der im Film geführten roten Fäden und in Ausnahmefällen auch
noch der Hauptfigur können sich durchaus auch noch vor dem Schnitt ergeben,

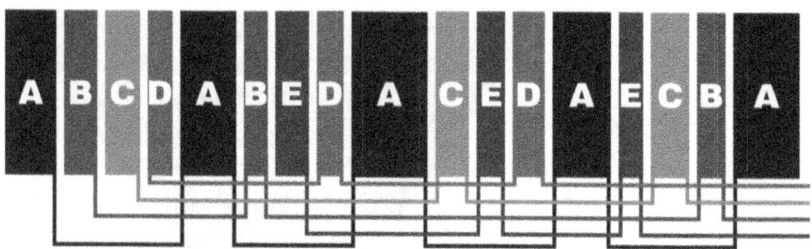

Abb. 3.4 Zerlegung einer Geschichte in Handlungsstränge

wenn das gedrehte Material hier und da eine andere Wirkung hat als geplant und auf diese Weise Stärken des Drehmaterial besonders gut genutzt werden können.

3.6 Spannung und Polarität

Die Festlegung auf eine Hauptfigur, deren Herausforderung und den Kanon der Nebenfiguren spannt die Geschichte vertikal auf und verbindet sich mit Chance und Anspruch, die Zuschauer zunächst einmal zu interessieren. Es liegt in der weiteren Kunst des Autors, dieses Interesse zu halten und über die Länge des Films zu führen. Dazu sind horizontale Verbindungen über den Film notwendig. Zu unterscheiden sind dabei Spannungsbögen, rote Fäden und Handlungsstränge.

Grundsätzlich ist es natürlich erstrebenswert, so viele horizontale Verbindungen wie möglich zu schaffen. Das verleiht dem Film innere Stabilität, wobei verschiedene horizontale Verbindungen verschiedene Anreizpunkte für Zuschauer bieten und ferner helfen horizontale Verbindungen solchen Zuschauern, die erst später hinzu kommen und ihr Interesse leichter mit einem neu beginnenden Strang verbinden können.

Am einfachsten zu führen sind Handlungsstränge in Abb. 3.4 dargestellt. Dazu werden Abläufe und Entwicklungen, die im Film eine Rolle spielen, so miteinander verwoben, dass sie nicht nacheinander, sondern parallel erzählt werden. Das bedeutet, dass eine einzelne Entwicklung nicht zum Abschluss kommt, sondern sie wird lediglich bis zum Abschluss eines Logikschritts erzählt. Danach wird mit dem nächsten verbundenen Aspekt fortgefahren und später der erste Strang wieder aufgenommen.

Die vorstehende Abbildung zeigt die Zerlegung in Handlungsstränge. Sie funktioniert immer dann, wenn jeder Handlungsstrang eine innere Dramaturgie hat, das heißt, einen eigenen Anfang, bei jedem neuerlichen Auftauchen eine Steigerung und am Ende einen Abschluss. Gibt es die Chance auf eine Steigerung nicht, so

RAHMENHANDLUNG

Abb. 3.5 Komplexweise Erzählung in linearen Medien

gibt es auch keine Rechtfertigung für ein neuerliches Auftauchen dieses Handlungsstranges. Daraus ergibt sich, dass in einem Film keineswegs alle Handlungsstränge gleich häufig oder in gleicher Länge auftauchen müssen. Im Gegenteil, kleinere Handlungsstränge, die nicht von Beginn an geführt werden, liefern vorzüglich Einstiegspunkte für Zuschauer.

Das Gegenmodell zur Zerlegung in Handlungsstränge ist die komplexweise Erzählung von Inhalten wie sie Abb. 3.5 zeigt.

Es ist ersichtlich, dass das komplexweise Erzählen von Inhalten das Risiko eines eher additiven Films bietet und unter Umständen der Film nur in der Abfolge der Blöcke verständlich ist. Es handelt sich um eine stark argumentative Struktur, die daher in der Nachricht und im Erklärstück zu Hause ist. In den anderen Filmformen sollten alle inhaltlich eine Rolle spielenden Bestandteile darauf geprüft werden, ob es sich um Entwicklungen oder Handlungen handelt, die das Potenzial haben, in Handlungsstränge zerlegt zu werden. Je länger der herzustellende Film ist, desto mehr Handlungsstränge sollten verfolgt werden. Letztendlich erhält man damit innerhalb des Films eine Struktur, wie sie sonst der Doku-Soap eigen ist.

Filme, die sehr stark in Handlungsstränge zerlegt sind, müssen die Positionierung des Zuschauers in diesem Geflecht der Handlungsstränge sorgfältig führen. Das gelingt entweder, indem eine zeitliche Parallelität der einzelnen Handlungsstränge filmisch hergestellt wird, Zuschauer also das Gefühl haben, aus einer Art übergeordneten Perspektive mal hier hin und dann wieder dahin schauen zu können, oder durch eine klare und sehr eigenständige Erzählperspektive. Diese Erzählperspektive wird dann bewusst als wahrnehmbare Entsprechung einer Figur gesetzt, die dem Zuschauer Identifikation und Führung ermöglicht und so Orientierung zwischen den Handlungssträngen wahrt. Ein Wechsel von Sprecher- oder Erzählperspektive im journalistischen Film liefe gegen dieses die Konzentration und Wahrnehmung vereinfachende Prinzip.

Während die Handlungsstränge mit Handlungen und deren innerer Logik verbunden sind, müssen rote Fäden als weiteres Mittel, horizontale Verbindungen zu
schaffen nicht zwingend handlungsgebunden sein, sondern können über verschiedene Handlungen hinweg und unter Nutzung ganz unterschiedlicher Mittel in den
Film integriert werden. Sie geben dem Film eine Ablaufstruktur und treffen eine
Erwartungssteuerung im Zuschauer, ohne jedoch die dargestellte Handlung prä-
gen zu müssen. Beispielsweise ist ein Countdown in einer Schiffswerft quer über
alle Abteilungen und Schauplätze hinweg zu erzählen, ohne dass es irgendeines
konkreten Handlungsbezuges bedarf. In gleicher Weise sind argumentative rote
Fäden von Schauplatz und konkreter Handlung unabhängig und verleihen dennoch
dem Zuschauer das Gefühl, dass die Geschichte wohl bis zu dem Moment laufen
wird, wo die Antwort auf die filmtreibende Frage gefunden ist, unabhängig davon,
was der zugehörige Protagonist oder Schauplatz ist. Wichtig ist jedoch, dass auch
bei den roten Fäden das pure Vorhandensein von Elementen, also beispielsweise
das wiederholte Auftauchen einer Figur, nicht ausreicht. Auch hier gilt, dass eine
innere Entwicklung nötig ist. Diese ist bei einem Countdown natürlich ganz einfach, ebenso bei natürlichen Abläufen über die Tages- oder Jahreszeiten. Aber auch
Rituale, argumentative Fäden und qualitative, z. B. vom Größten zum Kleinsten,
haben diese in sich logische Entwicklung, die von Zuschauern unterbewusst als
solche wahrgenommen wird und damit eine Erwartung lenkt, bis wohin der Film
führen wird. Insofern kann also die Fachlogik der Tätigkeit einer Person ein roter
Faden sein, die Person alleine jedoch nicht.

Rote Fäden verbrauchen wegen ihrer Unabhängigkeit von der konkreten Handlung wenig Filmzeit, oft können sie eher beiläufig mit erzählt werden. Grundsätzlich sind möglichst viele rote Fäden anzustreben, nicht alle müssen dabei von Anfang bis Ende reichen, jedoch muss es mindestens einen, möglichst mehrere rote
Fäden geben, welche die komplette Filmzeit überspannen. Der Zusammenhang
zwischen der Anzahl der roten Fäden und der zu gestaltenden Filmzeit ist auch hier
unmittelbar einsichtig.

Ein weiteres Element, horizontale Verbindungen im Film zu schaffen, sind
Spannungsbögen. Anders als Handlungsstränge und rote Fäden werden sie über die
Länge des Films nicht immer wieder aufgenommen, sondern an einem Punkt ver-
ankert und an einem späteren Punkt eingelöst, weshalb man die beiden Endpunkte
von Spannungsbögen auch als Anker und Einlösung bezeichnen kann. In der konkreten Ausgestaltung gilt es also, Wertepaare zu finden, die dem Prinzip von Anker
und Einlösung entsprechen und an das Weltwissen von Zuschauern anknüpfen.

Spannungsbögen helfen immer dann, wenn es darum geht, Punkte im Film zu
überwinden, die wie ein filmischer Schluss erscheinen könnten. Es ist daher im

Arbeitsprozess ein häufiger Effekt, dass Schwächen im Rohschnitt eines Films dadurch behoben werden können, dass nicht unbedingt die als schwach empfundene Passage des Films verändert wird, sondern ein Eingriff weiter vorn in der filmischen Erzählung erfolgt, indem dort ein zusätzlicher Anker gelegt wird, der einen Spannungsbogen hin zu der als schwach empfundenen Stelle des Films führt.

Spannungsbögen funktionieren auch dann besonders gut, wenn es gelingt, mit dem Anker eine Andeutung zu treffen, die im Zuschauer eine Erwartung weckt, die zugleich an dieser Zweifel zulässt. Wenn das möglich ist, kann ein Spannungsbogen auch nichtlinear verlaufen. Die Erwartung über den Ausgang der getroffenen Andeutung kann sich also über die Filmzeit verändern, wenn sich der Gesamtkontext durch den Fortgang anderer Szenen verändert.

Eine zusätzliche Spannungserhöhung erreicht man über die Länge des Filmes durch die Bedienung von Komplementären wie laut und leise, schnell und langsam, hell und dunkel, Liebe und Hass, arm und reich, alt und jung. Diese gegenpolige Darstellung stellt dabei keinen Konflikt dar, sondern bedient eine Skala der Gegensätze, um Zuschauern Interpretationsmöglichkeiten zu geben (vgl. Heussen 2004, S. 33). Die Polarität stellt auch keine Wertung dar, da keiner der Pole als gut oder böse besetzt ist. Gegenpoliges Erzählen hilft jedoch, emotionales Involvement und emotionales Mitgehen über die Filmzeit zu sichern und es dient dazu, die beabsichtigte Wirkung zu erreichen. Eine Sequenz wird im Film dann als besonders laut empfunden, wenn es zuvor besonders still war und Zuschauer werden Tempo empfinden, wenn die Montage der vorangegangenen Szene den Gegenpol bedient hat, also besonders ruhig montiert wurde.

3.7 Drei-Akte-Struktur

Die Drei-Akte-Struktur ist zunächst eine Vereinfachung des Regeldramas der französischen Klassik, welches von einer Fünf-Akte-Struktur ausging. Die Drei-Akte-Struktur ist die gängige Grundlage der gegenwärtigen Spielfilmdramaturgie. Im dokumentarischen Fernsehen ist sie üblicher Weise weniger typisch. Das ihr zu Grunde liegende Prinzip ist jedoch auch hier relevant, um Zuschauer mit auf eine emotionale Reise durch den Film zu nehmen.

Die Unterteilung in die Akte erfolgt gewöhnlich durch Wendepunkte, die jeweils zum Ende eines Aktes der Geschichte eine neue Richtung geben.

Die grundlegende Gliederung der Drei-Akte-Struktur gestaltet sich dabei wie folgt:

Abb. 3.6 3-Aktstruktur mit Längenverteilung

1. Akt – Exposition
2. Akt – Konfrontation
3. Akt – Auflösung

Betrachtet man die Verteilung über die Filmzeit, wie in Abb. 3.6 dargestellt, so führt das etwa zu der Aufteilung von ein Viertel für den ersten Akt, die Hälfte für den zweiten und ein Viertel der Filmzeit für den dritten Akt. Unterteilt man die drei Akte weiter, so findet die genannte Aufteilung ihren Ausdruck auch darin, dass der erste Akt aus zwei Sequenzen besteht, der zweite aus vier und der dritte wieder aus zwei Sequenzen.

Die drei Akte haben für den filmischen Verlauf klare Funktionen.

Der erste Akt dient der Installation der Geschichte und der Einführung der wesentlichen Elemente des Films. Das betrifft sowohl die für die Geschichte notwendigen Elemente, also insbesondere Personen, Schauplätze und Konflikte, aber auch die ästhetischen, visuellen und erzählerischen Elemente. Der unmittelbare Anfang des Films sollte ein klares Versprechen für Zuschauer abgeben, wie ihm welche Geschichte erzählt wird. Die Reihenfolge ist dabei so, dass zunächst die Elemente eingeführt werden, der Film also Tonalität und Klima erhält, und dann ein auslösendes Ereignis eintritt, was zum über den Film führenden Konflikt, zu einer filmtreibenden Frage oder einer Herausforderung für die Hauptfigur führt.

Im zweiten Akt erfolgt die Austragung des Konflikts. Hier erfolgen Anstöße, die für das Erreichen des Zieles der Hauptfigur sprechen und solche, die dem entgegen stehen. Während der 1. und der 3. Akt maßgeblich der Mechanik des Filmes dienen, um ihm eine Wirkung zu ermöglichen, erfolgt im 2. Akt der überwiegende Teil der Informationsvermittlung, eben weil hier Anstöße aus allen erdenklichen Richtungen an die Hauptfigur und die Hauptfrage erfolgen können.

Im dritten Akt schließlich wird der Hauptkonflikt – oder im journalistischen Film die filmtreibende Frage – gelöst. Diese Lösung muss tatsächlich mit dem am Anfang aufgeworfenen Konflikt in Zusammenhang stehen. In der Literatur wird der dritte Akt daher häufig auch als eine Antwort auf den ersten beschrieben. Die

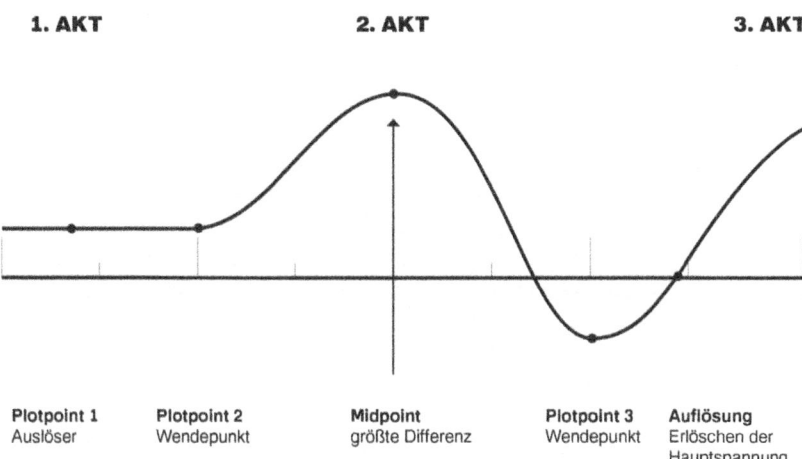

1. AKT   **2. AKT**   **3. AKT**

Plotpoint 1	Plotpoint 2	Midpoint	Plotpoint 3	Auflösung
Auslöser	Wendepunkt	größte Differenz	Wendepunkt	Erlöschen der Hauptspannung

Abb. 3.7 Der emotionale Verlauf der Geschichte in der 3-Akt-Struktur

Lösung des Hauptkonflikts führt zur Lösung der Hauptspannung des Films. Im Zuschauer sollte sich dadurch eine Zufriedenheit einstellen, dass die anfangs aufgeworfene und über den Film fortgeführte Frage nun eine Lösung hat. Das sollte allerdings nicht zu dem Missverständnis führen, dass die Lösung immer eine „ja" oder „nein" Antwort sein muss, die Lösung kann auch durch eine überraschende Wendung oder auf ungewöhnliche Art und Weise erfolgen.

In der Praxis noch wichtiger als die Unterteilung in drei Akte sind die Wendepunkte oder „Plot Poits", die der Geschichte jeweils eine andere Richtung geben und die davor bewahren, dass Filme reine Aufzählungen werden und auf emotionale Drehungen verzichten. Abbildung 3.7 zeigt einen möglichen emotionalen Verlauf einer Geschichte, die durch Plot Points immer wieder neue Impulse erhält.

Der erste Plot Point steht nach der Einführung zum Ende der ersten Sequenz des ersten Aktes. Er führt nicht zu einer Wendung sondern löst den Lauf der Geschichte aus und gibt ihr damit die erste Richtung. Während z. B. im „Tatort" hier die Leiche gefunden wird, ist es im journalistischen Film die Handlung oder ein erster äußerer Vorgang der hier in Gang kommt. Am Ende des ersten Aktes, genau am Übergang zum zweiten, folgt der nächste Plot Point und erste echte Wendepunkt, der einer Handlung eine konkrete Richtung gibt und im journalistischen Film die Installation der Herausforderung oder der filmtreibenden Frage bedeutet. Die mit diesem Wendepunkt aufgeworfene Frage muss im dritten Akt ihre Beantwortung finden.

In der Mitte des zweiten Aktes sitzt der Mid Point. Üblicher Weise ist der Protagonist hier am weitesten von seinem Ziel entfernt und es ist unklar, ob und wie er es erreichen kann. Im journalistischen Film stehen hier die größten Hürden, die stärksten Widersprüche gegen die zu Beginn angelegte Erwartung. In der Fiktion kollidiert hier die Titanic mit dem Eisberg.

Der dritte Plot Point ist wieder ein Wendepunkt und folgt am Ende des zweiten Aktes. Meist ist das ein Moment, in dem noch einmal unklar ist, ob und wie der Protagonist seine Herausforderung schafft oder die filmtreibende Frage ihre Antwort findet. Durch ein Ereignis, eine zusätzliche Information oder einen auftretenden Unterstützer wird diese Entwicklung hier unter Umständen nochmals in eine andere Richtung gelenkt und der filmische Verlauf erhält damit eine neuerliche Wendung, die ihn dann zur Auflösung führt.

Im journalistischen Film ist die 1:1 Adaption dieser Struktur problematisch, da sich argumentative Linien und Originaltöne von Protagonisten natürlich weniger genau steuern lassen als das bei erdachten Dialogen der Fall ist. Es ist aber möglich, einige zentrale Überlegungen in den journalistischen Film zu übertragen. Das betrifft insbesondere den Filmanfang und das Filmende. Bemerkenswert an der Drei-Akte-Struktur ist, dass am unmittelbaren Beginn keineswegs die sofortige Installation des Konfliktes steht, sondern zunächst eine Sequenz, die die Tonalität und das Klima des Films deutlich macht. Hier erfolgt eine Arte emotionale Grundverabredung mit dem Zuschauer, der auf die Erzählweise eingestimmt wird, also ein Gefühl für Farbe, Akustik und Rhythmus des Films erhält. Erst wenn diese emotionale Grundlage hergestellt ist, folgt der Konflikt, im journalistischen Film also die Installation der Herausforderung, die im Laufe der filmischen Erzählung zur Lösung geführt wird. Dieser Gedanke ist selbst auf kürzeste journalistische Formen zu übertragen. Die Verwendung von angemessener Filmzeit zu Beginn kann sehr nützlich sein, um eine Klimaerwartung für Zuschauer zu setzen, welche die emotionale Offenheit für die dann folgenden journalistischen Fakten stärkt.

In gleicher Weise übertragbar ist der zentrale Gedanke des dritten Aktes. Die Auflösung der Hauptspannung erst kurz vor Filmende, aber nicht am absoluten Filmende, ist ein Prinzip, welches im journalistischen Film dazu führt, dass einerseits Zuschauer bis zum Ende gehalten werden, zugleich aber der Film nach dem Auflösen der Hauptspannung noch so viel Information gibt, dass der Film in der Phantasie der Zuschauer weiter läuft. Meist geschieht das, indem man eine Idee vorgibt, wie die Geschichte weiter geht, was das nächste Ziel der Hauptfigur ist oder ob sich Dinge wiederholen werden oder handelnde Figuren möglicher Weise demnächst etwas anders werden. Dieses Anregen der Phantasie und in der Folge die Fortsetzung der Geschichte vor dem geistigen Auge des Zuschauers führt dazu, dass die Wirkung des Filmes oder Beitrages insgesamt intensiver und nachhaltiger ist. Die von einigen Fernsehredaktionen verwendete Faustformel, dass die Auflösung der Hauptspannung etwa 10 % vor Ende der Filmzeit erfolgen sollte, geht letztlich zurück auf eine sehr starke und tatsächlich nur als Faustformel dienliche Vereinfachung dieser Überlegung, die Hauptspannung so weit wie möglich nach hinten zu ziehen, zugleich aber nur so weit wie möglich, um nicht abrupt zu enden, sondern einen Nachhall zu schaffen.

Bemerkenswert an der Dramaturgie der 3-Akte-Struktur, ebenso wie der der 5-Akte-Struktur, ist die Tatsache, dass sie letztlich auf Überlegungen von Aristoteles zurück geht. Bei aller Veränderung in den technischen Möglichkeiten von Medien und im Mediennutzungsverhalten ist daraus ablesbar, dass die grundlegende Medienwirkung und die Funktionsweise von menschlicher Medienwahrnehmung von bemerkenswerter Kontinuität sind. Das ist insofern wichtig als sich daraus ergibt, dass die grundlegenden Elemente klassischer Dramaturgie auf alle Medienformen anwendbar und übertragbar sind. Die wesentliche Modernisierung, die ausgehend von Gewohnheitsänderungen von Zuschauern in die Fernsehdramaturgie Eingang gefunden hat, ist eine gewisse Verkürzung des 1. Aktes. Geschichten spannen im Fernsehen schneller ihre Konflikte und Handlungsstränge auf, die dann über den Film führen. Das ist umso ausgeprägter, desto flüchtiger die Sehsituation ist, betrifft also das Fernsehen mehr als das Kino und das Vorabendprogramm stärker als den späten Abend.

3.8 Spezielle Geschichtsstrukturen

Die Grundlagen der Dramaturgie erfahren eine Fülle von Modifikationen, ohne in ihrem Kern dabei infrage gestellt zu werden – und selbstverständlich werden sich immer wieder auch Ausnahmen dazu finden. Allerdings ist manches, was zunächst als Ausnahme erscheint, eigentlich eine konsequente Vereinfachung. Umgekehrt lassen sich viele einfache reizvolle Konstellationen, welche die Realität permanent bietet, durch Herausarbeitung einzelner Aspekte in eine dramaturgische Struktur überführen, die eine filmische Darstellung für das Publikum attraktiver macht.

Gerade für das das non-fiktionale Fernsehen gibt es eine Reihe von einfachen Grundformen, die immer wieder zur Anwendung kommen und in ihrer Einfachheit spezielle Geschichtsstrukturen sind, die dokumentarischen Inhalten ein besonders stabiles Gerüst und Rückgrat verleihen, insbesondere dann, wenn nur wenig Filmzeit für den Transport von Inhalten zur Verfügung steht.

3.8.1 Protagonist – Antagonist – Geschichten

Die Herausforderung kann durch einen Antagonisten repräsentiert sein. Dieser Antagonist kann ein Konkurrent oder ein Gegner sein, also entweder eine Figur, die

auf dem Weg zum selben Ziel ist wie die Hauptfigur oder eine, die die Hauptfigur
an der Zielerreichung hindern will, weil sie selbst entgegen gerichtete Ziele hat.
Derartige Figurenkonstellationen funktionieren nur dann, wenn die Gegner
etwa gleich stark und in ihren Absichten wirklich gegeneinander gerichtet sind.
Egal, ob in der Wettbewerbssituation oder der Gegnerschaft – Spannung ist nur
dann zu erreichen, wenn nicht von Beginn an klar ist, wer gewinnt und auch nur
dann, wenn die Gegner im Erreichen wollen des Ziels etwa gleich stark sind.

Handwerklich ist die gegensätzliche Richtung von Protagonist und Antagonist
an ihren Attributen und Zielen abzulesen. Diese müssen folglich gegeneinander
gerichtet installiert sein, um die Konfrontation unausweichlich zu machen. Im
journalistischen Film hat das vor allem Konsequenzen dafür, welche mit dem Thema in Bezug stehenden Eigenschaften von Figuren betont werden. Protagonist-
Antagonist-Geschichten erhöhen ihre Attraktivität, indem sie nicht linear auf ein
Ergebnis zulaufen, sondern Aspekte für den Sieg des einen und weitere für den
Sieg des anderen sprechen, oder indem verschiedene Hürden mit verschiedenen
Ergebnissen genommen werden.

Nicht zu verwechseln ist diese Struktur mit dem Prinzip „David gegen Goliath".
In einem solchen Fall sind die eigentlichen Kräfteverhältnisse von Beginn an klar.
Die filmtreibende Frage ist hier nicht, welche Figur am Ende die stärkere ist, sondern wie der kleine und eigentlich Unterlegene gegen den Überlegenen vorgeht,
mit welchen Mitteln er ihn zu überwinden sucht. Die Identifikation mit Goliath ist
dabei kaum möglich. Genau darin liegt allerdings auch das Risiko dieser Struktur. Die Klarheit der Kräfteverhältnisse und Identifikationspotenziale lässt wenig
Spielraum für Überraschungen und ungewisse Erwartungen. In einem solchen Fall
muss der Weg des David ausgesprochen interessant und wendungsreich sein.

Wenn keines dieser beiden klaren Grundmuster in der Figurenkonstellation herzustellen ist, sollte das als Hinweis verstanden werden, die Herausforderung nicht
durch einen einzelnen Gegenspieler zu installieren.

3.8.2 Hürdenlaufen

Im non-fiktionalen Film erfolgt die Installation eines den Film in seiner Gesamtheit durchziehenden Konflikts häufig durch die Zusammenfassung verschiedener
Teilaspekte oder verschiedener kleinerer Herausforderungen. So ist die Herausforderung, den Lebensabend zu meistern, ebenso vielschichtig wie die Herausforderung, einen sportlichen Wettkampf erfolgreich zu bestreiten. Letztere besteht aus
einer Fülle einzelner Komponenten, von Training über Ernährung bis vielleicht
Taktik und der Wahl des richtigen Materials. Gerade in solchen Fällen ist es drama-

turgisch notwendig, eine klare Herausforderung für den Film zu installieren, da nur so vermieden wird, dass der Film als eine Addition einzelner Episoden erscheint. Zugleich wird diese Herausforderung durch eine Fülle konkreter kleinerer Hürden repräsentiert und man ist damit zwangsläufig in der dramaturgischen Struktur eines Hürdenlaufens.

Diese Strukturen sind insbesondere im journalistischen Film typisch. Damit sie funktionieren, ist neben dem die Hürden überspannenden Hauptkonflikt eine Steigerung der Hürden notwendig. Die Höhe der Anforderungen muss mit zunehmender Filmzeit größer werden. Da die sachliche Reihenfolge der Hürden unter Umständen aus der Realität gegeben ist und selbstverständlich nicht verändert werden darf, sofern das zu Verfälschungen führen würde, ist die Steigerung möglichst erzählerisch vorzunehmen. So kann eine Steigerung auch darin bestehen, dass noch ein weiterer, unerwarteter Aspekt hinzukommt, dass die zeitliche Dichte der Hürden zunimmt oder die zu ihrer Überwindung notwendige Zeit oder Kraft knapper wird. Die Steigerung muss also von Zuschauern als solche empfunden werden und nicht unbedingt einem objektiven Größenvergleich standhalten.

Die Dramaturgie des Hürdenlaufes bietet sich auch dann an, wenn Vorgänge zunächst linear und langweilig erscheinen. Die bewusste Hinterfragung, welche Dinge die Hauptfigur von der Zielerreichung abhalten könnten, führt in der Regel zu einem Hinweis, was filmisch als Hürden eingeführt werden könnte, um die Spannung zu erhöhen und die filmische Attraktivität zu verbessern.

3.8.3 Passive Hauptfiguren

Grundsätzlich fällt Zuschauern die Identifikation mit aktiven Hauptfiguren, die Ziele verfolgen und vor Aufgaben, Konflikten und Herausforderungen stehen, die sie überwinden, leichter als mit passiven Hauptfiguren, mit denen irgendetwas geschieht. Insofern will die Entscheidung für eine passive Hauptfigur sehr gut überlegt sein und eine Ausnahme bleiben.

Häufig gelingt es, Konstruktionen mit passiven Hauptfiguren zu vermeiden, indem man hinterfragt, wer eigentlich dafür sorgt, dass mit der Hauptfigur etwas geschieht und dann diesen zur Hauptfigur macht oder eine Gruppe von Menschen, die dafür sorgt, dass die ursprünglich intendierte Hauptfigur ein Ziel erreicht. Ein Bericht über den Transport von Atommüll von Frankreich nach Deutschland würde den Atommüll als passive „Hauptfigur" führen müssen, da der Müll transportiert wird und nicht aktiv auf ein Ziel hinarbeitet. Es ist zu überlegen, ob die Gruppe der Menschen, die dafür sorgen, dass der Atommüll sicher und ungestört in sein Zwischenlager kommt, hier nicht die besser zu führende Hauptfigur ist. Obwohl diese

Gruppenfigur natürlich sehr vielfältig ist, so sind doch alle an den verschiedenen Etappen und in den verschiedenen Funktionen Mitwirkende durch das gemeinsame Ziel verbunden und damit in Bezug auf ihre Herausforderung ähnlich genug, um als Gruppe Hauptfigur sein zu können. Sie haben ein konkretes Problem, das für Zuschauer nachvollziehbar ist.

Fällt die Entscheidung letztlich doch für eine passive Hauptfigur, so ist besonders sorgfältig zu führen, was von Erfolg oder Misserfolg der passiven Hauptfigur abhängt. Wenn für Zuschauer deutlich ist, welche Gefahr von einem Scheitern der Hauptfigur ausgeht oder auch welche Erleichterung oder Entlastung ihr Erfolg für andere bedeutet, gelingt die Identifikation mit dem Konflikt. Ein anderer Weg, mit passiven Hauptfiguren spannend umzugehen ist es, gegenwärtige Rahmen zu schaffen und mit dem Schlusspunkt zu beginnen. Mit dem Schlusspunkt einer Entwicklung oder eines äußeren Vorgangs wird begonnen und als filmtreibende Frage installiert, wie es dazu gekommen ist. Dieses Prinzip ist immer dann möglich, wenn am Ende der Entwicklung der passiven Hauptfigur ein spektakulärer oder zumindest interessanter Abschluss steht, der dann als Anker dient, um den Weg dahin zu verfolgen.

3.8.4 Heldenreise

Die Heldenreise ist eine spezielle Form der Filmdramaturgie, die auf Joseph Campbell zurückgeht (vgl. auch Christopher Vogler, The Writer's Journey 2007). Dabei wird auf Erkenntnisse der Mythologie zurückgegriffen und die Tatsache, dass in Mythologie und Religionen die Konstruktion von Geschichten erhebliche Ähnlichkeiten aufweist und für den Transfer in sich jeweils ähnelnde Entwicklungsstadien einer Hauptfigur genutzt werden.

Die erste Notwendigkeit in der Dramaturgie der Heldenreise ist das Personalisieren eines Themas. Eine Figur oder eine Gruppe von Figuren muss auf die Heldenreise geschickt werden. Heldenreisen mit abstrakten Hauptfiguren sind dagegen kaum sinnvoll zu führen.

Die Heldenreise lebt von einem Aufbruch aus einer bekannten Welt, dem Vordringen in eine unbekannte Welt und der anschließenden Rückkehr in die bekannte, dann aber anders erscheinende oder veränderte Welt.

Dabei wird unterstellt, dass der Held auf seiner Reise zwölf Entwicklungsetappen durchlebt:

1. Der Held erfährt einen Mangel oder Unzufriedenheit in seiner vertrauten Welt,
2. Der Held wird zum Abenteuer gerufen oder vor eine Aufgabe gestellt,

3. Der Held verweigert sich zunächst dem Ruf oder der Aufgabe,
4. Der Held wird von einem Mentor überredet, die Aufgabe anzunehmen, die Reise anzutreten,
5. Der Held überschreitet eine Schwelle, nach der es kein Zurück gibt,
6. Der Held steht vor Bewährungsproben und trifft dabei sowohl auf Gegner wie auch auf Verbündete,
7. Der Held dringt zum gefährlichsten und entscheidendsten Punkt vor und trifft hier auf seinen Gegner,
8. Der Held stellt sich der entscheidenden Prüfung, tritt in die Konfrontation und überwindet den Gegner,
9. Der Held erlangt nun die Früchte seines Sieges, durch Werte, neues Wissen oder materielle Vorteile,
10. Der Held tritt den Rückweg an, es kommt zur Auferstehung aus Todesnähe,
11. Der Held hat die Früchte seiner Reise in der Hand, er ist zu einer veränderten Persönlichkeit gereift, der Gegner ist besiegt,
12. Der Held kehrt zurück in die Welt aus der er aufgebrochen ist und wird hier mit Anerkennung belohnt. (vgl. Vogler 2010)

Konsequent nach dem Prinzip der Heldenreise umgesetzt sind die Star Wars Filme. Die Übertragung in das Non-Fiktionale ist im Prinzip möglich. Die konsequente Personalisierung als die Fokussierung aller mit dem Thema verbundenen Informationen auf eine Person und die anschließende Entwicklung der Figur aus dem bekannten Erlebenshorizont der Zuschauer heraus in eine neue fremde Welt, mit anschließender Rückkehr und damit Rückübertragung der Erfahrungen und des Gelernten in die eigene Welt ist die extrem verkürzte Entsprechung. Es kommt dabei besonders darauf an, dass alle Entwicklungsschritte glaubhaft und für die Zuschauer gut nachvollziehbar sind. Das heißt, ein Entwicklungsstadium der Figur muss sich jeweils logisch aus dem vorangegangenen ergeben. Das Prinzip der Heldenreise bietet sich immer dann an, wenn Figuren zur Verfügung stehen, die stellvertretend für eine Gruppe von Betroffenen oder archetypisch für bestimmte Themen stehen. Es bietet sich auch dann immer an, wenn die Emotionalität des Themas nur durch die Fokussierung auf eine Figur herzustellen ist. Das kann zum Beispiel im Wissenschaftsfernsehen oder in gewissen historischen Dokumentationen der Fall sein.

Interessant ist die Tatsache, dass trotz der auf den ersten Blick deutlichen Abweichung von der 3-Akte-Struktur der direkte Vergleich in Abb. 3.8 doch erhebliche Gemeinsamkeiten in der dahinter liegenden dramaturgischen Mechanik erkennen lässt.

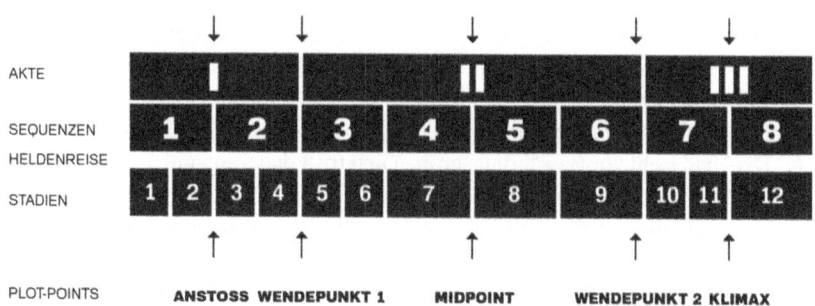

Abb. 3.8 Strukturvergleich zwischen 3-Akte-Dramaturgie und Heldenreise

▶   Es ist ersichtlich, dass in sämtlichen Konzepten die Mitnahme von
    Zuschauern auf eine nachvollziehbare Entwicklung der Kern dessen ist,
    was, egal nach welchem Prinzip, gut konstruierte Geschichten leisten
    müssen.

3.8.5 Geschichten mit Zentralfigur

Gelegentlich bietet es sich an, neben der Hauptfigur eine weitere deutlich im Film
spürbare oder sogar sichtbare Figur zu führen, ohne dass diese dabei selbst zur
Hauptfigur werden muss. Das ist zum Beispiel dann der Fall, wenn die Identifikation des Zuschauers mit der Hauptfigur schwer fällt, die Hauptfigur nicht spricht
oder die Hauptfigur eine Gruppenfigur ist, die in verschiedenen Teilen des Films
durch mehrere verschiedene Mitglieder der Gruppe repräsentiert wird oder wenn
eine Reflexion des im Film Erlebten durch eine Figur sinnvoll ist.

Man bezeichnet eine solche Figur als Zentralfigur. Um sie herum ist die Geschichte gruppiert, ohne dass sie die Hauptfigur wird. Die Zentralfigur kann zum
Beispiel ein Reporter oder ein Autor sein, der sich in eine bestimmte Welt begibt.
In jüngster Zeit hierzulande und seit Jahren im britischen Fernsehen nehmen mehr
oder minder prominente „Presenter" regelmäßig eine solche Rolle ein. Die Zentralfigur hat ein eigenständiges Ziel, welches in der Regel darin besteht, etwas wissen
oder herausbekommen zu wollen. Auf dem Weg zu diesem Ziel gibt es jedoch
keine Plot Points und Wendepunkte, diese bleiben der Entwicklung der Hauptfigur
vorbehalten.

▶   Wird eine Zentralfigur im Film geführt, werden die Informationen, also
    der zentrale Verlauf der Erkenntnis, auf diese reflektiert. In einem sol-

chen Fall ist die Erzählperspektive immer die der Zentralfigur, da ande-
renfalls ja eine dritte dramaturgische Figur im Film wäre. Das hieße in
einem linearen Medium die Zuschauer irritieren.

3.9 Zusammenfassung

Die Dramaturgie ist ein notwendiges Mittel, um Themen für Film und Fernsehen
so aufzubereiten, dass sie für Zuschauer nachvollziehbar und attraktiv sind.

Im Kern geht es um die Verbindung von Information und Emotion und in der
weiteren Folge um eine Gestaltung, die zu innerer Aktivität bei den Zuschauern
führt und damit einen emotionalen Zugang herstellt, der neugierig auf den Fortgang der Geschichte macht.

Dramaturgie erfordert klare Entscheidungen. Der Schritt vom Thema zur Geschichte ist genau die Transformation von „alles über", was im linearen Medium
Film gerade keine zuschauergerechte Aufbereitung ist, hin zu einer Anordnung von
Informationen, die Teilhabe, Empathie und am Ende Verständnis für den Sachverhalt möglich macht. Das Dramatisieren von Stoffen im Dokumentarischen ist dabei
kein Plädoyer für Oberflächlichkeit oder Inhaltsarmut. Im Gegenteil, es geht um
eine Optimierung der zu vermittelnden Informationen, so dass sie eine möglichst
intensive Wirkung entfalten und ihr Publikum mit Sicherheit erreichen. Es ist im
dokumentarischen Fernsehen dabei häufig notwendig, sich vom Rechercheprozess
oder auch der miterlebten Realität zu lösen, da Autoren in der Regel wesentlich
mehr über ihre Inhalte wissen als die Zuschauer zu Beginn des Filmes. Genau von
deren Wissensstand aus aber muss das Publikum abgeholt werden.

Da die Erlangung von Wissen oftmals nur ein geringer Sehanreiz ist, kann dokumentarisches Fernsehen nicht primär darauf setzen, sondern muss seine Inhalte
so aufbereiten, dass eine Identifikation bei ungewisser Erwartung möglich ist. Das
geschieht besonders leicht mit aktiven Hauptfiguren, für deren Ziele, Anforderungen oder Probleme sich Zuschauer interessieren oder zumindest die Identifikation
mit diesen herstellen können. Ist dieses Grundinteresse zunächst geweckt, ist es
die Kunst des Films, dieses anfangs punktuelle Interesse in Handlungsstränge und
Spannungsbögen zu überführen, die über die Länge des Filmes tragen und dabei
immer wieder Anstöße und Veränderungen erfahren, die zu einer fortgesetzten Attraktivität beitragen und sich nach Möglichkeit so steigern, dass sie für Zuschauer
nicht konkret erwartbar und damit langweilig werden.

Das Sinnbild der emotionalen Reise trifft die Absicht der Dramaturgie über die
Länge des Filmes sehr gut. Die Theorien des klassischen Dramas, Drei- und Fünf-
Akt-Strukturen finden sich grundsätzlich auch im dokumentarischen Film, sollten

hier aber weniger starr angewendet werden, da die dramaturgischen Elemente natürlich einer gewissen Unterordnung unter real gedrehtes Material bedürfen.

   Dramaturgie ist ein flexibles Instrument, welches eine Fülle von Ansatzpunkten
für Modifikationen, Ausnahmen, Brechungen und besondere Formen bietet. Es ist
allerdings auch ein ganz elementares Handwerkszeug von Film und Fernsehen.
Die genaue Befassung damit ist unabdingbare Voraussetzung, um erfolgreich Filme zu machen. Nicht zuletzt ist Dramaturgie auch ein wesentliches Werkzeug im
Kommunikationsprozess der Produktionsbeteiligten. Erst die genaue Benennung,
was im Film welche Funktion hat und was sich wo mit welcher Wirkungsabsicht
verbindet, ermöglicht den handwerklichen Diskurs und befreit von Geschmacks-
diskussionen. Obwohl Film am Ende natürlich in erster Linie zu subjektivem Empfinden bei jedem Einzelnen führt, verlangt der Arbeitsprozess daran doch objektive
Kriterien und eben die kann Dramaturgie liefern.

Checkliste 3.1 Basisprüfung eines Stoffes
- Worin besteht der Grund, diesen Stoff zur Aufmerksamkeit zu führen?
- Was für einen Mehrwert hat der Zuschauer daraus, gibt es einen Wissens-
  vorsprung, eine Chronistenpflicht oder eine Handlungsempfehlung.
- Welche Vorerfahrungen zu diesem Stoff bestehen beim Publikum?
  - sachlich
  - emotional
  - latente unterschwellige Gefühle
  - gesellschaftlicher und kultureller Kontext
  - Kontextsetzung zu aktuellen oder künftigen Entwicklungen.
- Publizistischer Kontext und wie wird sich dieser entwickeln (präsent,
  aktuell, latent vorhanden, Jahrestag) oder gibt es möglicher Weise absehbar einen Anlass, der geeignet ist, den Stoff im Programm zu motivieren?
- Was sind die Grenzen und die besonderen Potentiale der filmischen Darstellbarkeit? Gibt es neue technische Entwicklungen, die die Darstellung
  bisher unsichtbarer Zusammenhänge im Film ermöglichen?
- Bezug zum Sender- oder Sendungsimage oder zum Claim?

Checkliste 3.2 Kontrollfragen an die Geschichte
Hauptfigur
- Wessen Geschichte ist es (von Anfang an)?
- Hat die Hauptfigur ein erkennbares Ziel oder Bedürfnis?
- Was steht für die Hauptfigur auf dem Spiel?
- Ist die Hauptfigur aktiv?
- Ist die Fallhöhe der Hauptfigur so groß wie möglich?
- Ist eine Achilles Ferse installiert?
- Gelingt die Identifikation bei unsicherer Erwartung?

Herausforderung/Konflikt
- Gibt es einen durchgehenden Hauptkonflikt?
- Ist der Antagonist stark genug?
- Gibt es konkrete, sich steigernde Hindernisse?
- Gibt es einen Bezug zur Haupthandlung/ Hauptspannung?

Veränderung
- Hängt die Veränderung mit der am Anfang installierten Herausforderung unmittelbar zusammen?
- Ist die Veränderung weit genug hinten im Film positioniert?

Nebenfiguren
- Haben alle Nebenfiguren eine Funktion in der Geschichte?
- Welche?
- Haben alle Nebenfiguren erkennbare Attribute?
- Haben alle Nebenfiguren Ziele oder Bedürfnisse und wie ist deren Richtung in Bezug auf die Hauptfigur?

Rote Fäden
- Mindestens ein durchgehender Roter Faden?
- Konsistenz in der Dimension der roten Fäden?

Damokles
- installiert?

Checkliste 3-3 Formular für die Beschreibung einer Geschichte

Filmtitel: ....

Hauptfigur: ....

deren Attribute: ....

....

Herausforderung: ....

Konkrete Hürden: ....

....

Veränderung: ....

Rote Fäden: ....

....

Damokles: ....

Erzählziel sachlich: ....

Erzählziel emotional: ....

Filmform: ....

Kontext/Anlass: ....

Literatur

Ehlers, Renate 1997. Programmplanung im Haifischbecken. In *ABC des Fernsehens. Reihe praktischer Journalismus Bd. 28*, Hrsg. Ruth Blaes und Gregor Alexander Heussen, 330–337. Konstanz: UVK.

Hickethier, Knut 2007. *Film- und Fernsehanalyse*. Stuttgart: J.B.Metzler.

Hißnauer, Christian 2011. *Fernsehdokumentarismus*. Konstanz: UVK.

Heussen, Gregor Alexander 1997. Erzählende Formen. Eine Geschichte eben. In *ABC des Fernsehens. Reihe praktischer Journalismus Bd. 28*, Hrsg. Ruth Blaes und Gregor Alexander Heussen, 264–277. Konstanz: UVK.

Heussen, Gregor Alexander 2004. Der Erzählsatz. Das dramaturgische Skelett einer Geschichte. ISBN 978-3-00-028648.3. Darmstadt: Selbstverlag.

Mothes, Ulla 2001. *Daramturgie*. Konstanz: UVK.

Schütte, Oliver 2009. Die Kunst des Drehbuchlesens. Konstanz: UVK.

Vogler, Christopher 2007. The Writer's Journey: Mythic Structure for Wirters, Michael Wiese Productions.

Vogler, Christoper 2010. *Die Odyssee des Drehbuchschreibens, Zweitausendeins Edition*.

Die journalistischen Genres

4

Dinge so zu sehen, wie sie noch niemand gesehen hat, gehört zu den Urmoti-vationen, non-fiktionale Film- und Fernsehproduktionen zu sehen. Über das Thema hinaus kann diese Neuigkeit auch mit der Art und Weise des Erzäh-lens erreicht werden. Egal ob es sich um eine ungekannte Detailgenauigkeit, eine Intensität des Miterlebens oder eine Innensicht von ungekannter Kon-sequenz handelt, die Art des Erzählens kann dazu führen, dass Zuschauer sich für Themen interessieren, die ihnen eigentlich fern liegen oder bereits so bekannt sind, dass sie auf den ersten Blick nicht taugen, frisches Interesse zu wecken.

In der Regel werden Zuschauer dabei nicht benennen können, warum und mit welchen Mitteln, ihnen eine Geschichte besonders erscheint, doch sie werden es unterbewusst und subjektiv bemerken. Für den Praxiseinsatz ist eine klare Verständigung zwischen den Produktionsbeteiligten nötig, um die angestrebte Einmaligkeit zu erreichen. Die Unterscheidung in Genres ist dafür eine geeignete Basis. Mit jedem Genre verbindet sich zunächst einmal eine andere Wirkungsabsicht und um diese zu erreichen für jeden einzelnen Technologieschritt eine besondere Arbeitsweise.

© Springer Fachmedien Wiesbaden 2015
O. Jacobs, T. Großpietsch, *Journalismus fürs Fernsehen,* Praxiswissen Medien,
DOI 10.1007/978-3-658-02417-8_4

Abb. 4.1 Möglichkeiten
für Sehanreize in audiovisuellen Medien

inhaltlich   optisch   akustisch   formal-ästhetisch

4.1 Relevanz der Genres

Eine der maßgeblichen Gestaltungsmöglichkeiten im non-fiktionalen Fernsehen ist die Genreentscheidung. Dafür ist die Frage zu beantworten, in welcher Filmform eine Geschichte angelegt wird. Soll etwas als Porträt, als Reportage, als Bericht oder vielleicht als Erklärstück erzählt werden, führt das zu ganz unterschiedlichen filmischen Ergebnissen.

Aus diesem Grund muss die Entscheidung über das Genre sehr früh fallen, möglichst bei der Themenverabredung, da sie sowohl weitreichende Konsequenzen für alle Stufen des Herstellungsprozesses hat als auch die konkrete Erscheinung des Beitrages prägt.

Wichtig ist die Genreentscheidung jedoch nicht nur für den einzelnen Film oder Filmbeitrag, sondern auch für die Programmplanung oder die Redaktion einer Sendung, die diese aus mehreren Elementen zusammenfügt, denn die Genreentscheidung des einzelnen Beitrages prägt in diesem Fall auch ganz maßgeblich die Dramaturgie der Sendung in ihrer Gesamtheit. Das lässt sich folgendermaßen begründen:

Fernsehen bietet vier Möglichkeiten, Reize beim Publikum zu erzeugen, die zunächst zu einem Moment der Aufmerksamkeit führen, an dem dann eine spannende Geschichte ansetzen kann. Diese Reize seien nachfolgend und in Abb. 4.1 systematisiert und erklärt.

• Inhaltliche Reize, durch ein oder mehrere für Zuschauer relevante und für ihn auch unmittelbar erkennbar relevante Themen. Solche inhaltlichen Reize sind besonders geeignet im Regionalen sowie bei klar definierbaren Zielgruppen, wie es beispielsweise Modelleisenbahner oder Heimwerker wären. Der inhaltliche Reiz verbindet sich also primär mit der Auswahl des Themas.
• Optische Reize, durch inhaltlich oder thematisch beeindruckende Bilder, sind Effekte, auf die unter anderem das sogenannte Boulevardfernsehen seinen ganz besonderen Fokus setzt.
• Akustische Reize, durch Symbolgeräusche wie Sirenen, Bellen, Warntöne, Ansagen oder anderweitig Aufmerksamkeit erregende Töne sind wegen ihrer besonders schnellen Erfassbarkeit für Zuschauer besonders relevant. Untersu-

chungen gehen davon aus, dass ein akustischer Reiz siebenfach schneller vom
menschlichen Gehirn verarbeitet wird als ein optischer.

- Formal-ästhetische Reize und damit solche, die durch Abhebung vom sonstigen
Programmumfeld entstehen, indem Kameraführung, Erzählweise, Farben oder
Montage vom Umfeld abweichend gewählt sind.

Genau in dieser letzten Gruppe der formal-ästhetischen Reize sind die Genres von
Bedeutung. Eine konsequent mit den Mitteln der Reportage erzählte Geschichte
hebt sich deutlich von einem Bericht und dieser wiederum deutlich von einem
Porträt ab. Obwohl natürlich auch alle Mischformen zwischen den Genres funktionieren, gewinnt eine Sendung erst durch Klarheit in den Gestaltungsformen auch
eine formal-ästhetische Attraktivität. Aus diesem Grund sind Absprachen wie „ein
bisschen reportagig" oder ähnliche im Programmalltag zwar üblich, aber häufig
wenig geeignet, attraktive Programmverabredungen zu treffen. Selbst wenn alle
Mischformen natürlich für Zuschauer durchaus funktionieren, führen sie leicht zu
einer Ähnlichkeit der Bestandteile einer Sendung, die gerade das formal-ästhetische Anreizpotenzial für Zuschauer ungenutzt lässt.

Die Entscheidung für ein journalistisches Genre ist im Fernsehen also zugleich
die Entscheidung für eine Filmform (vgl. Heussen 2007, S. 9) und durchaus zu
vergleichen mit der Frage nach Drama, Komödie oder Thriller in der Fiktion. Da
beim journalistischen Fernsehen jedoch eine journalistische Absicht und ein mit
der Realität verbundenes Thema die Basis sind, besteht die redaktionelle Leistung
hier vor allem darin, das für das jeweilige Thema angemessene Genre zu finden.

4.2   Auf Erzählziele bezogene Systematik der Genres

Die Einteilung in Genres ist nicht Selbstzweck, sondern daran orientiert, dem Zuschauer auf bestmögliche Art und Weise eine Geschichte und zugleich Fakten und
Zusammenhänge zu präsentieren. Die maßgebliche Abgrenzung zwischen den verschiedenen Genres erfolgt daher anhand der unterschiedlichen Wirkungsabsichten
auf den Zuschauer, den sogenannten Erzählzielen.

Diese Erzählziele lassen sich für die einzelnen Genres wie folgt definieren:
Nachricht: Die Nachricht hat das Ziel, den Zuschauer mit einer Neuigkeit oder
Besonderheit unmittelbar und in zeitökonomischster Form vertraut zu machen.

Erklärstück: Das Erklärstück hat das Ziel, dem Zuschauer ein Verständnis von
Hintergründen und Zusammenhängen zu ermöglichen, die nicht zu seinem normalen Wissens- und Erlebnisraum gehören.

Reportage: Die Reportage hat das Ziel, den Zuschauer in die Lage zu versetzen, sich ein Bild von einem Ereignis oder Vorgang derart zu machen, als wäre er selbst dabei gewesen.

Dokumentarfilm: Der Dokumentarfilm hat das Ziel, dem Zuschauer eine ihm sonst verborgene Welt (die des Autors) zu eröffnen.

Porträt: Das Porträt hat das Ziel, den Porträtierten in seinen Facetten und Widersprüchen für den Zuschauer erlebbar zu machen.

Feature: Das Feature hat das Ziel, eine These oder Frage anhand unterschiedlicher Beispiele für den Zuschauer nachvollziehbar zu diskutieren.

Dokumentation: Die Dokumentation hat das Ziel, durch möglichst objektive Informationen aus unterschiedlichen Perspektiven und Blickwinkeln dem Zuschauer eine (eigene) Meinung zum dokumentierten Sachverhalt zu ermöglichen.

Bericht: Der Bericht als die Kurzform der Dokumentation hat ebenfalls das Ziel, ein Ereignis oder einen Sachverhalt aus unterschiedlichen Positionen sachlich so darzustellen, dass sich der Zuschauer eine eigene Meinung bilden kann.

Die Genreentscheidung fällt zunächst in Abhängigkeit vom angestrebten Ziel, hat jedoch konkrete handwerkliche Konsequenzen für alle an der Produktion beteiligten Gewerke. Sie muss innerhalb des Teams daher mindestens ebenso sorgfältig kommuniziert werden, wie Thema und Geschichte selbst.

4.3 Systematik der Genres

Grundsätzlich sind die Genres in zwei Hauptgruppen zu differenzieren und den im Fernsehen möglichen Gliederungsprinzipien unterzuordnen, nämlich der Hierarchie und der Dramaturgie. Abbildung 4.2 zeigt die Aufteilung der gebräuchlichsten Genres. Während in den hierarchisch gegliederten Genres die maßgebliche Neuigkeit und im dramaturgischen Sinne damit die Konfliktlösung oder Veränderung, an der Spitze des Beitrages steht, richtet sich die Reihenfolge der Informationen in den dramaturgisch gegliederten Genres danach, wie sie von Zuschauern am besten nach- und miterlebbar sind. Die Entscheidung für ein dramaturgisches Genre bedeutet insofern die Entscheidung für die Präsentation aller journalistischen Informationen in einer erlebbaren Ordnung. Es ist unmittelbar einsichtig, dass die dramaturgischen Genres dem Medium Fernsehen besonders angemessen sind.

Abb. 4.2 Ordnung der
journalistischen Genres
nach Gliederungsprinzipien

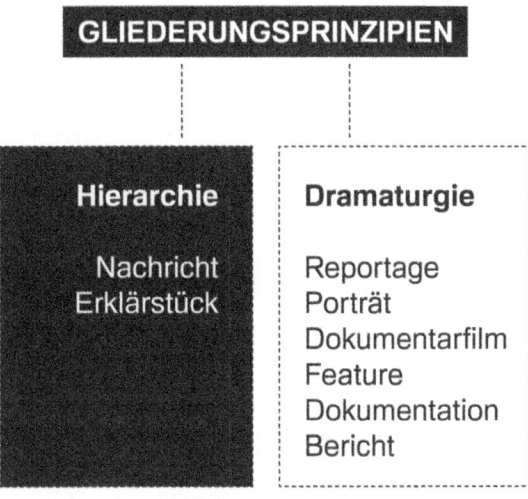

Dennoch gibt es natürlich gerade in Sendungen, die einer besonderen Aktualität unterliegen oder die einen starken inhaltlichen Reiz für Zuschauer bieten, gute Gründe, auch hierarchisch gegliederte Genres zu verwenden. Ein zusätzliches Argument könnte sein, dass die hierarchische Gliederung eine besonders zeitökonomische Form ist, Neuigkeiten zu präsentieren. In jedem Fall sollte die Entscheidung, das Gliederungsprinzip der Hierarchie zu verwenden, gut bedacht sein, wird das filmische Erleben und damit das Potenzial, Zuschauer emotional zu involvieren, hier zwangsläufig geringer sein. Verkürzt gesagt heißt das, ein Fernsehautor tut gut daran, wo immer möglich eine dramaturgische Gliederung zu wählen.

Die Abbildung zeigt, dass die überwiegende Zahl der journalistischen Genres dramaturgisch gegliedert sind.

Im nächsten Schritt ist eine Unterteilung wie in Abb. 4.3 erfolgt innerhalb dieser Hauptgruppen zu treffen. – Sinnvolle Ordnungsprinzipien gehen von der sachlichen zur emotionalen Darstellung oder von der objektiven zur subjektiven Darstellungsweise.

Die Veranschaulichung dieses Zusammenhangs führt zu einem System, welches jedem Genre seinen festen Platz in einem Raster der journalistischen Genres zuweist und welches einen ersten Indikator dafür liefert, welches Genre bei welcher journalistischen Absicht am besten verwendbar ist.

Die Genreverabredung zu Beginn des Produktionsprozesses eines journalistischen Beitrages ist demnach von erheblicher Bedeutung. Ist es redaktionelle

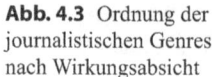

Abb. 4.3 Ordnung der
journalistischen Genres
nach Wirkungsabsicht

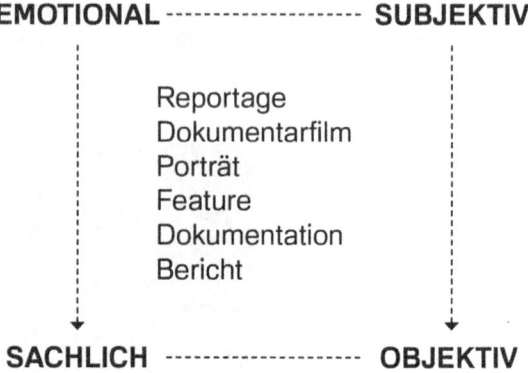

EMOTIONAL ------------------- SUBJEKTIV

Reportage
Dokumentarfilm
Porträt
Feature
Dokumentation
Bericht

SACHLICH ------------------- OBJEKTIV

Absicht, möglichst objektiv und nüchtern über eine neue Entwicklung in einem politischen Skandal zu berichten, ist das in der Reportage als einem emotionalen und subjektiv vom Reporter geprägten Genre kaum möglich. Umgekehrt ist eine Geschichte über einen beliebigen Gewürzgurkenhersteller einer Region mit den sachlichen Mitteln des Berichts wegen des geringen inhaltlichen Anreizes weit weniger erfolgversprechend als mit den Mitteln von Porträt oder Reportage, um hier vor allem auf ein echtes Erlebnis beim Zuschauer zu setzen.

Ist die Entscheidung für ein Genre gefallen, folgt die Umsetzung des Filmbeitrages einer jeweils genrespezifischen Modifikation der Fernsehdramaturgie.

4.4 Eigenheiten der Genres

Ein journalistischer Beitrag, der als Hierarchie gegliedert ist, beginnt mit dem Besonderen, im Sinne der Dramaturgie also mit der Lösung bzw. Veränderung. Was anders oder neu ist wird vorangestellt wie ein Ausrufezeichen und in der Folge wird es begründet, vertieft und die Informationsbasis verbreitert. Die Neuigkeit muss dabei beim Zuschauer wie ein inhaltlicher Anker wirken, damit diese Erzählweise funktioniert.

Aus diesem Grund sind hierarchisch gegliederte Darstellungsformen zunächst einmal dem textbasierten Journalismus deutlich näher als den linearen elektronischen Medien. Dennoch ist in der Praxis die hierarchische Gliederung wesentlich häufiger verbreitet als es eigentlich prinzipiell für die Zuschauer sinnvoll und attraktiv wäre. Ein Grund dafür dürfte darin liegen, dass eine hierarchische Erzählweise häufig dem Zustandekommen eines Beitrages verwandt ist, denn fast jede Recherche beginnt doch damit, dass der Journalist von einer Besonderheit erfährt. Ein weiterer Grund dafür dürfte sein, dass Journalismus traditionell vom geschriebenen Wort kommt. So erklärt sich die häufig zu beobachtende Verschiedenheit zwischen Fernsehautoren mit journalistischer Ausbildung und solchen mit einer Ausbildung in einem Gewerk der Filmproduktion.

Gerade die Entscheidung, einen Fernsehbeitrag hierarchisch zu gliedern, muss sehr bewusst fallen, bedeutet sie doch eine Fokussierung auf den inhaltlichen Sehanreiz und einen Verzicht auf die im Fernsehen eigentlich gut möglichen erlebnisbetonenden und emotionalen Momente der Darstellung. Besonders geeignet ist die hierarchische Gliederung für die zeitökonomische Darstellung von Themen sowie immer dann, wenn es um primär logische Abfolgen und Zusammenhänge geht. Die Genres, die in dieser Form funktionieren, sind Nachrichten und in gewissem Umfang Erklärstücke.

(Dass die Tagesschau bis heute von mehreren Hörfunkprogrammen übertragen wird, ist ein eindrucksvoller Beleg dafür, wie weit der Verzicht auf filmische Mittel gehen kann.)

Eine Sonderposition nimmt der Bericht ein. Gute Berichte sollten dramaturgisch gegliedert sein und werden daher nachfolgend entsprechend behandelt. In der Praxis ist jedoch die Grenze zwischen einer ausführlichen Nachrichtenform und einem Bericht unscharf.

4.4.1 Nachricht

Die Nachricht hat das Hauptziel, Zuschauer über Neuigkeiten zeitökonomisch zu informieren und das Verständnis für Sachverhalte oder handelnde Personen zu ermöglichen. Die Nachricht ist damit die knappste journalistische Form, die von einer Art reiner Überschrift bis zum Nachrichtenfilm von 4 oder 5 min Länge reichen kann. Abbildung 4.4 verdeutlicht die wesentlichen Abstufungen in Abhängigkeit von der zur Verfügung stehenden Sendezeit. Ihre konkrete Darbietungsform ist sehr variant. Sie reicht von der gesprochenen, lediglich verlesenen Nachricht

Abb. 4.4 Ordnung der Nachrichtenformen nach Ausführlichkeit

über besprochene Bilder oder auch nur stehende Fotos bis zur NIF, der Nachricht im Film, die Originaltöne haben kann. Häufig werden Nachrichten zu Blöcken zusammengefasst, wobei auch innerhalb dieser Blöcke Varianzen der konkreten Darbietungsform für Zuschauer attraktiv sind und zu höherer innerer Aktivität führen.

Formen, die Dinge darüber hinaus transportieren sollen oder eine Filmlänge von drei Minuten überschreiten, sollten als Berichte erzählt werden und damit in einer dramaturgischen Gliederung präsentiert werden.

Kriterien der Nachrichten

Die Nachricht gehört zu den ganz klar sachlichen Genres. Sie setzt auf eine extreme Verknappung. Filmische Elemente spielen nur im Ansatz eine Rolle. Da es primär um das Verständnis von Sachverhalten geht, sind die zum Verständnis notwendigen Fakten relevant, Informationen, die eher für das Miterlebbare stehen, haben in der Nachricht keinen Platz.

Subjektive Äußerungen des Journalisten gehören ebenso wenig zur Nachricht, wie persönliche Wertungen oder gar Kommentierungen. Zu behaupten, die Fernsehnachricht sei objektiv, wäre dennoch falsch, denn natürlich führt die Auswahl von Bildern, Tönen und Texten zu einer bestimmten Wirkung, die bereits dann anders ist, wenn ein anderer Autor Bilder und Töne zum gleichen Sachverhalt auswählt oder auch nur in einer anderen Reihenfolge präsentiert.

Die Nachricht muss verständlich sein und daher in der konkreten Ausgestaltung auf den Empfängerhorizont der Zuschauer abstellen. So muss sich eine Nachricht in einem regionalen Programm in der Regel von der in einem überregionalen unterscheiden. Die Nachricht sollte recherchierte und nach Möglichkeit geprüfte Fakten enthalten oder durch Nennung der Quelle den Ursprung von Informationen deutlich machen.

Dramaturgie der Nachrichten

Nachrichten haben eine sehr strenge Dramaturgie. Der Hauptunterschied zu den erzählenden Genres ist, dass die Nachricht mit der Neuigkeit – im Sinne der Dramaturgie also mit der Veränderung – beginnt. Erst darauf folgt die Herausforderung, vor der die Hauptfigur stand, dann die Nebenfiguren und anschließend Vorgeschichte und unter Umständen das Umfeld. Es findet also eine Verbreiterung der transportierten Information statt, die in ihrem Umfang abhängig von der zur Verfügung stehenden Sendezeit ist. Die knappste Form der Nachricht besteht nur aus einer gelesenen Veränderung. Umso mehr Sendezeit zur Verfügung steht, umso mehr Elemente kommen hinzu (vgl. Heussen 2007, S. 54). Die Reihenfolge der hinzu tretenden Elemente ist aus der folgenden Abb. 4.5 ersichtlich.

Die nachfolgende Abbildung zeigt den Zusammenhang zwischen der Filmlänge und der Berücksichtigung findenden Elemente in der Nachricht. Die erste auf die

Abb. 4.5 Die hierarchische
Gliederung der Nachricht

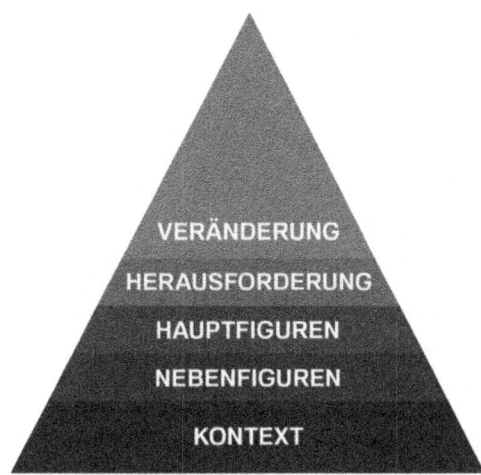

Neuigkeit folgende Erweiterung ist die Erklärung, für den Grund der Neuigkeit, also auf welche ursprüngliche Frage diese eine Antwort gibt. Ist darüber hinaus Zeit zur Verfügung wird die Hauptfigur eingeführt, damit für Zuschauer kenntlich ist, wer vor der Frage stand und für wen das also eine Antwort oder Lösung ist, was die Nachricht als Neuigkeit liefert. Sollte weitere Sendezeit zur Verfügung stehen, werden Nebenfiguren und der Kontext, unter dem die neue Entwicklung zustande gekommen ist, eingeführt.

Trotz dieser einfachen Gliederung muss die Nachricht im Fernsehen mehr als eine Auflistung von Fakten sein. Wichtig ist, dass in der Nachricht die argumentativen roten Fäden nachvollziehbar funktionieren, also tatsächlich ein Gedanke oder eine Information zur nächsten führt. Argumentative rote Fäden sind die in der Nachricht maßgebliche Ablaufstruktur. Die anderen Elemente ordnen sich dieser unter. In ausführlicheren Nachrichtenformen, wie der Nachricht im Film können Ansätze von filmischen Elementen, die Emotionen und Erleben bei Zuschauern ermöglichen, ebenso Berücksichtigung finden, wie auch Identifikationspunkte wie z. B. Attribute von Personen.

Gestaltungsmittel der Nachricht
Die Erscheinungsformen von Nachrichten sind vielfältig. Die Gestaltungsmittel der Nachricht sind im Redaktionsalltag jedoch häufig gleich in mehrerlei Hinsicht begrenzt. Zum einen werden Nachrichtenbilder in der Praxis häufig von Videoagenturen geliefert oder zunehmend auch von zufälligen Zeitzeugen beigesteuert und nur in seltenen Fällen vom Autoren selbst für den Nachrichtenfilm gedreht. Zum anderen läuft die extreme Verknappung, die der Nachricht immanent ist,

natürlich gegen die Anforderungen der filmischer Mittel, die im Zuschauer Resonanzzeit für ihre Wirkung benötigen. Gerade wegen dieser Beschränktheit der audiovisuellen Möglichkeiten im eigentlich textbasierten Genre der Nachricht, kommt der konsequenten Ausschöpfung dieser begrenzten Möglichkeiten eine besondere Bedeutung zu, um für Zuschauer attraktive Nachrichtenfilme herzustellen.

Auch im Nachrichtenbeitrag sollten so viele Informationen wie möglich Bildern und Geräuschen überlassen werden. Wegen der Kürze der zur Verfügung stehenden Zeit wird das dann besonders gut möglich sein, wenn möglichst klare Symbolbilder und Symbolgeräusche verwendet werden sowie möglichst klare äußere Vorgänge, die keine textliche Kommentierung benötigen und daher einen gewissen Abstand des Textes zum Bild ermöglichen. Besonders gut lässt sich das realisieren, wenn der Nachrichtenfilm mit vielen Details arbeitet und die in der Regel durchaus distanzierte Texthaltung nicht auch noch mit distanzierten Totalen oder Halbtotalen doppelt. Es ist ein häufiges Missverständnis, dass totalere Bilder wegen des größeren Überblicks objektiver seien. Sie sind es gerade nicht, weil die Zuschauerwahrnehmung mit ihnen wesentlich weniger präzise geführt wird.

Auf bildliche Überraschungen, hintersinnige Bilder, die sich erst auf den zweiten Blick erschließen sowie für den Sachverhalt überflüssige Bilder sollte in der Nachricht unbedingt verzichtet werden.

Der maßgebliche rote Faden in der Nachricht ist der argumentative und der muss durch den Text geführt werden. Es sind darüber hinaus auch rote Fäden denkbar, die klassische Muster bedienen, z. B. „David gegen Goliath" und die daher leicht verständlich sind und wenig Filmzeit benötigen.

Da sich die Bildfolge im Nachrichtenfilm ganz klar der argumentativen Struktur unterordnet, können in Bildsequenzen ganz unterschiedliche Materialquellen, vom Neudreh über Archivmaterial bis hin zu Info-Grafiken, Fotos oder user generated content verwendet werden. Da die Zuschaueraufmerksamkeit durch den Text und die vermittelten Sachinformationen stark gebunden ist, müssen Bilder möglichst eindeutig sein. Eine Abfolge konkreter Details ist für Zuschauer von größerer Interpretationseindeutigkeit als Bilder mit einer großen Fülle von Bildinformationen. Besondere Vorsicht sind ist in der Nachricht mit Schriften geboten. Diese sind gegen Kommentartext kaum lesbar.

Besondere Formen der Nachricht
Die Nachricht hat zahlreiche besondere Ausprägungsformen. Besonders häufig kommt in der Praxis eine Fusion von Nachrichtenfilm und Moderation vor. Dabei ist denkbar, dass der Moderator beispielsweise den Anfang der Nachricht, also die Veränderung vorträgt und den Nachrichtenfilm quasi fortsetzt. Eine andere Form ist, dass der Moderator beginnt und im zweiten Satz oder besser bei der zweiten Information ein Bildwechsel in den Nachrichtenfilm erfolgt, der Moderator jedoch

weiter spricht oder auch das die ganze Textinformation im Studio belassen wird und der Nachrichtenfilm lediglich die zugehörigen Originaltöne von beteiligten Personen liefert.

Völlig unabhängig davon, welche Form in der Praxis gewählt wird, entscheidend ist die präzise Vorausplanung und Abstimmung zwischen Redaktion und Autor. So sehr sonst die klare Trennung der Rollen von Beitrag und Moderation wichtig ist, so sehr muss hier der Übergang quasi nahtlos erfolgen.

Ein häufig gebrauchter Begriff ist „die NIF", die sogenannte Nachricht im Film. Diese Bezeichnung gibt den Hinweis darauf, dass es sich um einen Nachrichtenbeitrag handelt, der die Informationen vollständig innerhalb des Beitrages präsentiert, der also auch ohne Anmoderation im Programm einsetzbar wäre und eine knappe Form einer Geschichte enthält.

Im Studio gesprochene Nachrichten werden häufig mit einem illustrativen oder symbolhaften Bild im Studiohintergrund hinterlegt. U.U. kann der Autor der Nachricht auch für diese „Kachel" zuständig sein.

4.4.2 Erklärstück

Das Erklärstück ist das einzige Genre, welches in beiden Gliederungsformen, der Hierarchie oder der Dramaturgie auftreten kann. Es hat das Ziel, dem Zuschauer Wissenszusammenhänge und Erkenntnisse zu vermitteln, die nicht zu seinem normalen Erlebens- und Kenntnisraum gehören.

Die Frage, ob ein Erklärstück mit den Mitteln der erzählenden Dramaturgie als Geschichte oder sehr faktenbasiert als Hierarchie präsentiert wird, ist nur im Einzelfall zu entschieden und hängt einerseits von der Magazindramaturgie ab und andererseits auch von der Komplexität des darzustellenden Sachverhalts. Klassisch gehören Erklärstücke freilich in den Bereich der hierarchisch gegliederten Genres, erst mit der Zunahme von Edutainment-Programmen und dem Aufbrechen der Grenze zwischen Bildungs-, Wissens- und Unterhaltungsprogrammen ist die Zuordnung nicht mehr eindeutig. Dem Medium Fernsehen angemessener ist natürlich die dramaturgische Gliederung.

Kriterien des Erklärstücks Das Erklärstück ist eine knappe und fokussierte Fernsehform, die vor allem dazu dient, Zusammenhänge aufzuzeigen, die nicht en passent in erzählenden Beiträgen mitgeliefert werden können.

Wichtig ist, dass Zuschauer am Ende ein so weitgehendes Verständnis für das Thema oder Problem entwickeln können, dass ihnen eine Haltung oder Einordnung des Sachverhalts möglich ist. Haltung und Einordnung sind im Erklärstück ausdrücklich nicht die Aufgabe des Journalisten, er liefert das notwendige Verständnis, damit diese im Zuschauer entstehen können.

Erklärstücke brauchen ein besonders hohes Maß an Klarheit sie müssen von vorne bis hinten einem Thema oder einer These folgen, sie müssen logisch, nachvollziehbar und geradlinig erzählt werden. Überraschungen und miterzählte Irrwege sind hier fehl am Platz.

Dramaturgie des Erklärstücks Das als Hierarchie gegliederte Erklärstück folgt der inneren Logik des zu erklärenden Sachverhalts. Der Aufbau kann hier durchaus didaktisch und aus einer wissenden Perspektive sein.

Erklärstücke, die nicht als Hierarchie und damit de facto nachrichtlich sondern dramaturgisch gegliedert sind, haben in der Regel Stellvertreterhauptfiguren. Das heißt, der Journalist sucht – ohne sich dabei zu thematisieren oder in Text oder gar Bild präsent zu sein, nach der Antwort auf eine Frage stellvertretend für Zuschauer. Die Veränderung erfolgt hier also vom Nichtwissen hin zum Wissen. Erklärstücke sind dann besonders interessant, wenn eine echte Teilhabe am Zustandekommen der Erkenntnis gelingt und wenn der Verlauf nicht zu geradlinig erfolgt, es also durchaus Widerstände oder auch Sackgassen auf dem Weg zur Antwort auf die filmtreibende Frage gibt.

Die roten Fäden des Erklärstücks sind argumentative sowie fachliche Logiken des zu erklärenden Sachverhalts. Sofern Prozesse erklärt werden, verbindet sich die Fachlogik des Prozesses mit sich daraus ergebenden zeitlichen und räumlichen Fäden, was das Erlebenspotential erhöht.

Gestaltungsmittel des Erklärstücks Das Erklärstück ist stark durch den Text geprägt, der Zusammenhänge aufzeigt, Hintergründe liefert und wertungsfrei journalistische Informationen bietet, die zum Verständnis erforderlich sind.

Bild- und Tonebene folgen der textgetriebenen Erzählung und ergänzen diese. Bild und Ton sollten Ablenkungen vermeiden und in einer Art und Weise montiert werden, dass sich der Fortgang der Geschichte auf der Bild-, Ton- und Textebene konsistent vollzieht und sich die Gestaltungsebenen in der Fortführung des Haupterklärstrangs möglichst abwechseln.

Das Erklärstück setzt auf klare eindeutige Bilder, häufig auch auf Symbolbilder. Die Kombination mit Grafiken, Animationen oder auch Bildern, die sich als Monitoranzeigen o. ä. aus dem zu erklärenden Vorgang ergeben, bietet sich an.

Das Erklärstück ist eine der wenigen Gelegenheiten, bei denen der Einsatz von Zooms motiviert sein kann. Für Zuschauer gut zu verarbeiten sind vor allem gerichtete Bewegungen, also eine konsequente Annäherung oder eine konsequente

Distanzierung vom dargestellten Gegenstand. Innerhalb eines Logikschrittes jedoch mit einzelnen Schnitten heran und wieder weg und wieder heran zu springen, bindet Aufmerksamkeit und erzeugt eine Unruhe, die dem Erklären entgegen wirkt. Erzählt werden können Erklärstücke aus erklärenden Perspektiven im weitesten Sinne. Das kann eine Lehrerperspektive ebenso sein wie die eines Fremdenführers oder eines Sachverständigen.

Besondere Formen des Erklärstücks Erklärstücke können als personalisierte Geschichten einen erhöhten filmischen Erlebenswert haben. In diesem Fall wird eine Stellvertreterfigur geführt, die das zu erklärende Phänomen damit deutlich konkretisiert und zu ihrem Phänomen macht. In diesem Fall spielt der sonst im Erklärstück unübliche zeitliche Verlauf einer Geschichte durchaus eine Rolle, da die Stellvertreterhauptfigur in der Regel eine gewisse Fachlogik in einem zeitlichen Verlauf abarbeitet. Personalisierte Erklärstücke folgen darüber hinaus in der Regel der Dramaturgie eines Hürdenlaufes, da die Fachlogik des Erklärens in diesem Fall als konkrete wahrnehmbare und auf die Hauptfigur bezogene Hürden erscheinen müssen.

Eine weitere besondere Form des Erklärstückes ist die Arbeit mit einem Presenter. Der Presenter ist dabei in der Regel selbst ein (prominenter) Fachmann seines Gebietes, der daher in seinen Moderationen glaubhaft und in extrem knapper Filmzeit Ergänzungen liefern kann. Er hilft dabei insbesondere bei Dingen, die sich der filmischen Darstellbarkeit entziehen. Er kann außerdem dabei helfen, das Erleben im Film zu stärken, indem er unterschiedliche Schauplätze und Handlungsorte nacherlebbar verbindet. In diesem Fall enthält das Erklärstück einzelne Elemente der verfilmten Recherche, die eigentlich zu den Urformen der Reportage gehört. In Europa wird diese Arbeitsweise mit besonderer Konsequenz von der BBC betrieben, erlebt aber auch in vielen anderen Kulturräumen eine erhebliche Verbreitung.

4.4.3 Bericht

Die Grenze zwischen Nachricht und Bericht ist in der Praxis fließend. Insofern ist die Zuordnung des Berichts zu den dramaturgischen Genres durchaus auch ein Synonym für den sich mit dem Bericht verbindenden Anspruch, mehr zu sein als eine lange Nachricht. Dennoch sind die dramaturgische Gliederung und damit die für Zuschauer (mit)erlebbare Reihenfolge von Informationen natürlich vergleichsweise schwächer als es z. B. bei Porträts oder Reportagen der Fall ist.

Das ergibt sich zunächst aus dem Erzählziel des Berichts. Er dient dazu, Zusammenhänge aufzuzeigen und Hintergründe zu Ereignissen oder Entwicklungen so zu verdeutlichen, dass Zuschauer in der Lage sind, dazu eine Meinung und Haltung zu entwickeln. Der Bericht selbst liefert nicht die Meinung oder Haltung, sondern lediglich die dazu notwendigen Informationen.

Der Bericht ist damit eine sehr gebräuchliche Form, da er dem journalistischen Anliegen, Zusammenhänge und Hintergründe zu aktuellen Ereignissen zu liefern, stark entspricht (vgl. Bentele et al. 2006, S. 22). Das Moment des Erlebens gehört nicht zu den primären Erzählzielen des Berichts, es ist jedoch ein wichtiges Hilfsmittel, um die Sachinformationen wirkungsvoll beim Publikum zu platzieren. Es ist daher die Kunst des Autors, die im Bericht notwendigen sachlichen Informationen, Handlungsstränge und Roten Fäden sorgfältig und nachvollziehbar zu führen und diese so oft wie möglich durch das Erleben stärkende Elemente zu ergänzen. „Damit der Bericht nicht langweilig wird, ordnen gute Autoren die Fakten immer so an, daß eine Hauptfigur und ihre Herausforderung oder Aufgabe spürbar bleiben" (Heussen 1997, S. 272). Welche Information dabei auf welcher Darstellungsebene gegeben wird, ist dabei ein Schlüssel zu einer attraktiven und dichten Erzählweise.

Kriterien des Berichts Der Bericht setzt auf die Vermittlung von Informationen. Er bemüht sich um Objektivität, stellt kontroverse Meinungen dar und kommentiert nicht selbst. Der Bericht gehört damit zu den Urformen des Journalismus. Der Transport von Neuigkeiten und Zusammenhängen ist die Kernaufgabe von Journalisten. Aus diesem Grund verbinden sich – ähnlich wie bei der Nachricht – mit dem Bericht auch besondere Publikumserwartungen. Insbesondere unterstellen Zuschauer, dass die im Bericht vermittelten Informationen richtig und objektive Tatsachen sind. Dass Zuschauer im Bericht Dinge mit eigenen Augen sehen, stärkt das Wahrhaftigkeitsempfinden selbst dann, wenn das Bild erst durch den kommentierenden Text interpretieren werden kann. Für den Fernsehautor, der in der Form des Berichts arbeitet, heißt das, dass er allein durch die von ihm gewählten und für Zuschauer mit Erwartungen und Erfahrungen besetzen Mittel des Berichts auf die Unterstellung objektiver Berichterstattung trifft. Wenn ein Bericht diese Zuschauererwartung nicht erfüllen kann, beispielsweise weil die Informations- oder Recherchelage nicht belastbar genug ist, könnte das ein Hinweis darauf sein, dass eine andere journalistische Form, z. B. die Reportage, vielleicht die angemessenere Form wäre. Oder dem Zuschauer werden die Quellen und die Werthaltigkeit der aktuellen Informationslage offen gelegt.

Das dem Bericht immanente Bemühen um Objektivierung bedeutet nicht zuletzt auch, dass der Bericht ausdrücklich unterschiedliche Positionen zu ein und demselben Thema aufnehmen sollte, da erst dadurch dem Zuschauer eine eigene Meinung zum Berichtsgegenstand möglich wird. Erkennt er dadurch doch, wie groß Widerstände oder Kontroversen sind, oder wie breit möglicher Weise der Konsens ist. Die Positionen müssen zueinander ins Verhältnis gesetzt werden. Häufig geschieht das durch Quellenangaben oder durch Quantifizierung, um ein Gefühl dafür zu geben, wie stark verschiedene Positionen ausgeprägt sind.

Dramaturgie des Berichts Der Anstoß für den Bericht liegt außerhalb des Beitrages und ist in der Regel der Grund, weshalb ein Beitrag gemacht wird. Der Bericht folgt einer strengen Dramaturgie, die maßgeblich von einem argumentativen Faden und einer Sachlogik getrieben wird. Mit zunehmender Filmlänge sollte der Bericht neben dem argumentativen Roten Faden weitere Fäden haben. Es bieten sich zeitliche, qualitative und quantitative Fäden und Steigerungen an. Umso größer die zur Verfügung stehende Filmzeit ist, desto mehr dieser Roten Fäden werden gebraucht.

Die Hauptfigur im Bericht muss nicht aktiv sein, auch die in anderen Filmformen ungünstige Situation kann gegeben sein, dass die Hauptfigur passiv ist, mit ihr also etwas geschieht. Das erschwert zwar den Zuschauern die Identifikation mit ihr, ist aber ausdrücklich möglich. Die gebräuchlichsten Hauptfiguren im Bericht sind abstrakte und Stellvertreterfiguren. Das heißt, es stehen Dinge, Prozesse oder Sachverhalte im Mittelpunkt, die eine Entwicklung durchlaufen. Das können Gesetze, Verhandlungen, politische Konfrontationen, Gerüchte oder auch Ereignisse sein. Die Herausforderung, vor der sie stehen, ist es, eine weitere Entwicklung zu einer Lösung hin zu nehmen. Allerdings sind gerade im Bericht die Lösungen häufig nicht klar positiv oder negativ, sondern offen. In einem solchen Fall ist es in der Dramaturgie des Berichts wichtig, dass der Zuschauer stets eine Veränderung wahrnimmt, das heißt, nach dem Bericht sollte seine Sicht auf den Sachverhalt eine andere sein. Er sollte mit dem Gefühl entlassen werden, etwas verstanden zu haben und ein Gefühl dafür erhalten, wie die Dinge ihren Fortgang nehmen könnten.

Gerade für den Bericht mit seinen komplexen Sachverhalten ist es wichtig, sich klar vor Augen zu führen, dass die Veränderung nicht im Sachverhalt selbst, sondern in dessen Wahrnehmung durch Zuschauer liegen muss. Eine anfangs für Zuschauer unverständliche Situation kann zur Verständlichkeit geführt werden oder Unwissenheit über einen Sachverhalt zum Verständnis oder eine Unsicherheit, wie etwas zu bewerten ist, zum Verständnis, dass der Ausgang der Sache noch offen ist (vgl. Ordolff 2005, S. 179ff.).

Daran knüpft auch die zweite häufige dramaturgische Struktur des Berichts an. Dabei ist der Journalist als Stellvertreterfigur für den Zuschauer die Hauptfigur. Die Entwicklung, die er im Laufe des Berichts durchläuft, führt von der Unwissenheit zum Wissen. Die Herausforderung, vor der die Stellvertreterfigur steht, ist also, etwas wissen und erfahren zu wollen. Diese Stellvertreterfigur ist nicht zu verwechseln mit einem Reporter als Hauptfigur. Der Reporter thematisiert sich und seinen Rechercheweg. Eine Stellvertreterfigur tut das nicht, sie vollzieht eher einen Gedankengang als eine Recherchereise. Besonders deutlich wird das dann, wenn Beiträge, die eine Stellvertreterfigur zur Hauptfigur haben, auch noch aus der Erzählperspektive eines „Publikums-Wirs" erzählt werden. Das Wir im Text also für Wir Betroffene oder Wir alle und gerade nicht als Wir, das Kamerateam, steht.

Gestaltungsmittel des Berichts Der Bericht erfordert durch seine strenge Struktur eine konsequente Unterordnung der Gestaltungsmittel unter die inhaltliche Absicht an jeder einzelnen Stelle des Films.

Der Bericht gewinnt Attraktivität, indem die Gestaltungsmittel möglichst reich und vielfältig eingesetzt werden und indem es motivierten Rhythmuswechsel innerhalb des Beitrages gibt. Besonders wichtig ist in der Fortführung der filmtreibenden Frage ein Wechsel zwischen den Darstellungsebenen Bild, Ton und Text. Da der Bericht um Objektivität und hohe Glaubwürdigkeit bemüht ist, sollten Originaltöne immer im „On" sein, so dass eindeutig ersichtlich ist, dass beispielsweise der Interviewte die Aussage genau so gemacht hat und das Statement nicht durch Schnitte unterbrochen ist.

Die Perspektive des Textes im Bericht ist distanziert und sachlich, sie kann sehr knapp oder auch erklärend sein. Es bietet sich an, den Kommentartext so zu gestalten, dass er gegenpolig zu Originaltönen wirkt. Das heißt, wenn Originaltöne konkrete kleine Geschichten erzählen, dann sollte der Sprechertext die große Einordnung liefern und umgekehrt. Grundsätzlich ist es die bessere Verteilung, dass Originalton konkret und der Sprechertext Zusammenhänge herstellend erzählt, da es in der Regel eine höhere Emotionalität mit sich bringt, wenn Protagonisten unmittelbar erzählen. In Fällen, in denen Interviewpartner offensichtlich sehr unkonkret oder gar in der dritten Person sprechen, kann auch eine abweichende Rollenverteilung getroffen werden.

Der Bericht ist nicht gefangen in Zeit und Raum. Die Unterordnung der Gestaltungsmittel unter die inhaltliche Absicht des Berichts bezieht sich daher sowohl auf die Wahl des Materials – so kann im Bericht von gedrehtem Material über Archivmaterial bis hin zu Grafiken oder Animationen alles verwendet werden, was dem Fortgang der Argumentation nützlich ist – als auch ausdrücklich auf die konkrete Nutzung der Gestaltungsmittel.

Das heißt, die Art und Weise, wie Kamera und Schnitt genutzt werden, hat die dem Verständnis des Inhalts angemessene Form zu finden. Ein zentraler Gedanke dabei ist der Umgang mit Handlungsachsen. Jeder Vorgang, jede Bewegung und jedes Spannungsverhältnis hat im Bild eine Richtung. Sie verläuft entlang einer Handlungsachse. In der Diskussion zweier Personen verläuft die Achse zwischen den Köpfen der Personen. Ein Mensch, der am Computer etwas schreibt, wechselt

Abb. 4.6 Horizontale Handlungsachse = Blick = Bewegungsachse

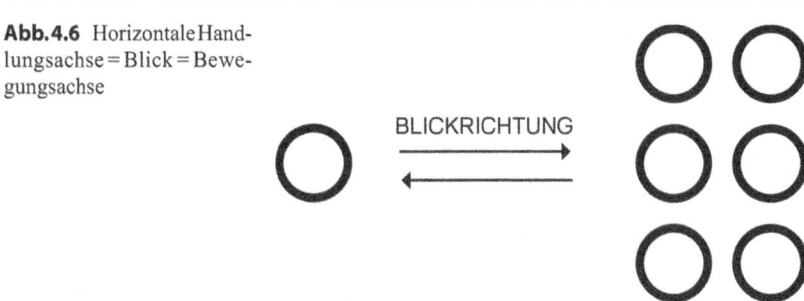

BLICKRICHTUNG

Abb. 4.7 Handlungsachsen verlaufen auch vertikal

die Handlungsachse zwischen Augen und Tastatur und Augen und Monitor. Beim Tauziehen läuft die Handlungsachse zwischen den beiden Mannschaften.

Die horizontale Handlungsachse in Abb. 4.6 entspricht eher der Draufsicht. Im Beispiel verläuft sie zwischen einer einzelnen Person und einer Gruppe, beispielsweise zwischen einem Lehrer und einer Schulklasse.

Handlungsachsen verlaufen aber auch in der Senkrechten, in der Höhe, wie in Abb. 4.7. Malt jemand auf einem Tisch, so läuft die Handlungsachse von den Augen der Person zu den Händen.

Mit der Position der Kamera zur Handlungsachse findet einer der elementaren Wirkungsfestlegungen in der Kamera statt. Abbildung 4.8 zeigt, grundsätzlich gibt es drei Arten, die Kamera im Verhältnis zur Handlungsachse zu positionieren:

A – die erwartende Kamera, das heißt, die Kamera die bereits dort ist, wo die Handlungsachse enden wird. Klassiker sind Kamerapositionen, die einen Beamten bereits im Büro erwarten, wenn dieser zum Interview hereinkommt.

Abb. 4.8 Die Grundarten
der Kamerapositionierung:
erwartend, beobachtend,
entdeckend

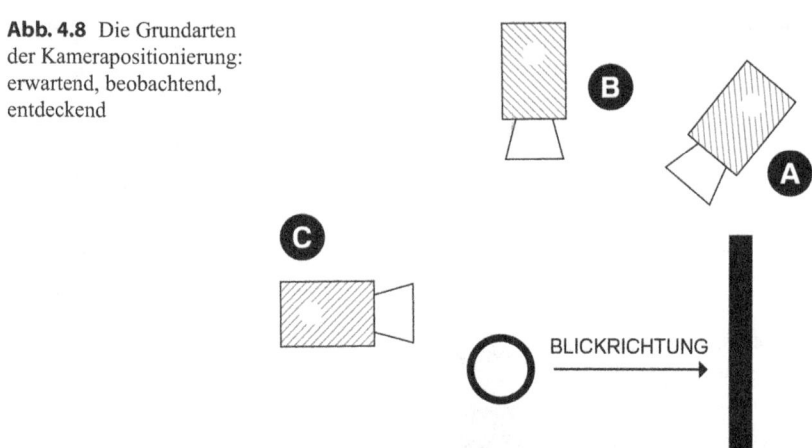

B – die beobachtende Kamera. Die Kamera ist so positioniert, dass sie von außen auf das Geschehen blickt. Sie kann dabei beide Ende der Handlungsachse in einem Bild haben oder dreht aus ihrer fast rechtwinkligen Position zur Handlungsachse Details, die dann durch den Schnitt zu einer Montage verbunden werden und dadurch als Beobachtungen erscheinen.

C- die entdeckende Kamera. Diese verfolgt den Protagonisten, geht mit ihm, ist nicht vor ihm da und hält sich dicht auf der Handlungsachse, gerade so wie ein enger Begleiter des Protagonisten.

Die Abbildung zeigt in der Draufsicht beispielsweise eine Person, die zu einem Aktenschrank geht. Die Handlungsachse verläuft von der Person zu ihrem Ziel. Es ist unmittelbar ersichtlich, dass die drei Kamerapositionen zu ganz unterschiedlichen Bildern führen. Doch nicht nur die reine Bildinformation wird unterschiedlich sein, auch das Gefühl, welches im Zuschauer für die Situation entsteht, ist deutlich unterschiedlich.

Die erwartende Kamera sorgt für ein Gefühl des wissenden Beobachtens. Die Person kommt auf die Kamera zu, es gibt keine Ungewissheit und keine Neugier, wo sie wohl hin geht, was als nächstes folgt oder zu sehen sein wird. Ganz anders Kamera C. Die entdeckende Kamera erschließt sich den Handlungsraum mit dem Protagonisten. Wenn auf diesen etwas Neues zukommt, entdeckt das auch die Kamera. Sie geht mit ihm durch die Tür und erschließt sich immer mehr Handlungsraum, es entsteht ein Gefühl des Dabeiseins und Miterlebens. Die beobachtende Kamera B wirft den Außenblick, sie dokumentiert die ablaufenden Vorgänge, egal ob in einer Totalen oder Halbtotalen oder einer montierten Szene aus Details. Sie schaut vergleichsweise genau hin, wie etwas geschieht. Nimmt man den Gedanken der sich dem jeweiligen Inhalt unterordnenden Umsetzung für den Bericht auf, so ist die beobachtende Kamera in der Regel das Mittel, welches am besten geeignet ist, dem Anspruch des Berichts, eine objektive Meinung zu ermöglichen, grundsätzlich gerecht zu werden. Die Beobachtung gewinnt Attraktivität, indem Einstellungsgrößen und der Rhythmus im Schnitt variiert werden.

Die erwartende Kamera ist im Bericht nicht das Mittel der Wahl, da sie eine Vorwegnahme darstellt, die im Erklärstück angemessen sein kann, im Bericht aber der Beobachtung und der linearen Erzählung eines Vorgangs oder Sachverhaltes entgegensteht. In Berichten sind einfache und innerszenisch stringente Umsetzungen besonders angemessen, da sie visuelle Umsetzungen von notwendigen Roten Fäden sind. Das dramaturgische Prinzip des Beweises, beziehungsweise von der Behauptung zum Beweis, findet durch eine Rahmenhandlung ebenso eine Entsprechung wie die Entwicklung von der These zu ihrer Bestätigung ihre filmische Umsetzung in einer Folge von Kameraeinstellungen von der Super-Totalen zum Detail findet. Grundsätzlich gilt, dass, umso klarer ein äußerer Vorgang in Bild und Ton erzählt werden kann, umso weiter weg vom Bild können die durch den Sprechertext ergänzten Fakten und Informationen sein. Dadurch erhält der Bericht Tiefe und die Dichte der vermittelbaren und von Zuschauern erfassbaren journalistischen Informationen steigt.

In der Montage sind beim Bericht insbesondere die Fragen von Trennen oder Verbinden und wiederum von den Handlungsrichtungen von Bedeutung. Inhaltlich konträre Positionen werden durch trennende Montagen verstärkt, indem Gesprächspartner aus verschiedenen Richtungen kommen oder durch Achssprünge die Trennung untermauert wird. Verbindungen werden durch Farb- oder Richtungsidentität geschaffen.

4.4.4 Dokumentation

Die Dokumentation ist die lange Form des Berichts. Ihr Ziel ist es, eine Frage oder ein Ereignis aus verschiedenen Perspektiven so zu beleuchten, dass es dem Zuschauer möglich ist, Zusammenhänge zu verstehen und sich ein möglichst objektives Bild davon zu machen. Die Dokumentation ist insofern ein sehr sachliches Genre, das stark darauf setzt, verschiedene Facetten und Aspekte eines Themas so zu verbinden, dass sich ein klares und homogenes Bild ergibt. Die Interpretation obliegt dem Zuschauer selbst und nicht dem Autor. Die zentrale Unterscheidung zum Bericht liegt in der größeren Filmlänge. Mehr Filmzeit ermöglicht wiederum einen vielfältigeren Einsatz von Gestaltungsmitteln. Insbesondere kann der Wechsel zwischen den Film vorantreibenden Darstellungsebenen häufiger und konsequenter erfolgen. Insbesondere spielen Musik, Geräusche und Originalatmosphären eine größere Rolle.

Kriterien der Dokumentation Dokumentationen werden wegen ihrer größeren Filmlänge kaum aktuell produziert. Daraus ergibt sich, dass sie in der Regel in der Vergangenheit liegende Sachverhalte oder Ereignisse zum Gegenstand haben. Diese können vollständig oder auch nur in separaten Etappen abgeschlossen sein. Dokumentationen eignen sich jedoch, gerade in fachlichen Zusammenhängen wie im Bereich der Gesundheit oder angewandter Wissenschaft, um einen „Stand der Dinge" zu lange Zeit laufenden Prozessen präsentieren.

Die Dokumentation bemüht sich dabei um Objektivität, indem sie die verschiedenen Perspektiven der Geschichte beachtet und Pro- und Kontra- Sichten darauf darstellt. Die Dokumentation nutzt dazu alle verfügbaren Materialquellen, von Experten bis zu Archivausschnitten, Fotos und Infografiken.

Die Dokumentation als sachliche journalistische Form wird von Zuschauern als objektiv wahrgenommen. Dem Filmautoren obliegt hier insofern eine besondere Verantwortung bei der Auswahl der von ihm präsentierten Informationen.

Die Dokumentation ist nicht gebunden an Zeit und Raum. Die stringente Argumentation ist das maßgebliche Rückgrat der filmischen Struktur.

Dramaturgie der Dokumentation Über die für den Bericht geltenden Eigenheiten hinaus weist die Dramaturgie der Dokumentationen Besonderheiten auf, die vor allem mit ihrer größeren Filmlänge zusammenhängen. So folgt die Dramaturgie der Dokumentation einerseits einer stark argumentativen Struktur, andererseits aber auch einer zeitlichen bzw. historischen Abfolge. Das der Dokumentation damit immanente Risiko der Aufzählung kann minimiert werden, indem Handlungsstränge mit Personen verbunden werden und konsequent Spannungsbögen zwischen verschiedenen Punkten der Dokumentation gezogen werden. Besonders geeignete dramaturgische Prinzipien dafür sind Andeutung → Ausführung und Behauptung → Beweis.

Des Weiteren ist zu beachten, dass eine echte Steigerung in der Abfolge von Detailgeschichten erfolgt. Diese kann sich in quantitativer oder qualitativer Hinsicht vollziehen, indem z. B. eine Entwicklung einem beabsichtigten Ergebnis immer näher kommt, etwas immer besser oder genauer oder ein Problem immer größer wird. Auch in der Dokumentation ist das dramaturgische Prinzip des Hürdenlaufes gut umsetzbar, sofern eine Steigerung der Hürdenhöhe möglich ist.

In der horizontalen Verteilung der Information in der Dokumentation ist die klassische Drei-Akt-Struktur eine besonders geeignete und publikumsorientierte Präsentationsform.

Gestaltungsmittel der Dokumentation Die Dokumentation lebt von einer konsequenten Nutzung aller im Fernsehen möglichen Darstellungsebenen und einem besonders intensiven Wechsel zwischen diesen. Das gestalterische Rückgrat sind in der Regel O-Ton und Archivmaterial. Da die Dokumentation sachorientiert ist, werden O-Töne eingerichtet und nicht situativ gedreht.

Die Kamera in der Dokumentation ist beobachtend und nicht miterlebend, erwartend oder kommentierend.

Von ganz besonderer Bedeutung ist die Montage, da eine Fülle unterschiedlicher Materialebenen vereint und so miteinander verwoben werden müssen, dass trotz der Sachlichkeit des Gegenstands eine möglichst starke miterlebende Anteilnahme möglich ist.

Die Erzählperspektive erfolgt durchaus distanziert. Das historische Präsens kann ein sehr gutes Textmittel sein, um das Nacherleben für Zuschauer zu stärken.

Besondere Formen der Dokumentation
- Das Doku-Drama bezeichnet diejenige Form der Dokumentation, in der Spielszenen genutzt werden, um Situationen oder Ereignisse erlebbar zu machen. Auch wenn diese Szenen in ihrer konkreten Erscheinungsform natürlich dem Grundprinzip des Dokumentarischen entgegenstehen, gehört diese Form dennoch zum Genre der Dokumentation, da die Szenen illustrativ eingesetzt werden.
- Langzeitdokumentationen erzählen einen Zeitraum nicht aus einer retrospektiven Perspektive, sondern aus der Position einer teilhabenden Beobachtung. In diesem Fall entspricht der Drehzeitraum etwa dem Ereigniszeitraum, so dass hier vor allem Verläufe und persönliche Entwicklungen filmisch besonders genau beschrieben werden können.
- Doku-Serien sind häufig zur leichteren Programmierung oder zur besseren Finanzierung oder Vermarktung verbundene Reihen von Dokumentationen. Die in Doku-Serien zusammengefassten Dokumentationen sind dabei auch als Einzelstücke im Programm einsetzbar. Der Reihencharakter kommt durch gemeinsame Merkmale, gleiche Dramaturgie, einheitliche Optik oder auch nur einen gemeinsamen Reihentitel zustande.

4.4.5 Dokumentarfilm

Der Dokumentarfilm gewährt Zuschauern einen Einblick in eine Welt, in welcher der Autor zu Hause ist und die dem Zuschauer sonst verschlossen bliebe. Der Dokumentarfilm ist damit ein sehr subjektives Genre und hat, trotz der Ähnlichkeit des Namens, nur sehr wenig mit der wesentlich stärker um Objektivität und Sachlichkeit bemühten Dokumentation gemein.

Der Dokumentarfilm hat zwei hauptsächliche Ausprägungsformen: Entweder als sehr persönlicher Film, oft sogar aus dem familiären Umfeld des Filmemachers, oder als Film zu einem Spezialthema, welches sich der Autor durch exklusive Zugänge oder besondere Beschäftigungsintensität in kaum erreichbarem Umfang erschlossen hat.

Kriterien des Dokumentarfilms Der Dokumentarfilm ist ein sehr freies Genre. Er setzt auf eine große Individualisierung und ist stark durch die Person des Autors geprägt. Dass eine Geschichte nur von einen bestimmten Autor erzählt werden kann, ist ein maßgebliches Kriterium. Einige deutsche Filmförderungen geben an, dass bei etwa 50 % der Entscheidungen für einen Stoff die Entscheidung für einen Autor zu Grunde liegt.

Ein formales Kriterium für den Dokumentarfilm besteht in der Mindestlänge von 79 min. Die Ursache dafür liegt im deutschen Filmfördergesetz, welches bestimmt, dass erst ab dieser Länge Filme als programm- oder abendfüllend gelten und damit förderfähig sind. Aus dieser Tatsache ergibt sich auch, dass Dokumentarfilme bis heute im (geförderten) Kino zu Hause sind, obwohl das die dort erreichten Zuschauerzahlen kaum rechtfertigen.

Dramaturgie des Dokumentarfilms Der Dokumentarfilm hat das Anliegen, in eine sonst verschlossene Welt zu führen. Dafür bietet sich häufig die, Dramaturgie eines Reisefilms an, wobei die Reise eine tatsächliche Reise oder die in ein Thema sein kann. Es bestehen dramaturgisch gewisse Ähnlichkeiten mit der Reportage, da der Anspruch, etwas mitzuerleben, ähnlich ist. Insofern spielen Zeit und Raum in der Regel eine wichtige Rolle. Allerdings ist der zeitliche Ausschnitt im Dokumentarfilm deutlich größer als in der Reportage, er umfasst manchmal viele Jahre oder gar ein ganzes Leben und ist damit weit weniger ereignisgebunden.

Gestaltungsmittel des Dokumentarfilms Der Dokumentarfilm ist in der Wahl der Gestaltungsmittel frei. Als Autorenfilm lebt er gerade davon, dass unterschiedliche Autoren ganz unterschiedliche Gestaltungsmittel wählen. Die (zu erwartende) Handschrift des Autors kann eine starke Motivation sein, sich redaktionell oder als

Zuschauer für einen Dokumentarfilm zu entscheiden. Dokumentarfilme verzichten in der Regel auf Kommentartext und verbinden ganz unterschiedliche Ton- und Bildquellen miteinander. Insbesondere der Einsatz von persönlichem oder bisher unbekanntem Archivmaterial oder die Veränderung bei der Kontextsetzung des Materials sind gebräuchliche Gestaltungsmittel des Dokumentarfilms.

Besondere Formen des Dokumentarfilms Besondere Dokumentarfilme sind reine Kompilationsfilme, die also komplett aus Archivmaterial montiert oder maximal mit zusätzlichen Interviews unterschnitten werden.

Eine weitere besondere Form des Dokumentarfilms ist der aus der Ich-Perspektive erzählte Dokumentarfilm, im Extremfall sogar mit einer Darstellung des Autors und Filmerzählers im Bild. Der Dokumentarfilm als subjektives und formal stark individualisierendes Genre bietet dazu die Möglichkeit.

4.4.6 Feature

Features gehen einer Frage oder einer These nach und untersuchen diese an verschiedenen Beispielen. Das Feature ist damit ein sehr analytisches Genre. Seine konkreten Ausprägungsformen sind vielfältig, da es auf die bewusste Vermischung unterschiedlicher Genreelemente setzt. Es eignet sich besonders, um komplexe Sachverhalte oder Fragestellungen, zu denen es verschiedene Entwicklungen oder Antwortoptionen gibt, erlebensstärker zu erzählen als es im Erklärstück oder in einer Protagonist–Antagonist Konstellation möglich wäre. In der kurzen Form eignen sich Features besonders für Fachredaktionen wie Gesundheit, Wirtschaft und Verbraucher aber auch Umwelt oder Soziales, um ein Thema facettenreich darzustellen.

Der Begriff Feature wird vielerorts, vor allem innerhalb des öffentlich-rechtlichen Fernsehens als Synonym für Langformate verwendet. Das ist traditionell so gewachsen, da Features eine sehr verbreitete Form des langen journalistischen Films waren, hat aber mit der eigentlichen Genreeinteilung nichts zu tun.

Kriterien des Features Das Feature beginnt mit einer durch filmische Mittel installierten Frage oder These. Die Antwort darauf muss im Feature nicht eindeutig sein. Sie wird anhand verschiedener Beispiele oder „Fälle" gegeben, so dass es im Feature durchaus verschiedene Antwortangebote geben kann oder auch ein Pro- und Kontra-Diskurs möglich ist. Zuschauer finden ihre Antwort mittels der Summierung der Informationen und Eindrücke aus den verschiedenen Beispielen. Die individuelle Wirkung ist im Feature daher weniger eindeutig steuerbar, der Ein-

fluss persönlicher Vorerfahrungen und Haltungen von Zuschauern ist vergleichsweise größer als in anderen Genres.

Trotz seiner Vielfalt ist das Feature gerade kein Episodenfilm und darf auch
nicht in verschiedene Episoden zerfallen, sondern muss die Beispiele so miteinander verflechten, dass sie in einer inneren Logik der filmtreibenden Frage oder
These folgen und so portioniert neue Informationen oder Aspekte liefern, dass eine
Steigerung innerhalb des Films stattfindet. Diese Steigerung kann jede Form von
gerichteter Entwicklung sein, beispielsweise vom Allgemeinen zum Besonderen,
vom Abstrakten zum Konkreten, vom Einfachen zum Komplizierten, vom Öffentlichen zum Höchstpersönlichen.

Die persönliche Meinung des Journalisten tritt im Feature in den Hintergrund.
Er hat innerhalb des Films möglicherweise eine verbindende oder ergänzende Rol-
le. Außerhalb des Films kommt seine Haltung selbstverständlich bereits durch die
Auswahl von Schwerpunkten und Protagonisten zum Tragen.

Wenn der Titel eines Projekts von einem Fragezeichen abgeschlossen wird, ist
das ein deutlicher Hinweis darauf, dass die Dramaturgie des Features die angemessene sein könnte.

Dramaturgie des Features Das Feature führt mehrere parallele Handlungsstränge,
da es eine Frage oder These an verschiedenen Beispielen untersucht.

Das dramaturgische Grundprinzip führt dabei von einer Frage und der Herausforderung, darauf eine Antwort erhalten zu wollen, hin zur Erkenntnis. Die Hauptfigur kann dabei eine Stellvertreterfigur sein, also auch der Journalist, der stellvertretend für den Zuschauer die Untersuchung der Frage oder These in Angriff
nimmt, ohne sich dabei selbst zu thematisieren. Oder die Protagonisten der einzelnen Fälle werden zu einer Gruppenfigur zusammengefasst, die vor einer gleichen
oder zumindest ähnlichen Frage oder Lebenssituation stehen und sich erst in ihren
Bewältigungsstrategien unterscheiden.

Der maßgebliche und den Film horizontal verbindende Rote Faden ist daher
der argumentative, der vom Start mit der Frage oder These bis zum Angebot einer
Antwort bzw. der unterschiedlichen Antworten darauf führt. Er wird mit der dem
Thema immanenten Fachlogik verwoben. Natürlich ist auch die Führung von
weiteren Roten Fäden, z. B. über Zeit und Raum oder mit natürlichen Abläufen
möglich, sofern es im Feature Handlungsstränge gibt, mit denen diese sinnvoll zu
verbinden sind.

Da der Zugewinn an Erkenntnis oder die Antwort auf eine Frage oder These das
Ziel des Features ist, kann die Erzählperspektive durchaus distanziert sein. Das ist
vor allem dann vorteilhaft, wenn sehr unterschiedliche Fälle und Handlungsstränge

erzählt werden. Eine distanzierte Erzählperspektive ist dann leichter in der Lage, diese zu verbinden.

Gestaltungsmittel des Features Das Feature setzt auf die bewusste Mischung von Gestaltungselementen verschiedener Genres. Wichtig ist jedoch, dass es eine bewusste und systematische Kombination unterschiedlicher Gestaltungsmittel ist. Eine sinnvolle Gliederung ist die nach einzelnen Handlungssträngen. Es gibt Handlungsstränge, die mit den Mitteln der Reportage erzählt werden, während andere dokumentarischer erzählt werden und wieder andere beispielsweise mit Mitteln der Bildbearbeitung oder Verfremdung herausgehoben werden. Bei der Zuordnung der Gestaltungsmittel zu Handlungssträngen des Features ist zu beachten, dass diese den Film im Ergebnis möglichst horizontal durchziehen sollten, es also zu einer Abwechslung und nicht zu einer Aneinanderreihung unterschiedlicher Gestaltungsmittel kommt.

Um das Feature in seiner konkreten Ausgestaltung nicht analytischer erscheinen zu lassen als es seine Struktur ohnehin vorgibt, sind vor allem die Gestaltungsmittel von Reportage und Porträt in modernen Features dominierend.

4.4.7 Porträt

Das Ziel des Porträts ist es, Personen oder Dinge, wie Orte, Pflanzen oder Tiere, die im allgemeinen Verständnis wie Personen aufgefasst werden können, in ihren Widersprüchen und Facetten für den Zuschauer erlebbar zu machen. Das Porträt gehört damit zu den erzählenden Filmformen. Das heißt, Fakten werden mit dem Erleben von Zuschauern verbunden. Die Autorenleistung besteht darin, die Fakten in eine erlebbare Ordnung zu bringen und dem Publikum eine (scheinbare) Teilhabe daran zu ermöglichen.

Im Porträt werden genau die Eigenschaften des Porträtierten herausgearbeitet, die ihn einzigartig machen. „Kein Einzelfall" ist gerade kein Herangehen an ein Porträt! Wenn am Ende das Gefühl im Zuschauer entsteht, dass die Geschichte des Porträtierten kein Einzelfall ist, so ist das freilich ein mögliches und durchaus gewolltes Ergebnis des Porträts.

Für das Fernsehen ist das Porträt eines der kompliziertesten journalistischen Genres, vielleicht sogar das komplizierteste, weil es zwangsläufig von Zeiten und Lebensetappen des Porträtierten erzählt, die vorbei sind, an denen also nicht teilgenommen werden kann und weil eine besondere Erzählintensität immer dann erreicht wird wenn es gelingt, auch von inneren Konflikten zu erzählen, die im Fernsehen naturgemäß kaum darstellbar sind.

Kriterien des Porträts Das Porträt setzt auf die größtmögliche Individualisierung, das heißt es arbeitet alles heraus, was den Porträtierten einzigartig macht. Dinge, Eigenschaften und Aspekte, die auch von anderen zu erzählen wären, treten in den Hintergrund. Es ist daher eine der zentralen Kontrollfragen bei der Planung eines Porträts, ob dieser oder jener Aspekt tatsächlich nur von oder mit diesem Protagonisten zu erzählen ist oder nicht.

Ein weiterer wichtiger Aspekt des Porträts ist, dass eine Empathie zum Porträtierten möglich sein muss. Es geht dabei keineswegs um bedingungslose Sympathie, vielmehr ist eine Situation, in der dem Zuschauer der Porträtierte gleichgültig ist, zu vermeiden. Eine Untersuchung zu einer sehr erfolgreichen Talkshow ergab einmal, dass etwa ein Drittel der Zuschauer die Sendung sahen, weil sie einen der Moderatoren so unerträglich fanden. Auch so eine Form der Emotionalität ist denkbar.

Da es im Porträt auf die Facetten und Widersprüche einer Figur ankommt, ist die Porträterzählung nicht gefangen in Zeit und Raum. Anders als in der Reportage sind Sprünge möglich. Ferner setzt das Porträt auf eine Reduktion von Vorgängen und sucht vor allem solche Vorgänge, die äußere Zeichen für innere Konflikte sind. Eine Beschränkung auf äußere oder sehr vorgangsbezogene Herausforderungen besteht nicht, ganz im Gegenteil.

Allerdings sollte ein interessantes Porträt immer einen Weg finden, dem Zuschauer eine Bezugsetzung zum eigenen Leben zu ermöglichen, bei aller Individualisierung also dahinter liegende universelle Themen berühren, die auch unabhängig von der konkreten Situation des Porträtierten interessant und relevant sind. Häufig gelingt das, indem man das Porträt aus einer nicht zu engen Perspektive erzählt, den Porträtierten also durchaus hinterfragt, statt ihn lediglich lobt oder ausschließlich positiv zeichnet.

Das heißt, das Porträt ist ein durchaus subjektives Genre, welches auf Emotion und Erleben setzt und mit dem sich keine unmittelbare Chronistenpflicht verbindet. Es ist wichtiger zu erzählen, warum eine Person etwas macht als was sie ganz genau macht. Das Porträt weist insofern eine gewisse Nähe zur Reportage auf, da es ebenfalls auf Emotion, auf Miterleben und eine gewisse Subjektivität setzt.

Porträts ermöglichen spannende und beispielhafte Geschichten. Sie sind dann besonders wirkungsvoll, wenn Parallelen oder zumindest Vergleiche zur eigenen Lebenswelt möglich sind.

Die Entscheidung für das Genre ist sinnvoll, um Informationen mit Emotionen zu verbinden und wenn es nicht um möglichst objektive Information geht. Aus diesem Grund eignen sich Porträts auch besonders, als sogenannte B-Stücke, also für eine emotionale Detaillierung in einem Magazin nach einer Nachricht oder einem Bericht mit der umfassenden objektiven Faktenlage zu einem Thema.

Ein Porträt ist auch immer dann eine geeignete Filmform, wenn sich mit einem Thema keine zu große Aktualität verbindet, keine Pro- und Kontra-Situation gegeben ist und wenn es sich nicht um in der Zukunft liegende Ereignisse handelt, die damit erzählt werden sollen.

Eng mit dem Porträt verbunden, jedoch nicht mit ihm zu verwechseln sind personalisierte Geschichten, also Filmbeiträge zu Themen, die auf eine konkrete Geschichte personalisiert werden.

Personalisierung ist die Individualisierung eines Themas, um mit den Mitteln des Porträts dieses Thema für Zuschauer versteh- und erlebbar zu machen. Im Fall der Personalisierung sucht man nach der Hautfigur, deren Attribut den möglichst großen Abstand zur Herausforderung hat (Fallhöhe). In Porträtgeschichten braucht man äußere Zeichen und Vorgänge für innere Konflikte.

Dramaturgie des Porträts Im Porträt müssen Beweggründe, Motive und Attribute des Porträtierten deutlich werden. Oft gelingt das, in dem filmisch Bewährungsproben oder Reibungsflächen geschaffen werden. Ein gewisser Abstand der Erzählperspektive zum Porträtierten verstärkt das (vgl. Heussen 2007, S. 29).

Um Menschen für Zuschauer erlebbar zu machen, also tatsächlich ein Gefühl zu ermöglichen, müssen die drei Dimensionen von Menschendarstellungen sorgfältig geführt werden. Diese drei Dimensionen sind:

• Die physiologische Dimension, also Größe, Alter, Aussehen, Haar- und Hautfarbe, Bewegungen.
• Die psychologische Dimension, also Moral, Haltung, Religion.
• Die soziologische Dimension, also Bildung, soziale Schicht.

Die Bezugsetzung zum eigenen Leben des Zuschauers braucht darüber hinaus weitere Anknüpfungspunkte:

• Anforderungen die Gesellschaft oder Umwelt an den Porträtierten stellen.
• Beziehungen des Porträtierten zu anderen Personen.
• Ergebnisse des Tuns des Porträtierten und von ihm bestandene Herausforderungen.
• Einsichten, die der Porträtierte erlangt oder erlangt hat.
• Charakteristische Eigenheiten des Porträtierten.

Die Eigensicht des Porträtierten reicht dabei niemals aus.

Die besonderen Roten Fäden des Porträts sind vor allem die zum Aktionsfeld des Protagonisten gehörenden fachlichen Abläufe, fachliches Denken, Abwägen von Entscheidungen, individuelle Vorgehensweisen. Von wesentlich geringerer Bedeutung sind dagegen die Zeit- und Raumfäden. Darin liegt der Hauptunterschied zur Reportage.

Gestaltungsmittel In der Kameraarbeit setzt das Porträt einerseits auf szenisches Drehen, andererseits muss es der Kamera gelingen, Räume zu verbinden, da häufig bestimmte Orte und damit Handlungsräume für (Lebens –)Etappen des Porträtierten stehen (vgl. Heussen 2007, S. 30).

Das gelingt durch möglichst wenige neutralisierende Zwischenschnitte, durch eine klare Farbdramaturgie und durch mit Facetten oder Stationen des Porträtierten verbundene Symbolbilder. Die Kamera ist beobachtend und gelegentlich entdeckend, möglichst nicht jedoch erwartend.

Die Vertonung im Film sorgt für Authentizität und ist insofern beim Porträt besonders wichtig. Soll eine Figur in realen Situationen erlebbar werden, ist die „Angel" das geeignete Instrument, da nur sie einen Ton liefern kann, der zur Kameraposition und damit der Position des Zuschauers passt.

Die Montage sorgt für die Art des Erlebnisses. Beim Porträt setzt man darauf, durch die Montage Figuren zu charakterisieren, indem man auf Eigenheiten fokussiert, gern auch längere Überlappungen (off-Töne) in Kauf nimmt, um über das gesprochene Wort Zusatzinformationen hinzuzufügen. Der Schnittrhythmus sollte sich entsprechend dem dramaturgischen Verlauf verändern, das heißt Phasen der Spannung und der Entspannung durch Rhythmusänderungen kenntlich machen und unterstützen. Eine Person muss sich in ihrem Interessantheitsgrad im Laufe des Films steigern. Umso mehr der äußere Ablauf zu sehen ist, umso stärker kann die innere Geschichte der Figuren erzählt werden. Das bedeutet eine Stärkung der Erzähltiefe und im Ergebnis der Informationsdichte und Erzählintensität.

Der Text im Porträt sollte einen angemessenen Abstand zum Porträtierten halten. Ein Fan oder ein enger Freund sind in der Regel keine guten Erzählfiguren, da man ihnen ohnehin nicht zutraut, Kritisches, Unvorteilhaftes oder Widersprüchliches vom Porträtierten Preis zu geben. Langjährige Begleiter, interessierte Reporter können mehr Facetten bieten. Ist der Porträtierte auch im Film eine sehr aktive Figur, kann auch ein auf einen Chronisten reduzierter Erzähler eine geeignete Weise der Textführung sein.

Besondere Formen des Porträts Grundsätzlich eignet sich das Porträt zur Darstellung von allem, was wie eine Person aufgefasst werden kann. Z. B.: Unternehmensporträt, Porträt eines Ortes, Porträt einer Zeit oder das Porträt einer Gruppe. Wichtig bei dieser besonderen Form ist, dass die Kriterien des Porträts in Analogie zu dem einer natürlichen Person Anwendung finden.

Besondere Ausprägungsformen des Porträts sind Biografie und Nekrolog (vgl. Heussen 2007, S. 28ff.).
In der Biografie wird ein Längsschnitt durch den Weg oder das Leben des Porträtierten gezogen. Im Nekrolog setzt das Porträt stärker auf einen Querschnitt des Porträtieren. Nekrologe sind häufig Nachrufe. Beiden Ausprägungsformen ist jedoch gemein, dass sie eine Momentaufnahme sind, in der Regel ausgehend von einem aktuellen Anlass. Ein Porträt kann daher durchaus auch Wertungen oder Anregungen zur Bewertung enthalten und damit eine Positionierung des Autors zum Porträtierten.

4.4.8 Reportage

Die Reportage ist ein besonders verbreitetes Genre, da sie die Stärken des Mediums Fernsehen besonders gut nutzt. Sie ist das emotionalste der gebräuchlichen journalistischen Genres und deshalb besonders geeignet, auch solche Zuschauer zu gewinnen, für die allein der mit dem Thema verbundene inhaltliche Anreiz nicht groß genug wäre.

Die Reportage soll den Zuschauer in die Lage versetzen, sich ein Bild von einem Ereignis zu machen, als wäre er selbst dabei gewesen. Sie genügt damit keiner Chronistenpflicht, sondern setzt vor allem auf das Gefühl des Miterlebens im Zuschauer.

Die Reportage ist damit ein durchaus subjektives Genre und das einzige der erzählenden journalistischen Genres, in dem der Journalist, hier der Reporter, klar eigene Eindrücke vermitteln oder sich selbst Fragen stellen kann. Im Fernsehen kann das z. B. sinnvoll sein, wenn Gerüche eine Rolle spielen, wenn eine besondere, mit Bild und Ton nicht zu transportierende Stimmung zu vermitteln ist oder wenn das eigene Erleben, z. B. durch einen besonders mühsamen Zugang zum Handlungsort, eine wichtige Rolle für die zu erzählende Geschichte insgesamt spielt.

Weil die Reportage ein subjektives Genre ist, kann sie auch ganz gezielt gewählt werden, um rechtliche Klippen zu umschiffen. So ist es beispielsweise möglich, dass der Reporter in der Reportage sagt: „Wir fragen uns, könnte er vielleicht der gesuchte Dieb sein?". Er würde damit eine subjektive Meinung anklingen lassen. Der Journalist, der im Genre des Berichts dagegen von „ein Treffen mit dem mutmaßlichen Dieb" spricht, würde damit eine Behauptung äußern, die als falsche Tatsachenbehauptung deutlich leichter justiziabel ist als die (freie) Meinungsäußerung des Reporters.

Die Reportage ist eine journalistische Urform. Die Radioübertragung vom Absturz des Luftschiffes „Hindenburg" in New York dürfte eine der ersten elektronisch aufgezeichneten Reportagen sein.

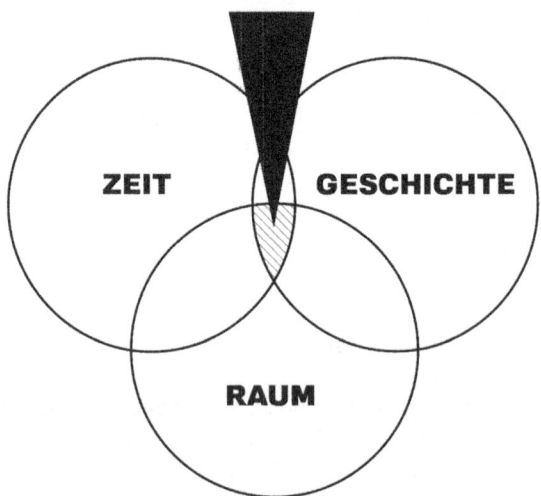

Eine gute Reportage lebt, ihrem Ziel entsprechend, ein Miterleben zu ermöglichen, vor allem von einer hohen Authentizität und Emotionalität.

Kriterien der Reportage Die Reportage setzt auf Miterleben. Sie braucht daher
eine aktive Hauptfigur. Sie ist zwingend an Zeit und Raum gebunden. Eine durchaus gebräuchliche Definition der Reportage ist daher auch die der Darstellung
„eines Ereignisses in seinem zeitlichen Verlauf".

Die zwingende Bindung an Zeit und Raum impliziert, dass die Geschichte in
einem Kontinuum von Zeit und Raum erzählt werden, welches nicht gebrochen
werden sollte.

Die Abb. 4.9 veranschaulicht die konsequente Umsetzung des Prinzips der
Raum-Zeit-Inhalt-Kontinuität. Nur in dem Bereich, in dem eine Übereinstimmung
von Geschichte, Handlungsraum und Handlungszeit zu erreichen ist, sollte die Reportage spielen.

Es ist unmittelbar ersichtlich, dass diese konsequente Interpretation der Reportage auch zu Beschränkungen führt. So ist es logischer Weise nicht möglich, Material, Schauplätze oder auch Experten einzuführen, die nicht am Ort des Geschehens
sind.

Der praktische Ausweg freilich besteht darin, die vielleicht dennoch notwendigen Experten an den Ort des Geschehens zu holen oder die Reportage als verfilmte
Recherche anzulegen. Auf diese Art und Weise könnte man reisen und als Teil der

Filmgeschichte zu den notwendigen Schauplätzen fahren. Beide Wege freilich sind Hilfskonstruktionen und in der Praxis eher ein Argument, ein anderes Genre als die Reportage zu wählen, wenn beispielsweise Experten eine wesentliche Rolle spielen sollen.

In ähnlicher Weise verhält es sich mit Archivmaterial. Das Zeit-Raum-Inhalts-Kontinuum impliziert, dass zeitliche Rücksprünge in der Reportage nicht möglich sind. Archivmaterial sollte daher nur in Szenen eingebunden präsentiert werden. Z. B., indem ein Protagonist altes Material vorführt oder in seinem Fotoalbum zeigt oder die Filmhandlung zu alten Dokumenten führt. Grundsätzlich aber gilt auch hier: Die Notwendigkeit, Archivmaterial zeigen zu müssen, ist ebenso ein Indikator, dass die Reportage mutmaßlich das falsche Genre ist, wie es Experten auch sind.

Dramaturgie der Reportage Die Reportage ist stark an äußere Vorgänge und Abläufe gebunden und setzt konsequent auf ein Miterleben. Die Dramaturgie der Reportage ist häufig – ohne dass das der Kommentartext so aussprechen sollte – eine „Schafft er es oder schafft er es nicht…." Erzählweise. Das heißt, es wird eine ganz konkrete, nachvollziehbare und einen eindeutigen Höhepunkt ansteuernde Herausforderung installiert. Diese Herausforderung bezieht sich selbstverständlich immer auf die Hauptfigur, wobei in der Reportage auch der Reporter selbst die Hauptfigur sein kann. Hier ist die konkrete filmtreibende Frage dann, ob er es schafft, etwas heraus zu bekommen, eine Antwort zu finden oder einen Weg zurück zu legen.

Wegen des Anspruchs auf Miterleben sind die zeitlichen und räumlichen Roten Fäden besonders wichtig. Da die Reportage als subjektives Genre jedoch keine Chronistenpflicht hat, geht es dabei um Filmzeiten und Filmräume und nicht um die Abbildung von Zeiten und Räumen. Der Maßstab für gut geführte Filmräume und Filmzeiten ist die hinreichende zeitliche und räumliche Orientierung des Zuschauers, das heißt, ein Gefühl dafür, wo und wann die Geschichte spielt. Oder umgekehrt: Wenn Zuschauer sich fragen, wo oder wann gerade etwas ist, dann sind Zeit und Raum unzureichend geführt. Das Nachdenken über diese Frage reißt Zuschauer aus dem Erleben und bindet Aufmerksamkeit, die für andere Informationen oder Elemente des Films fehlt.

Häufig muss der Autor in der Reportage deshalb ganz bewusst entscheiden, welches eigentlich der Filmraum und die Filmzeit sind und sich dabei gegebenenfalls weitgehend vom tatsächlich Erlebten lösen. Häufig ist eine deutliche Vereinfachung ein guter Weg, also beispielsweise die Entscheidung eine Geschichte wie in einem Tag zu erzählen, obwohl man vier oder fünf Drehtage absolviert hat oder auch durch Tonüberlappungen Szenen gefühlt im Nachbarraum spielen zu lassen, obwohl sie eigentlich im Gebäude gegenüber aufgenommen wurden.

Diese Verantwortung des Autors für Filmräume und Filmzeiten führt häufig zu der Diskussion, ob diese Art der Vereinfachung journalistisch redlich und vertretbar sei. Die Antwort darauf kann nur handwerklich und aus dem Ziel des Genres hergeleitet gegeben werden. Für das Ziel, dem Zuschauer das Gefühl des Miterlebens zu ermöglichen, ist die naturalistische Abbildung von Räumen weitgehend wertlos, zumal die Information, ob das Gespräch mit einer Nebenfigur an einem fernen Ort nun im Nachbarraum oder im Nachbarhaus stattfand, auch in der Aussage ohne Belang ist. Ein den Zuschauer aus dem Erleben reißender Bruch im Film wird hingegen deutlich auf Kosten der beabsichtigten Wirkung gehen – oder die nachvollziehbare Etablierung eines neuen Ortes kostet so viel Filmzeit, dass journalistische Inhalte verloren gehen müssen. Insofern ist die Vereinfachung von Raum und Zeit und die konsequente Fokussierung auf Filmzeiten und Filmräume in der Reportage nicht nur eine zulässige, sondern eine geradezu notwendige Arbeitsweise. In der Nachricht wären diese Empfehlungen völlig untauglich. Den journalistischen Inhalt verfälschende Darstellungen darf freilich auch die Reportage nicht liefern.

Ein weiterer wichtiger Punkt in der Reportagedramaturgie ist die Beschränkung auf solche Herausforderungen an die Hauptfigur, die im Film lösbar sind. Häufig werden Reportagen im aktuellen Programm der Nachrichtenmagazine oder der Landesprogramme wie „Ein Tag im Leben von..." erzählt. Hier liegt das Risiko auf der Hand. Wenn mit der Reportage über die kleine Schwimmerin erzählt werden soll, die täglich trainiert, um in zwei Jahren bei Olympia starten zu können, so ist der Start bei Olympia zwar ganz objektiv ihre größte Herausforderung, allerdings ist sie im Film nicht lösbar. Immerhin wird man maximal einen oder einen halben Drehtag mit ihr verbringen und zum Zeitpunkt der Sendung das Ergebnis keinesfalls kennen. Eine Reportagegeschichte muss daher eine Art „Tagesherausforderung" erzählen, die im Film lösbar ist und vielleicht Teil eines größeren Ziels. Bei der Schwimmerin ist die im Film lösbare Herausforderung, das anspruchsvolle Trainingsprogramm von 100 Bahnen in einer bestimmten Zeit und einer Stunde Kraftübungen heute zu absolvieren, um täglich dem großen Ziel Olympia ein Stück näher zu kommen. Bei dieser Herausforderung wird man Zuschauer mit einem klaren Gefühl dafür entlassen können, ob sie ihr Tagesprogramm geschafft hat und somit auf einem guten Weg in Richtung Olympia ist. Diese Herausforderung ist also im Film lösbar und gibt zugleich einen Hinweis auf den großen Zusammenhang.

Noch auf ein weiteres Risiko bei der Planung einer Reportagegeschichte sei hier hingewiesen: Die Bindung an Zeit und Raum impliziert häufig die Gefahr, in eine vergleichsweise langweilige Chronologie zu verfallen. Eine attraktive Dramaturgie ist das nicht. Normalerweise ist das Erleben am stärksten, wenn wir mitten in einen Ablauf herein einsteigen, also keineswegs morgens 7 Uhr beginnen, sondern dann am Tag, wenn das meiste Leben tobt. Anfänge und Vorgeschichten ergänzen Zuschauer sehr gut aus ihrem Weltwissen. Wenn der frühe Morgen für den Inhalt eine Rolle spielt, kann es viel attraktiver sein, diesen als den nächsten Morgen zu erzählen.

Beginnt die Reportage über den Arbeitstag des Flugbetriebsleiters am Frankfurter Terminal mit dem morgendlichen Aufstehen, ist das sicher sachlich richtig, wird jedoch wenig Emotion im Zuschauer wecken. Ein Beginn der Reportage in dem Moment, da so viele Flugzeuge anfliegen wie zu keiner anderen Zeit, alle Vorfeldpositionen belegt sind und obendrein ein Hubschrauber der Bundesregierung eine Sperrung des Luftraumes verursacht, wird zu einer spannungsgeladenen Szene am Anfang führen und den Zuschauer in ein echtes Miterleben bringen, wenn die Reportage dann über die unendlich vielen und vielfältigen Anforderungen an den Flugbetriebsleiter bis zum Feierabend erzählt und die Reportage damit endet, dass er am nächsten Morgen 7 Uhr aufsteht und sich wieder auf den Weg macht. So hat dieser Morgen plötzlich für den Zuschauer eine Bedeutung. Vor dem inneren Auge wird der Eindruck entstehen „jetzt geht der ganze Wahnsinn wieder los". Plötzlich kann der isoliert langweilig erscheinende Tagesanfang eine filmentscheidende Bedeutung haben und sogar ein attraktiver Filmschluss werden.

Gestaltungsmittel der Reportage Die Reportage setzt auf möglichst unmittelbares Erleben des Zuschauers. Insofern müssen sich auch ihre Gestaltungsmittel daran orientieren, wie ein möglichst hohes Miterleben möglich ist. Grundsätzlich ist dieses Gefühl des Unmittelbaren am besten zu erreichen, wenn sich die filmischen Mittel so weit wie möglich an den natürlichen Sehgewohnheiten von Zuschauern orientieren, also eine Umsetzungsweise in allen Etappen der Herstellung gewählt wird, die dem entspricht, wie wir uns üblicherweise auch beim tatsächlichen Miterleben von Ereignissen verhalten.

Zunächst einmal heißt das, dass die Reportage konsequent auf den Einsatz von Tricks und Effekten, aber auch auf Extremperspektiven verzichtet. Schließlich gibt es auch in der Realität niemanden, der in Überblendungen schaut oder ein Geschehen unmotiviert auf dem Bauch liegend betrachtet. In konsequenter Weise umfasst der Verzicht auf Tricks und Effekte auch solche etablierten optischen Hilfsmittel wie Zooms – gibt es doch auch diese nicht beim natürlichen Sehen. Wenn wir im Alltag auf etwas fokussieren entspricht das eher einem „Ransprung", also einer schlagartigen Größenänderung und Fokussierung auf ein Detail. Detailliert man die Prämisse der weitgehenden Annäherung an natürliches Sehen weiter, so heißt das für die Kameraarbeit:

Die Reportage setzt auf szenisches Drehen. Das heißt, eine motiviert bewegte Kamera, die in der Regel mit einer leichten Weitwinkligkeit arbeitet. Der Einsatz

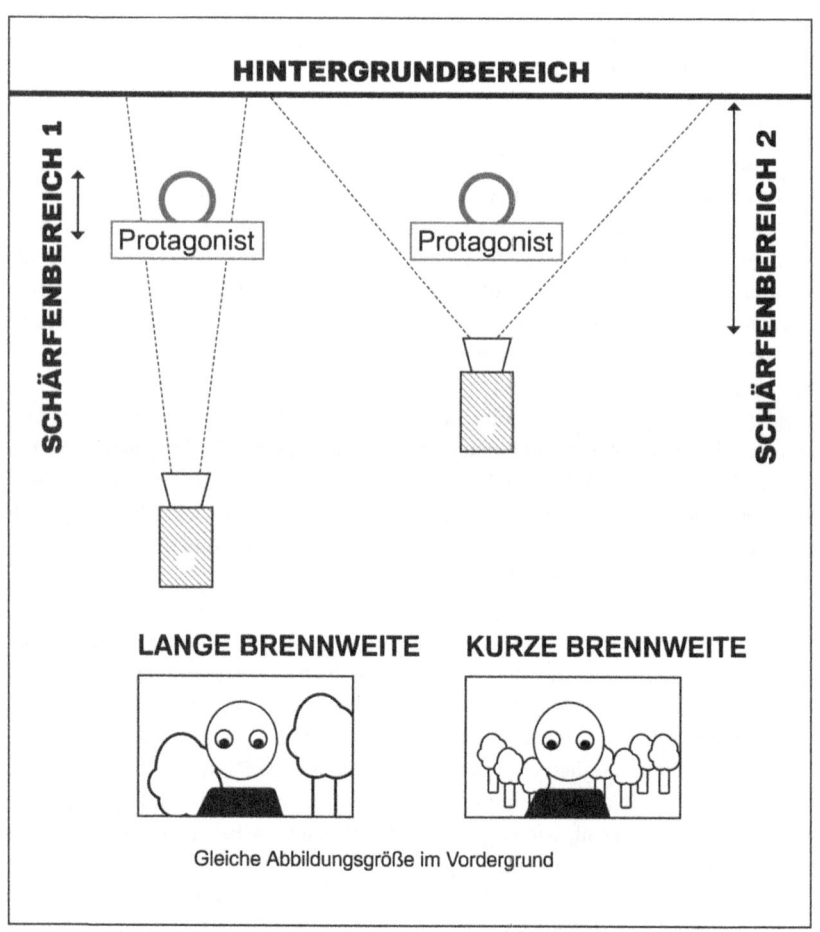

Abb. 4.10 Zusammenhang zwischen Brennweite und Raumdarstellung

des Weitwinkels hat in der Reportage zwei Hauptgründe: Zum einen führt er dazu, dass ohne zusätzlichen Aufwand an Filmzeit eine räumliche Orientierung hergestellt wird, die für das Erleben einen ganz maßgeblichen Effekt hat. Eine weitwinklige Darstellung führt nämlich dazu, dass ein Bild wesentlich mehr erkennbaren Hintergrund erhält als es mit einer langen Brennweite der Fall wäre.

Abbildung 4.10 zeigt deutlich, dass dieselbe Abbildungsgröße des Vordergrundes mit kurzer Brennweite (Weitwinkel) und geringem Abstand vom Objekt zu erreichen ist, wie mit langer Brennweite und großem Abstand, der Bereich des nebenbei miterzählten Hintergrundes jedoch wesentlich größer ist, wenn mit kurzer Brennweite gedreht wird.

Dieses Miterzählen des Hintergrunds führt dazu, dass sich Zuschauer räumlich orientiert fühlen, weil sich unterbewusst ein Gefühl dafür einstellt, wo die Szene gerade spielt. Dabei kommt es nicht auf die konkrete Erkennbarkeit des Ortes an. Wie wichtig diese räumliche Orientierung ist zeigen auch Experimente der Wirkungsforschung, die z. B. zum Ergebnis hatten, dass Menschen auch mit Ortsbezügen träumen. Jeder Dialog und jede Situation hängt auch im Traum an einem konkreten Raum. Erst in Fenstern ist im Traum kein Bild mehr zu erkennen und die Welt ist hinter den Fensterscheiben zu Ende, wenn wir von Innenräumen träumen.

Die Weitwinkligkeit hat in der Reportage aber auch noch ganz praktische handwerkliche Begründungen: Die Reportage arbeitet mit einer motiviert bewegten Kamera. Sie folgt häufig Protagonisten und bewegt sich selbst aktiv durch den Raum, so man es auch im Alltagsleben tut. Aus diesem Grund gibt es nur wenige Situationen, in denen in der Reportage ein Stativ zum Einsatz kommt. Stattdessen wird von der Schulter oder aus der Hand gedreht. Das führt ganz zwangsläufig dazu, dass die Kamera auch ungewollte Bewegungen ausführt bzw. diese aufnimmt. Umso länger nun die Brennweite ist, umso größer kann zwar der Abstand zum Bildgegenstand sein, umso schwerer ist es jedoch auch, das Bild ruhig zu halten. Eine lange Brennweite führt zu einem Hebeleffekt. Eine kleine Erschütterung verstärkt sich um so mehr, desto weiter weg der Brennpunkt liegt.

Man kann diesen Effekt leicht nachvollziehen, in dem man sich ein Loch in einen Notizzettel schneidet. Hält man den Notizzettel direkt vor das Auge, ist es trotz der natürlichen Unruhe unserer Hand relativ leicht, ein Objekt durch das Loch zu fokussieren. Hält man nun den Notizzettel am ausgestreckten Arm und versucht durch das Loch auf das Objekt zu schauen, ist das um ein Vielfaches komplizierter. Das Risiko, das anvisierte Objekt aus dem Bild, hier aus dem Loch, zu verlieren, ist ungleich größer, und es ist sofort ersichtlich, dass das Bild wesentlich stärker wackelt.

Hinzu kommt noch ein weiterer physikalischer Effekt: Je länger die Brennweite ist, umso geringer ist der Tiefenbereich, in dem das Bild scharf ist.

Abbildung 4.11 zeigt den Zusammenhang zwischen Brennweite und Schärfentiefe. Zwar kann eine geringe Schärfentiefe wunderbare filmische Effekte ergeben und beispielsweise Personen oder Gegenstände in dem (geringen) Schärfenbereich hervorheben und von ihrem Hintergrund absetzen, zugleich geht das aber auch deutlich mit dem Risiko einher, dass Dinge versehentlich unscharf werden. Eine Reportagekamera, die sich viel bewegt oder viel mit sich bewegenden Personen und Objekten konfrontiert ist, müsste also unentwegt die Schärfe nachregulieren, was praktisch nicht möglich ist. Der in der Weitwinkligkeit wesentlich größere Schärfenbereich sorgt hier für die notwendige Flexibilität.

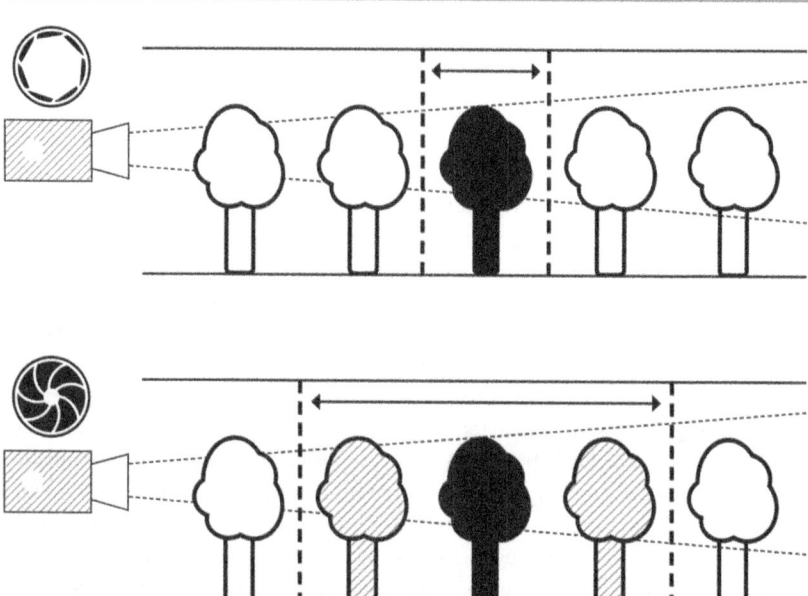

Abb. 4.11 Zusammenhang zwischen Brennweite und Schärfentiefe

Auch die Kameraposition passt sich in der Reportage weitgehend dem natürlichen Miterleben an. Eine Reportagekamera ist immer eine entdeckende Kamera,
das heißt, die Kamera ist, wie Abb. 4.12 zeigt, niemals vor dem Protagonisten in
einem Raum, sie nimmt den Zuschauer mit, wenn sie neue Filmräume erschließt
oder Barrieren überwindet.

Außerdem bewegt sich die Kamera in der Reportage möglichst konsequent auf
den Handlungsachsen und vermeidet beobachtende Situationen aus einer Drei-
ecksposition. Dieses szenische und auf Erleben bauende Arbeiten in der Reportage
heißt auch, dass keine neutralisierenden Zwischenschnitte benötigt werden. Dieses
Neutralisieren bedeutet ja nichts anderes, als dass die Roten Fäden in Zeit und
Raum beendet werden, um anschließend frei/ neutral an anderer Stelle beginnen zu
können, ein Effekt, der in der Reportage gerade zu vermeiden ist. Dennoch müssen
natürlich auch in der Reportage Übergänge geschaffen oder O-Ton Passagen unterbrochen werden. Das dafür geeignetste Mittel sind Bewegungsschnitte. Da unser
Auge ohnehin sehr stark auf Bewegungen im Bild fokussiert, führt ein Schnitt
von einer Bewegung in eine nächste Bewegung dazu, dass Aufmerksamkeit quasi
mitgenommen wird und das zweite Bild leicht als logische Fortsetzung des ersten
Bildes verstanden wird.

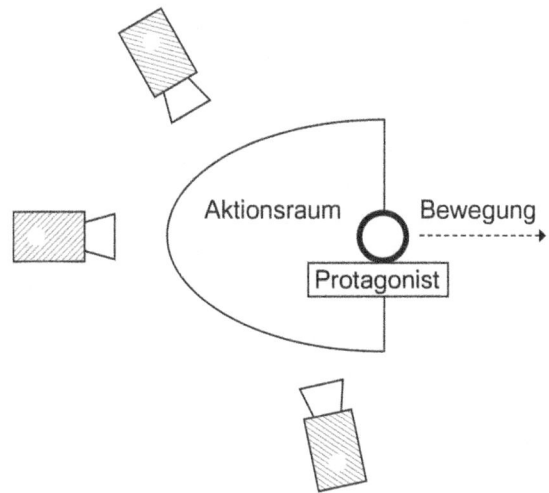

Abb. 4.12 Der Aktions-
raum der entdeckenden
Kamera

Ein weiteres hervorragendes Mittel sind subjektive Bilder. Also Bilder, die
(scheinbar) vom selben Standpunkt wie das vorherige Bild gemacht worden sind
aber in eine andere Richtung blicken, indem sie beispielsweise den Blick des Protagonisten aufnehmen oder Details im Raum zeigen. Diese Subjektiven funktionieren allerdings nur, wenn Blickhöhe und Bewegungsgeschwindigkeit etwa gleich
zum voran gegangenen Bild sind. Werden diese Bilder noch mit einem durchlau-
fenden Ton (von Bild 1) unterlegt, so sind sie für den Zuschauer völlig unzweifel-
haft Teil ein und derselben Szene, nur eben in verschiedene Richtungen geschaut.

Schon aus dieser Art und Weise des Montierens ergibt sich, dass der Ton in
der Reportage eine besondere Rolle spielt. Die immer wieder angesprochene notwendige zeitliche und räumliche Orientierung kann häufig durch den Ton erfolgen,
indem durch diesen räumliche Bezüge hergestellt oder durch Symbolgeräusche
Szenen beendet werden. Man muss sich aber auch immer wieder deutlich machen,
dass der Ton für die Authentizität im Film sorgt und insofern in einem auf Emotion
und Erleben setzenden Genre von extremer Bedeutung ist.

Der Text in der Reportage kann dagegen sehr unterschiedlich angelegt sein.
Wenn der Reporter die Hauptfigur ist, kann eine Ich- oder Wir- Erzählung angemessen sein. Das andere Extrem besteht in einem sehr knappen, eher protokollie-
renden Text, dieser bietet sich dann an, wenn die Vorgänge besonders klar sind und
die Atmosphäre besonders wertvoll, ist Text doch zunächst einmal nichts anderes
als eine Form des Geräusches, häufig eine, die das Erleben stört und in der Reportage gerade die gewollte Authentizität kostet.

Eine sehr typische Erzählperspektive in der Reportage ist die, die aus der Position eines Begleiters oder auch Freundes des Protagonisten kommt. Diese Erzählperspektive impliziert einerseits eine für das Erleben durchaus gewollte Nähe und gibt zum anderen die Möglichkeit, dass der Text ein wenig mehr liefert, als die bloßen Fakten und z. B. den Hinweis gibt „Das ist der Moment, vor der er die größte Angst hatte." o. ä. Grundsätzlich sollte aber der Text gerade in der Reportage sich auf seine klassische dramaturgische Funktion des Steuerns und Orientierens konzentrieren und so sparsam wie möglich eingesetzt werden. Die knappste Form des Textes sind Protokolle oder stichpunktartige Notizen eines Erzählers, der etwas miterlebt hat. Auch solche Texte sind in der Reportage gut denkbar und erhalten wegen ihrer Kürze die meiste erlebensstarke Atmosphäre. Lediglich in Fällen, in denen wenig Originalatmosphäre vorhanden ist, bieten sich breiter erzählende Textperspektiven an. Handwerklich kommt man auf die angemessene Erzählperspektive durch eine konsequente Gegenpoligkeit zwischen Originalatmosphäre und Text. Umso stärker die Originalatmosphäre ist umso knapper sollte der Text sein.

Besondere Formen der Reportage Eine besondere Form der Reportage und zugleich eine der Urformen der Reportage ist die verfilmte Recherche, bei dieser ist der Reporter oder eine Gruppe von Reportern die Hauptfigur, die sich der Herausforderung stellt, etwas herausfinden zu wollen. Die verfilmte Recherche bietet sich dann an, wenn mit den Mitteln der Reportage eben doch Experten oder weit auseinander liegende Schauplätze erreicht werden sollen. Sie ist aber auch eine geeignete Form, wenn der Rechercheweg an sich schon interessant ist, wenn das Ergebnis des Beitrages im Vorhinein nicht absehbar ist oder auch bei rechtlich besonders heiklen Geschichten, da es in der Reportage als subjektivem Genre möglich ist, dass sich der Reporter Fragen stellt, die eine Meinungsäußerung sind, wohingegen es im Bericht eine unter Umständen unzulässige Tatsachenbehauptung wäre.

Eine sehr verbreitete besondere Reportageform ist ferner die der Reisereportage. Da man gerade dabei auf ein besonderes Miterleben setzt, ist die Reportage hier die angemessene Filmform. Problematisch sind jedoch die häufig sehr zahlreichen und zum Teil weit auseinander liegenden Schauplätze. Aus diesem Grund ist in Reisereportagen immer der Reporter die Hauptfigur, der die Orte verbindet und so das Kontinium von Zeit und Raum ermöglichst, auch wenn er gar nicht im Bild erscheint.

Die Doku-Soap ist die serielle Form der Reportage. Ihre Dramaturgie weicht insofern von der klassischen Reportage ab, als zugleich Spannungsbögen über die Länge einer einzelnen Episode gezogen werden und zugleich solche Bögen angelegt werden, die deutlich über das Ende einer Episode hinaus reichen, um einen

Sehanreiz für die nächste Episode zu liefern. Die einzelnen Episoden haben damit jeweils kein klassisches Filmende. Die Gestaltungsmittel der Doku-Soap entsprechen denen der Reportage. Lediglich was den Text anbetrifft, werden Doku-Soaps häufig mit sehr eigenständigen und damit unverwechselbaren Sprech- oder Erzählperspektiven realisiert, um ein über alle Episoden und Teilgeschichten verbindendes Element zu schaffen, welches Zuschauern obendrein eine zusätzliche Identifikation ermöglichen soll.

4.5 Hybride Genres

Neben den Grundformen der Genres bilden sich kontinuierlich weitere Formen heraus, die in der Regel auf einer bewussten Mischung von Darstellungsmitteln unterschiedlicher Filmformen oder Medien beruhen. Diese hybriden Genres sind in besonderer Weise Moden unterworfen und gehen zum Teil auch mit technologischen Entwicklungen einher, beispielsweise was die Integration von Grafiken oder interaktiven Elementen anbelangt.

Die derzeit wichtigsten hybriden Formen seien hier beschrieben:

4.5.1 Doku-Drama

Im Doku-Drama werden Ereignisse, Situationen und Zusammenhänge, die tatsächlich stattgefunden haben, von Schauspielern nachgespielt. Der erste Weltkrieg, die erste Weltumrundung aber auch kürzer zurück liegende Ereignisse, wie die erste Mondlandung der Amerikaner sind prototypische Beispiele dafür.

Doku-Dramen gibt es in unterschiedlichen Ausgestaltungsformen, wobei der Grad an Fiktionalisierung das maßgebliche Unterscheidungskriterium ist:

Integration nur einiger Spielszenen in Dokumentationen In diesem Fall werden Spielszenen an den Stellen integriert, an denen andere Darstellungsmittel nicht zur Verfügung stehen, weil es beispielsweise kein Archivmaterial oder keine Dokumente gibt. Häufig sind derartige Spielszenen dann sehr symbolhaft und eher Nachstellungen als wirklich mit Spielfilmen vergleichbar. Sie werden in der Regel nicht mit Sprechszenen realisiert und als Reenactments bezeichnet.

Weitgehende Darstellung in Spielszenen In dieser Form werden ganze Handlungsstränge, manchmal sogar sämtliche Handlungen des Films, durch Nachinszenierung tatsächlich stattgefundener Ereignisse erzählt. Unterbrochen werden diese

Spielhandlungen durch Originaltöne von Experten, Wissenschaftlern oder Zeitzeugen sowie ggf. durch Originaldokumente oder Zeitzeugnisse oder beispielsweise Reportageelemente von Ausgrabungsstätten. Hier schafft die Integration dieser unmittelbar der Realität entnommenen Elemente für den Zuschauer die Sicherheit, dass er sich, trotz des hohen Spielanteils, in einer Dokumentation befindet, also ein reales Ereignis nacherzählt erhält.

Vollständige inszenierte Darstellung Dabei wird auf die Integration von Originaltönen und Originaldokumenten verzichtet. Sehr gebräuchlich ist diese Form z. B. bei der Nacherzählung von Katastrophen. Inwieweit es sich dabei dann allerdings tatsächlich noch um eine journalistische Form handelt oder eher eine Fiktion nach einer wahren Begebenheit ist durchaus umstritten und wird in unterschiedlichen Kulturräumen unterschiedlich aufgefasst und wahrgenommen. Die in Deutschland intensiv wahrgenommene und vielfach ausgezeichnete Arbeit von Heinrich Breloer mit „Die Manns" oder „Speer und Er" bewegen sich genau im Spannungsverhältnis einer klassischen Spielfilmdramaturgie auf Grundlage gesicherter und journalistisch untermauerter Tatsachen. Die penible Recherche ist gerade beim Doku-Drama wichtig, um Glaubwürdigkeit zu erreichen und den dem Dokumentarischen eigenen Wert, der Realitätsbindung zu sicher.

Doku-Dramen sind vor allem ein Mittel der historischen Dokumentation sowie bis zu einem gewissen Grad des Wissenschaftsfernsehen.

4.5.2 Doku-Soap

Die Doku-Soap ist zunächst eine serielle Form der Reportage. Das größte Volumen in dieser Form im deutschen Fernsehen nahmen über Jahre hinweg wöchentliche Serien aus Zoos in Anspruch. Indem Spannungsbögen geführt werden, die über das Ende einer Episode hinaus reichen, erfolgen Verbindungen und die scheinbar nicht endende Forterzählung einer Geschichte über mehrere, in jüngster Zeit oft sehr viele, Teile. Eine weitere Verbindung zwischen den Episoden wird auch durch die Konzentration auf entweder wenige über die Episoden hinweg geführte Figuren, z. B. ein Team von Ärzten oder eine Gruppe von Händlern erreicht oder durch die Wiederkehr eines Handlungsortes, beispielsweise eines Krankenhauses oder eines Tierparks über alle Episoden hinweg.

Der Begriff Doku-Soap wird in den letzten Jahren allerdings nicht nur für serielle Reportagen verwendet, sondern auch für sogenannte „Scripted Reality", also Realitätsdarstellungen nach Drehbuch. In diesen Fällen werden mehr oder minder ausformulierte Szenen von Laiendarstellern nachgespielt. Mit journalistischer Darstellung hat das, trotz der Verwendung des Begriffs der „Doku-Soap" nichts zu tun.

4.5.3 Mockumentary

Der Begriff setzt sich aus den englischen Worten für Vortäuschen, to mock, und Dokumentation, documentary, zusammen und liefert damit auch schon die Beschreibung dieses hybriden Genres. Eine fiktive Handlung wird mit den Mitteln der Dokumentation erzählt und erscheint damit als real. Es wird dabei an die Erfahrungswerte von Zuschauern angeknüpft, die in journalistischen Darstellungsformen präsentierte Inhalte zunächst einmal für real halten. Dieser Effekt kann noch weiter verstärkt werden, indem Zeitzeugen oder auch Prominente mit Statements involviert werden, ganz gleich, ob diese Statements bewusst inszeniert oder gescriptet oder so aus dem Zusammenhang genommen sind, dass sie in die filmische Erzählung des Mockumentary passen. Es handelt sich letztendlich also um eine als Realität inszenierte Fiktion.

Einige Mockumentarys legen dieses Erzählprinzip und damit ihr Genre gegenüber dem Zuschauer nicht offen, was regelmäßig zu Kontroversen führt. In unserem Kulturkreis geht das häufig mit der Frage einher, ob hier überhaupt noch eine Zurechnung zu den journalistischen Genres infrage kommt. Die amerikanische Kultur des Umgangs damit ist deutlich großzügiger. Das Argument dabei ist, dass Inhalte, für die Zuschauer sonst schwer zu interessieren wären, durch Mockumentarys besser zu transportieren sind, weil im Zweifelsfall eine funktionierende Geschichte wichtiger sei als eine wahre Geschichte.

In Europa gibt es derzeit zwei durchaus unterschiedliche Entwicklungsrichtungen. Einerseits werden Mockumentarys als Parodien auf Dokumentationen eingesetzt. Das verbindet sich regelmäßig mit dem Anspruch, auf diese Weise Medien und Mediennutzung zu hinterfragen. Oder Mockumentarys werden benutzt, um Geschichten zu erzählen, die nicht genau belegt und rekonstruierbar sind, von deren Recherchen aber bekannt ist, dass sie so oder so ähnlich stattgefunden haben könnten. Hier haben sie eher einen illustrativen Charakter.

Mockumentarys können in ihrer authentischen Wirkung verstärkt werden indem sie dokumentarische Mittel konsequent für ihre fiktiven Handlungen verwenden. Gebräuchlich ist z. B. die Herstellung von (scheinbarem Archivmaterial) durch die Verwendung von Aufzeichnungstechnik, die zum vorgeblichen Zeitpunkt gebräuchlich war oder durch die Integration von Zeitbezügen ins Bild sowie durch die bewusst klassische Nutzung von Interviewpositionen und Kameraeinstellungen der Dokumentation. Gelegentlich werden Mockumentarys auch als „Fake-Doku" bezeichnet.

4.5.4 Datenjournalismus

Der Datenjournalismus ist eigentlich eine Form des Online-Journalismus. Die fort-
schreitenden Medienfusionen führen dazu, dass Mittel und Elemente daraus auch
ins Fernsehen übertragen werden. Der Grund dafür liegt einerseits in der verstärk-
ten gemeinsamen Aufbereitung von Inhalten, andererseits in dem Bemühen, Marken über unterschiedliche Distributionswege hinweg zu führen – dass also Sendungen im Fernsehen eine ähnliche Anmutung wie Veröffentlichungen im Netz haben
und umgekehrt.

Im Kern geht es beim Datenjournalismus darum, die zentrale Informations- und
Neuigkeitsquelle aus Daten bzw. Datenbanken zu extrahieren. Das heißt, die journalistische Recherche erfolgt nicht nach Personen oder konkreten Geschichten,
sondern beginnt in der Analyse von Daten. Überall dort, wo die Daten interessante
Auffälligkeiten bieten, werden dann konkrete Geschichten gesucht, die für diese
Auffälligkeiten stehen. Für den Fernsehjournalismus bedeutet das eine weitgehende Umkehrung der üblichen Arbeitsweise. Da die Darstellung von Daten in einem
linearen Medium in ihren Möglichkeiten begrenzt ist, sind reine datenjournalisti-
sche Herangehensweisen im Fernsehen kaum vorstellbar, so dass die Hybridisie-
rung mit anderen Darstellungsformen notwendig ist, um eine hinreichende Emotionalität zu erlangen.

Über diese derzeit wichtigsten Hybride hinaus existieren selbstverständlich
weitere. Die sichere Beherrschung der Grundformen wird einen in die Lage versetzen, auch mit Hybriden sicher zu arbeiten und Formen hier fortzuentwickeln.
Wichtig für die Macher hybrider Formen ist wiederum die bewusste Entscheidung
für Darstellungsformen und Mittel, denn auch Hybride entwickeln ihre Wirkung
bei Zuschauern nur, wenn der Formenmix nicht unterläuft, sondern eine planvolle
Führung durch die Geschichte und die Spielarten der Erzählweise darstellt.

4.6 Sonderformen

Die hier aufgeführten Genres sind die elementar im Fernsehjournalismus genutz-
ten Filmformen. Natürlich gibt es darüber hinaus weitere sowie allerlei Mischun-
gen aus diesen. Anders als die grundlegende Wirkungsweise von audiovisuellen
Medien unterliegen die Filmformen auch einer gewissen Mode. Insofern müssen
die Genres von Autoren audiovisueller Medien als Werkzeuge verstanden werden,
die eine kontinuierliche Hinterfragung und Modernisierung verdienen.

Über die hier dargestellten Genres hinaus sind im Fernsehen selbstverständlich
auch die weiteren journalistischen Genres anzutreffen, insbesondere Glosse, Essay

und Kommentar. Da diese jedoch in Bezug auf ihre gestalterischen Möglichkeiten im Fernsehen deutliche Grenzen haben und – ähnlich wie der Datenjournalismus eigentlich online zuhause ist – eher dem Print- und Hörfunkjournalismus zugehörig sind, sollten sie als Sonderformen betrachtet werden. Ihr Einsatz impliziert die Entscheidung, die Emotionalität des Fernsehens nicht voll auszuschöpfen. Eine Rechtfertigung dafür kann es wiederum im Kontext der Gesamtattraktivität einer Magazinsendung geben, oder um ganz bewusst eine formal-ästhetische Unterscheidung zu anderen Beiträgen oder Sendungen zu treffen.

Darüber hinaus gibt es auch Sonderformen, die nur das Fernsehen – sowie mit Einschränkungen auch der Hörfunk – nutzt und die Abweichungen in der Dramaturgie zur Folge haben:

Talkshows oder moderierte Sendungen, in denen Studio- oder Expertengespräche eine Rolle spielen, arbeiten häufig mit dem Mittel des Vorsetzers. Das heißt, ein Gespräch oder ein Schwerpunkt innerhalb einer längeren Gesprächssendung wird durch einen Filmbeitrag eingeleitet. Zunächst gelten für diesen Beitrag die üblichen Regeln des Berichts oder der Reportage. Allerdings mit der entscheidenden Ausnahme, dass der Vorsetzer die Veränderung, also die Lösung des darin aufgeworfenen Problems natürlich nicht liefern darf, da es sonst ja im Studio nichts mehr zu besprechen gäbe. Im Sinne der Dramaturgie liefert ein Vorsetzer also nur den ersten und den zweiten Akt und überlässt den dritten dann dem Studiogespräch. Im Filmbeitrag werden Protagonisten und mögliche Antagonisten vorgestellt, das Problem installiert und verschiedene Positionen dazu eröffnet. Idealer Weise generiert das im Zuschauer die Frage nach der wohl besten Lösung und genau dazu erfolgt dann die Vertiefung im Studiogespräch. Da Studiogespräche in der Regel Expertengespräche sind, sollte der Vorsetzer dazu gegenpolig arbeiten indem er besonders emotional und konkret, häufig auch einzelfallbezogen, angelegt wird.

Eine weitere verwandte Form sind Einspieler in Gesprächssendungen oder sonstigen Studiosituationen. Diese müssen nicht zwangsläufig am Beginn eines Gespräches stehen, sondern können an einem beliebigen aber vorher geplanten Punkt zur Anwendung kommen. Dramaturgisch haben sie dann eher die Rolle eines Wendepunktes. Das heißt, sie erzählen wiederum keine eigene Geschichte, sondern fokussieren so auf einen Teilaspekt, so dass sie dem Gespräch eine neue Richtung geben können, ihm einen neuen Aspekt hinzufügen oder eine konträre Position einnehmen. Man muss entsprechende Beiträge folglich als integrale Bestandteile der Sendung messen und unter Verzicht auf die meisten dramaturgischen Elemente in die Dramaturgie des Gespräches oder der Sendung in ihrer Gesamtheit integrieren. Es ist sicher einleuchtend, dass das Maß an Abstimmung und Vorausplanung für diese Sonderformen besonders hoch ist.

4.7 Zusammenfassung

Die journalistischen Genres gehören zu den grundlegenden Werkzeugen, die einem Film- und Fernsehautoren zur Verfügung stehen. Sie führen zu deutlich unterschiedlichen Erscheinungsweisen ein und desselben Themas. Aus diesem Grund sind sie elementarer Bestandteil der redaktionellen Planungs- und Entscheidungsprozesse.

Maßgeblich für die Auswahl des journalistischen Genres muss dabei die beim Publikum beabsichtigte Wirkung sein. Die Bestimmungsfaktoren bei der Wirkungsabsicht sind dabei Fragen von Emotionalität und/oder Sachlichkeit sowie Objektivität und/oder Subjektivität. Die Genreentscheidung ist eine Festlegung, die alle Teile des Produktionsprozesses tangiert, da alle Genres zu Modifikationen in der dramaturgischen Struktur sowie in der weiteren Folge bei den handwerklichen Gestaltungsmitteln in Kamera, Ton, Montage und Kommentartext führen.

Daraus ergibt sich aber auch, dass eine klare Genreentscheidung ein hilfreiches Mittel im Kommunikationsprozess zwischen, Autor/Regisseur und Redaktion sowie zwischen Autor und allen anderen Produktionsbeteiligten ist, da sich mit einer klaren Genreentscheidung auch klare Handwerksmittel verbinden.

In der Praxis werden Genres fast nie ganz klar und eindeutig zu bedienen sein, und selbstverständlich führen viele Mischformen zwischen Genres im Alltag zu sehr guten filmischen Ergebnissen. Die Klarheit der Genres ist insofern vor allem dann wichtig, wenn es um die Planung von größeren Programmflächen geht. Wenn verschiedene Filme aneinanderstoßen, kann man einerseits durch variierende Erzählweisen die Gesamtattraktivität von Programmen erhöhen und andererseits einzelne Sendeplätze durch für die Zuschauer berechenbare Erzählweisen klar identifizierbar machen und damit zu Marken entwickeln.

Genres unterliegen Moden und kontinuierlicher Fortentwicklung, die ihrerseits von Moden, Gewohnheiten, technischen Möglichkeiten und der Zunahme der Medienfusion getrieben sind.

Literatur

Bentele, Günther, Hans-Bernd Brosius, und Otfried Jarren 2006. *Lexikon Kommunikations- und Medienwissenschaft*. Wiesbaden: VS.

Heussen, Gregor Alexander 1997. Erzählende Formen. Eine Geschichte eben. In *ABC des Fernsehens. Reihe praktischer Journalismus Band 28*, Hrsg. Ruth Blaes und Gregor Alexander Heussen, 264–277. Konstanz: UVK.

Heussen, Gregor Alexander 2007. Dokumentarische Filmformen – Erzählen – Berichten – Kommentieren, ISBN 978-3-00-028738-1. Darmstadt: Selbstverlag.

Ordolff, Martin 2005. *Fernsehjournalismus*. Konstanz: UVK.

Der Prozess der Filmherstellung

5

Das Filmfördergesetz unterscheidet die Phasen der Filmproduktion in Stoffentwicklung, Projektentwicklung, Produktion und Distribution. Die Stoffentwicklung reicht demnach von der ersten Idee bis zur ersten Drehbuchfassung, sie umfasst damit also primär die Konzept- oder Drehbucherstellung. Im non-fiktionalen Film ist der wesentliche Teil der Stoffentwicklung häufig die Recherche.

Die Projektentwicklung reicht von der ersten Drehbuchfassung bis zum ersten Drehtag, sie umfasst maßgeblich die Finanzierung des Projekts, die redaktionelle Feinarbeit am Drehbuch sowie die Rechteklärung und das Involvement aller maßgeblichen Produktionsbeteiligten.

Die eigentliche Produktion ist ein häufig vergleichsweise kurzer Zeitraum, in der die eigentliche Filmherstellung erfolgt. Sie reicht von kurz vor Drehbeginn bis zur Herstellung der Master-Kopie. Die Phase kann in Vorproduktion, Produktion (Dreh) und Postproduktion noch weiter unterschieden werden. Während bei Spielfilmen in der Regel gut 30 Drehtage für einen durchschnittlichen deutschen Film von 90 min Länge üblich sind, lässt sich das im dokumentarischen Film weit weniger verallgemeinern. Das Spektrum reicht hier von aktuellen Reportagen mit wenigen Stunden Drehzeit bis zu Langzeitbeobachtungen mit Drehzeit über mehrere Jahre.

Das fertige Master wird dann in die Distribution überführt, also jegliche Form der Auswertung, die idealer Weise mehrere Jahre und verschiedene Verwertungsstufen umfasst.

© Springer Fachmedien Wiesbaden 2015
O. Jacobs, T. Großpietsch, *Journalismus fürs Fernsehen,* Praxiswissen Medien,
DOI 10.1007/978-3-658-02417-8_5

Aus der Verschiedenartigkeit der Stufen der Filmherstellung ergibt sich, dass jeder Film zu unterschiedlichen Zeiten seiner Entstehung ganz unterschiedliche Mitwirkende hat. Die perfekte Kommunikation, das reibungslose Zusammenspiel und die bestmögliche Besetzung aller Gewerke sind insofern ein Schlüssel für den Erfolg einer Filmproduktion.

5.1 Gewerke

Filmarbeit ist Teamarbeit. Auch wenn es mittlerweile schon viele Videojournalisten und selbstfilmende Autoren auf dem Film- und Fernsehmarkt gibt, gibt es kaum ein Projekt, was nicht an irgendeinem Punkt seiner Entstehung Kooperation erfordert. Die Fülle der im Rahmen einer Filmproduktion auftretenden Anforderungen und Fragestellungen prädestinieren Filme dafür, arbeitsteilig zustande zu kommen, da die Spezialisierung in einzelnen Fachgebieten sehr hoch ist. Dabei tritt nur ein Teil der Produktionsbeteiligten direkt am Drehort in Erscheinung. Dennoch spielen auch die nicht unmittelbar an der Aufnahme Beteiligten eine wichtige Rolle im Herstellungsprozess eines Films. Die Qualität und Arbeit jedes Einzelnen entscheidet am Ende über die Qualität des Films.

Der Personalaufwand bei der Produktion eines non-fiktionalen Films ist in der Regel wesentlich geringer als bei fiktionalen Produktionen, umso mehr wird natürlich die Güte des Films von der Qualität jedes einzelnen Mitwirkenden geprägt. Grundsätzlich gilt: Je höher der Aufwand, desto mehr Personal wird benötigt.

Bei den Dreharbeiten für einen non-fiktionalen Film für das Fernsehen, sei es ein drei Minuten langer Bericht oder eine 45 Min lange Dokumentation, wird meist mit einem klassischen Drei-Mann/Frau-Team gearbeitet: Kamera, Ton (Assistent) und Autor. Diese Konstellation hat sich durchgesetzt und ist in den meisten Fernsehsendern übliche Praxis unabhängig davon, auf welchem technischen Aufnahmeformat gedreht wird. Dieses Standardteam wird je nach Bedarf tageweise oder auch über die gesamte Zeit des Drehs ergänzt. So können bei größeren Produktionen noch ein oder mehrere Beleuchter hinzu oder ein Regisseur oder ein zweiter Kameramann, je nach Notwendigkeit und danach, wie aufwändig die Produktion ist. Eine weitere sinnvolle Kombination, vor allem um eine gute Atmosphäre mit Protagonisten herzustellen, die im Umgang mit Filmteams unerfahren sind, ist das Zweierteam aus einem Kameramann und dem Autor, der zugleich den Ton aufnimmt. Allerdings hat sich diese Kombination kaum durchsetzen können. In der

Praxis ist die Konstellation aus zwei drehenden Autoren, die sich um Kamera, Ton und Schnitt selbst kümmern, mehr verbreitet.

Die Extrem-Konstellation ist der als Videojournalist oder selbstdrehender Autor beschreibende Realisator, der als „Ein-Mann-Team" alle Gewerke in sich vereint und den Film unter Umständen am Ende sogar auch noch selbst schneidet.

▶ Alle Kombinationen von Gewerken und Mitwirkenden haben ihre Berechtigung. Entscheidungsgrundlage sollte immer die für den jeweiligen Film beste Konstellation sein.

Das Verhältnis der einzelnen Gewerke zueinander ist im Non-fiktionalen wesentlich stärker als in der Fiktion von einer Trennung zwischen Inhalt und Herstellung geprägt. Das hat weitreichende Folgen für die Beziehung der Gewerke zueinander.

In vielen Sendern ist die Produktionsabteilung von der Redaktionsabteilung getrennt. In Analogie dazu besteht diese Trennung auch in zahlreichen Produktionsfirmen, die entweder primär Produktionsdienstleister sind oder sich auf die Entwicklung von Inhalten spezialisiert haben. Das hat zur Folge, dass das Kamerateam meist erst sehr spät in den Produktionsprozess mit einbezogen wird und eher als Dienstleister, als Lieferant für Bilder und Töne, verstanden wird. Der Hintergrund ist ein ökonomischer. Kamerateams werden üblicher Weise nicht wie ein Autor oder Regisseur für einen Film, sondern nach Einsatztagen oder -stunden berechnet. Ihre Einsatzzeiten sollen daher möglichst gering gehalten werden. Von redaktioneller Seite aus gesehen wäre es häufig wünschenswert, eine engere und vor allem frühere Zusammenarbeit herzustellen, um das Know-How der Gewerke schon früh in die Planung und Umsetzung mit einzubeziehen. Mutmaßlich würde eine engere Kooperation häufig sogar wirtschaftliche Effekte erzielen.

5.1.1 Autor

Die Filmemacher non-fiktionaler Produktionen werden Autoren genannt, auch wenn es sich beispielsweise nur um einen kurzen Bericht handelt und für so eine Produktion natürlich kein Drehbuch geschrieben wird. Im Fernsehalltag vereinen sich viele Aufgabenbereiche wie Recherche, Regie und Aufnahmeleitung häufig allein beim Autor, der dann wegen dieser Funktionenvielfalt auch als Realisator bezeichnet wird. Er muss sich also um fast alles, außer der technischen Umsetzung, kümmern. Bei größeren Studioproduktionen, Außenübertragungen und Shows sind diese Aufgabenbereiche jedoch klar voneinander getrennt. In diesem Fall definiert der Autor in einer Art Drehbuch die Inhalte der Sendung.

Der Autor hat meist einen journalistischen Hintergrund und steht daher primär in der Verantwortung für die zu erzählende Geschichte. Er recherchiert Fakten, Zusammenhänge, Personen und Drehorte. Er bestimmt Filmziele, entwirft eine Geschichtsstruktur auf der Grundlage seiner Recherche und schreibt das Exposé, Treatment oder Drehbuch. Im Drehprozess führt er die Regie, stellt die Fragen bei Interviews und ist schwerpunktmäßig für den Inhalt der Filmproduktion zuständig. Er ist zugleich meist der Urheber eines Fernsehfilms und hat somit gewisse Rechte an dem filmischen Produkt.

Die Sender vereinbaren allerdings häufig so genannte „Buy-Outs" mit den Autoren, so dass mit dem Honorar die Übertragung sämtlicher Rechte an den Sender verbunden ist. Nur in seltenen Fällen werden keine „Buy-Out-Verträge" geschlossen. In diesen Fällen überträgt der Autor nur die für die Ausstrahlung notwendigen Rechte. Wiederholungen und Auswertungen auf anderen Verwertungswegen werden dann gesondert vergütet. In der Regel geschieht das durch Wiederholungshonorare, die zwischen 10–50 % des ursprünglichen Honorars betragen können.

Fernsehautoren sind oft freie Mitarbeiter, die ihre Geschichten immer erst einer Redaktion „verkaufen" müssen. Sie bekommen also nur Honorar, wenn sie einen Film realisieren. Entweder findet die Honorierung pauschal oder pro gesendete Filmminute statt. Das Vertragsverhältnis ist das eines Werkvertrages, das heißt, die Fertigstellung eines Werkes, des Filmbeitrags, gilt als Vertragserfüllung und ist mit einem Festpreis verbunden. Welche Arbeitszeit der Autor investiert ist dabei unerheblich, und Teilleistungen werden nicht vergütet.

Viele Autoren sind spezialisiert, entweder auf einen bestimmten Themenkomplex, auf ein Ressort oder auch auf ein bestimmtes Genre. Für einen Fernsehjournalisten kann so ein „Alleinstellungsmerkmal" sehr nützlich sein. Wenn man über exklusive Zugänge zu einem Thema verfügt oder über eine bestimmte Handschrift, ist man vielleicht der geeignetste Autor für einen Film und erhält den Zuschlag von einem Sender oder einer Produktionsfirma. Fernsehautoren sind meistens ausgebildete Fernsehjournalisten. Häufig führt ihr Weg nach einem Studium über ein Redaktionsvolontariat in einer Produktionsfirma oder einem Fernsehsender zur selbständigen journalistischen Tätigkeit. In der Praxis seltener aber ebenfalls anzutreffen sind angestellte Autoren sowie Autoren in Vertragsverhältnissen, die zwischen Anstellung und Freiberuflichkeit liegen, zum Beispiel durch Rahmenverträge oder befristete Anstellungsverträge.

Da der Autor die Verantwortung für das journalistische Endergebnis trägt, ist er in der Regel von der ersten Ideen bis zum fertigen Film mit dem Projekt verbunden und gegenüber dem Sender und der Redaktion der Ansprechpartner für alle den Inhalt betreffenden Dinge. Insofern hat der Autor in einem Team immer eine herausgehobene Stellung, zu vergleichen mit einem Teamleiter.

5.1.2 Regie

Bei vielen Fernsehproduktionen, wie zum Beispiel Reportagen, Dokumentationen oder Magazinbeiträgen, führt der Autor auch die Regie. Bei fiktionalen Produktionen ist dies meist anders. Die Regie ist dort maßgeblich für die filmische Umsetzung einer Geschichte zuständig und verantwortlich. In non-fiktionalen Filmen erfolgt eine Trennung zwischen Autor und Regie dann, wenn zum Beispiel in Dokumentationen entweder der Autor ein Fachjournalist für ein bestimmtes Thema ohne besondere Fernsehfähigkeiten ist oder die Umsetzung ein spezielles technologisches Know How erfordert, zum Beispiel Animationen oder Schauspielerführung, was vom Fernsehautoren nicht geleistet werden kann. In solchen Fällen übernimmt der Regisseur vom Autor dessen inhaltliche Vorbereitung in Form eines Treatments oder Drehbuches und setzt diese dann filmisch um.

Der Regisseur spricht mit dem Kamera- und Tonmann die konkrete Umsetzung ab, ist bei der Realisierung dabei und für die gesamte Inszenierung einer Fernsehproduktion verantwortlich. Fernsehregisseure werden im non-fiktionalen Fernsehen neben aufwändigen Dokumentationen vor allem bei großen Live-Übertragungen, Studioproduktionen oder Sportevents eingesetzt. Der Fernsehregisseur koordiniert dann den Einsatz mehrerer Kameras und muss dies fast immer live tun. Das Lichtkonzept und die Positionen der einzelnen Kameras sind vom Regisseur in Zusammenarbeit mit anderen Gewerken zu bestimmen. Bei großen Produktionen kann es durchaus vorkommen, dass der Regisseur bis zu 20 Kameras im Auge haben und entscheiden muss, welche Kamera wann auf Sendung geht. Im Gegensatz zur Regie im Theater oder Spielfilm muss der Fernsehregisseur sich weniger um die schauspielerische Leistung der Protagonisten kümmern, sondern ist eher für deren Inszenierung verantwortlich. Zusätzliche Kenntnisse sind von großem Vorteil, wenn es sich beispielsweise um spezielle Produktionen von Sinfoniekonzerten handelt, wobei einzelne Instrumente an markanten Passagen oft nur kurz besonders in Erscheinung treten und dem Zuschauer punktgenau gezeigt werden sollen.

Fernsehregie ist ein Studienfach. Oft führt der Weg aber auch von der Tätigkeit als Bildmischer oder Kameramann in die Fernsehregie. Regisseure von Dokumentationen sind häufig Fernsehautoren, die Regie als Spezialisierung in ihre berufliche Entwicklung aufnehmen.

5.1.3 Kameramann

Der Kameramann ist für die konkrete Gestaltung der Bilder und für die Auswahl der geeigneten Technik verantwortlich. Er leitet nach dem Regisseur oder Autor das Filmteam. Der englische Begriff des DoP (Director of Photographie) macht diese herausgehobene Stellung deutlich. Im weniger präzise vorauszuplanenden dokumentarischen Film ist die kreative Verantwortung des Kameramanns eher noch höher als im durch klare Drehbuchvorlagen geprägten Spielfilm. Der Kommunikation zwischen Autor/ Regisseur und Kameramann kommt deshalb im nonfiktionalen Film eine ganz besondere Bedeutung zu. Es ist dabei wenig sinnvoll, sich detailliert über einzelne Einstellungen, Einstellungsgrößen oder Blendwerte auszutauschen, vielmehr ist die vom Autor gewünschte Wirkungsabsicht häufig das beste Mittel, eine effektive Kommunikation zu ermöglichen. Eine klare Angabe zum angestrebten Effekt bei Zuschauern ist von Kameraleuten in der Regel gut in technische und gestalterische Arbeitsschritte ihres Gewerkes zu übersetzen. Aus Sicht von Autoren erhöht die Kommunikation über die beabsichtigte Wirkung die Chance, alles Wissen des Kameramanns für den Film nutzbar zu machen.

Kameraarbeit kann man studieren oder man macht eine Ausbildung zum Mediengestalter und arbeitet dann als Kameraassistent und in der Folge dann als Kameramann. Der non-fiktionale Film kennt viele verschiedene Arten von Kameraarbeit und es ist selbstverständlich, dass nicht jeder Kameramann Spezialist für alle Arten der Kameraarbeit ist, dass es Spezialisierungen und bestimmte Talente gibt. Vor allem die Unterscheidung zwischen der Präferenz für bewegte oder statische Kameraarbeit ist häufig eine sehr individuelle. Ähnlich wie es mehrere Möglichkeiten gibt, ein Thema in eine Geschichte zu überführen, gibt es jeweils verschiedene Möglichkeiten, eine Geschichte visuell umzusetzen. Der Auswahl des Kameramannes für eine Produktion kommt insofern eine das Endergebnis jeweils prägende Bedeutung zu. Für längere Produktionen ist es daher durchaus üblich und sinnvoll, die Verständigung auf eine Zusammenarbeit erst nach Vorgesprächen oder auch nach der Ansicht von Referenzfilmen zu treffen.

Ebenso individuell verschieden ist die konkrete alltägliche Zusammenarbeit. Sie reicht vom weitgehenden selbstständigen Drehen, zum Teil sogar ohne Anwesenheit des Autors, bis zur kontinuierlichen Beobachtung des Kamerabildes durch den Autoren. Für eine gute Zusammenarbeit nützlich ist es, die Arbeitsweise im Vorhinein abzustimmen. So kann vermieden werden, dass das Verhalten des Anderen als Desinteresse im einen oder unangemessene Kontrolle im anderen Fall interpretiert wird.

Bei mehrtägigen Drehs oder einer kontinuierlichen Zusammenarbeit bietet es sich unbedingt an, auch gemeinsam Drehmaterial anzuschauen. Wenn der Autor erläutern kann, warum ihm welche Szenen besonders nützlich sind, um die von ihm beabsichtigte Geschichte zu erzählen, wird der Kameramann seine Arbeit entsprechend nachjustieren können. Kameraarbeit ist eine der Sache und in gewisser Weise auch dem Autoren dienendes Gewerk, dieser Umstand rechtfertigt eine besondere Sorgfalt in der Kommunikation.

5.1.4 Ton

Der Ton kann in ganz unterschiedlichen Händen liegen. Die einfache Bezeichnung „Tonmann" ist dabei eine im Grunde unzulässige Vereinfachung, kann das doch ein ausgebildeter Tonmeister mit abgeschlossenem Studium sein, ein Toningenieur oder ein Kameraassistent der auch den Ton mit aufnimmt – und natürlich sind alle weiblichen Formen entsprechend möglich.

Unabhängig von Qualifikation und korrekter Bezeichnung ist der „Tonmann" für die Aufnahme von Atmos, Geräuschen und O-Tönen am Originalschauplatz zuständig. Egal ob Dolby Surround, Stereo oder Mono, er stellt sicher, dass der Ton immer sendefähig ist. Der Tonmann entscheidet, welche Mikrofone zum Einsatz kommen, nimmt den Ton dann optimal von der Quelle ab und regelt parallel die Aufnahmelautstärke. Bei einem Standardfernsehteam wird der Ton synchron zum Bild von der Kamera aufgenommen. Wird dabei der Ton von mehreren Quellen gleichzeitig aufgenommen, wenn beispielsweise mehrere Gesprächspartner ein Ansteckmikrofon tragen, wird der Ton auf einem mobilen Mischpult vorgemischt und die Summe dieser Vormischung dann per Funk oder Kabel zur Kamera übertragen.

Der Ton wird in der Drehsituation gelegentlich vernachlässigt. Daher ist es unbedingt sinnvoll, wenn der Autor/ Regisseur als Teamleiter vor Drehbeginn ganz klar seine Erwartung an die Wirkung des Tons formuliert. Daraus wird der Tonmann die entsprechende technische Übersetzung treffen. Formuliert der Autor keine klare Anforderung, wird sich der Tonmann immer für den technisch besten Weg entscheiden, um die Verständlichkeit von Sprache zu sichern. In der Regel wird das also ein Ansteckmikrofon sein. Ist dem Autor jedoch wichtig, dass es um ein Höchstmaß an Authentizität geht, wird der Tonmann dieses Anliegen in den Einsatz einer Tonangel übersetzen und so einen Ton aufnehmen, der möglicher Weise weniger klar, aber akustisch besser zum Kamerabild passend ist. Ähnlich wie Bildperspektiven gibt es selbstverständlich auch Tonperspektiven, die für die Orientierung und die Gefühlssteuerung von Zuschauern wichtig sind.

5.1.5 Cutter

Der Cutter, der gelegentlich auch Schnittmeister oder Editor genannt wird, ist der erste Betrachter des gedrehten Materials. Er muss die zu erzählende Geschichte nach dem Dreh aus dem Material herausarbeiten und Bild, Geräusch, Musik und O-Töne so montieren, dass es der Erzählabsicht entspricht. Häufig muss ein Cutter verschiedene Schnittsoftware beherrschen. Der Cutter hat den großen Vorteil, nicht bei den Aufnahmen dabei gewesen zu sein und so das Filmmaterial mit „frischen"

Augen zu sehen. Sein Seheindruck wird näher an dem des letztendlichen Zuschauers sein als es bei den an der Aufnahme Beteiligten der Fall ist. Der Cutter ist ein
erstes Korrektiv. Alle Emotionen, die eventuell beim Dreh eine Rolle spielten, sind
reduziert auf das aufgenommene Material. Vielleicht ist in dem Material gar nicht
das spürbar, was dem Gefühl entspricht, mit dem man beim Drehen konfrontiert
war?

Für die Kommunikation mit dem Cutter ist wiederum die Wirkungsabsicht entscheidend sowie das Filmende. Ohne Vorgaben werden Cutter in der Regel in sich
logische und den sachlichen Abläufen entsprechende Handlungen schneiden. Mit
dem Wissen, welche Eigenschaften von Protagonisten wichtig sind und welche
Figuren welche Entwicklungen über den Film nehmen sollen, wissen sie die dafür
notwendigen Dinge zu betonen und Höhe- und Wendepunkte mit entsprechenden
Rhythmusänderungen zu unterstützen.

Cutter können sich auf besondere grafische Effekte, auf die Farbkorrektur oder
die Tonbearbeitung spezialisieren. In solchen Fällen ist es durchaus üblich, für die
letzte Feinbearbeitung, das sogenannte Finishing von Produktionen, einen weiteren Cutter zu involvieren. Sinnvoll kann das auch bei sehr langen Filmen sein.
Gerade Kino-Koproduktionen können mit wochen- oder monatelangen Schnitt-
zeiten verbunden sein. In solchen Fällen verbraucht sich selbstverständlich auch
das frische Auge des Cutters, weshalb auch da ein Feinschnitt mit einem zweiten
Cutter sinnvoll sein kann, ohne dass das die eigentliche Schnittleistung des ersten
für den Film schmälern würde.

Cutter sind heute oft Mediengestalter im Fernsehgeschäft. Man kann sich auch
an Filmhochschulen bereits auf das Schneiden von Filmen spezialisieren oder an
einigen Standorten Filmschnitt studieren.

5.1.6 Videojournalist

Als Videojournalist oder VJ wird der selbst drehende Fernsehautor bezeichnet. Er
deckt die Gewerke Autor, Regie, Aufnahmeleitung, Kamera, Ton und Cutter in
einer Person ab. Der VJ hat vor allem dann eine sachliche Rechtfertigung, wenn
Räume besonders eng sind, Arbeitsbedingungen ein besonders kleines und flexibles Team erfordern oder auch eine besondere Nähe zu Protagonisten hergestellt
werden soll. Der VJ ist dann die „erste Wahl", wenn eine bestimme Autorenhand-
schrift oder Reporterfigur auch in Bild und Ton spürbar sein soll oder er zum Beispiel einen einzigartigen Zugang zu einem Thema oder einer Person hat. Gleiches
gilt auch für intime Situationen oder für eine beobachtende, unauffällige Kamera.
Zudem werden durch den Einsatz eines VJs Kosten gegenüber einem konventio-
nellen Team gespart.

Der VJ eignet sich andererseits nicht so gut für komplexe und technisch auf-
wändige Drehsituationen. Eine Pressekonferenz kann schon eine zu große Herausforderung für einen VJ sein, obwohl es auf den ersten Blick einfach aussieht und
journalistisch nicht sehr interessant ist. Der Abstand zum zu filmenden Motiv ist
in der Regel groß, daher wird eine so lange Brennweite nötig sein, über die nicht
alle VJ-Kameras verfügen. Ferner muss die jeweils vortragende Person professi-
onell mit Mikrofonen ausgestattet werden. Es muss zumindest ein Mikrofon auf
das Rednerpult, entweder per Kabel oder per Funkstrecke. Nach dem Ende der
Pressekonferenz sollen meist noch weitere O-Töne hinzugefügt werden – auch hier
ist die Mikrofonierung unter Umständen problematisch. Das Richtmikrofon der
Kamera nimmt zu viele Nebengeräusche auf und eine schnelle Verkabelung des
Protagonisten ist meist nicht möglich. Der VJ mit Kamera und Reportermikrofon
in der Hand liefert daher oft ungenügende Bild- und Tonqualität und wirkt leicht
unprofessionell.

Auch Drehsituationen, die eine gewisse Gefahr für den Videojournalisten darstellen, meistert man besser im Team. Krisengebiete oder Demonstrationen sind
gefährlich für einen Videojournalisten. Er konzentriert sich vor allem auf die Aufnahmen, so werden mögliche Gefahren ausgeblendet und niemand hat den Filmenden vorsorglich im Auge. Hier sollte man zumindest zu zweit arbeiten.

Videojournalisten sind besser nur dann einzusetzen, wenn es sowohl inhaltlich
sinnvoll ist als auch die Person über das entsprechende Fachwissen verfügt. Es
gibt Videojournalisten, die auch selbst schneiden und mischen. Einige drehen nur
selbst und schneiden dann zusammen mit einem Cutter, doch auch alle anderen
Variationen sind möglich.

Videojournalisten sind häufig Fernsehautoren, die eine zusätzliche Ausbildung
zum Videojournalisten absolviert haben. Es gibt aber auch solche Videojournalisten, die ursprünglich aus dem Kamera- oder Schnittbereich kommen.

5.1.7 Tonmeister/Mischung

Der Tonmeister ist für die finale Tonmischung zuständig. Wenn ein Film fertig geschnitten ist, wird er häufig an ein Tonstudio übergeben, wo das Mischverhältnis
der einzelnen Atmos, Geräusche und O-Tönen noch einmal kontrolliert wird, oder
– wenn nicht schon im Schnitt geschehen – erst hergestellt wird. Die Tonspuren
werden hier zu einer so genannten IT-Fassung (international tone) zusammenge-
mischt. Diese umfasst alle Töne, Musiken und Geräusche, ausgenommen die Sprache des Sprechers. Die IT-Fassung wird immer separat gespeichert, da das Material
dann mit den Originaltönen wieder verwendet werden kann, beispielsweise mit
einem anderssprachigen Sprecher. Der Mischer leitet auch die separate Sprachauf-

nahme und pegelt die einzelnen Spuren untereinander aus. Ein Tonmeister wird im Fernsehstudio ebenso eingesetzt wie bei Live-Übertragungen. Tonmeister sind häufig ausgebildete Toningenieure oder Mediengestalter.

5.1.8   Produktionsleitung

Der Produktionsleiter verantwortet die gesamte Herstellung einer Sendung oder eines Films. Er ist für die technischen Kapazitäten, Finanzen und organisatorischen Dinge einer Produktion verantwortlich. Er prüft Angebote und führt Kalkulations-gespräche, bucht Kamerateams und Schnittplätze. Der Produktionsleiter ist dafür zuständig, dass das vorgesehene Budget einer Produktion eingehalten wird.

Der Weg zum Produktionsleiter ist vielfältig. Häufig führt er über Assisten-zen oder die Arbeit als Aufnahmeleiter, doch auch kaufmännische Berufe können Sprungbrett zum Produktionsleiter sein. An einigen Hochschulen kann man Film-produktion studieren. Voraussetzungen für solch eine Tätigkeit sind sowohl recht-liches und kaufmännisches Verständnis als auch künstlerisches Geschick.

Der Produktionsleiter hat insofern eine besondere Stellung, als er in der Regel die Arbeitgeberfunktion für die Produktionsbeteiligten repräsentiert. Da in seiner Hand die Steuerung der Ressourcen liegt, ist die Kenntnis der genauen inhaltlichen Absichten für ihn essentiell. Grundsätzlich sind alle Aufwandspositionen einer Filmproduktion quasi kommunizierende Gefäße, so dass durch die Einsparung von Drehzeit zum Beispiel eine aufwändigere grafische Bearbeitung in der Postpro-duktion möglich sein kann oder umgekehrt ein Verzicht auf eine Farbkorrektur zu mehr Drehzeit führen kann. Produktionsleiter sind darauf angewiesen, in Autoren verlässliche Partner zu haben. Nur so werden sie bereit und in der Lage sein, eine optimale Kombination von Ressourcen für die Produktion zu treffen. Bei weniger verlässlichen Autoren werden Produktionsleiter vernünftiger Weise Ressourcen als Reserven zurück halten, was jedoch nicht im Interesse des Gesamtproduktes liegt.

5.1.9   Aufnahmeleitung

Die Aufnahmeleitung ist für die Organisation der Produktion, Arbeits- und Pausen-zeiten, Sendezeiten und -längen bei Shows und Außenübertragungen (AÜ) verant-wortlich. Vor allem der Sende- und Aufnahmeablauf und die Disposition von Gäs-ten und Gewerken liegt in ihrer Hand und muss mit allen Beteiligten kommuniziert werden. Vom Aufnahmemedium bis zum Pausenkaffee ist die Aufnahmeleitung für alles Organisatorische verantwortlich. Die Aufnahmeleitung hält die einzelnen Gewerke zusammen und vermittelt zwischen ihnen. Die Aufnahmeleitung ist der verlängerte Arm der Produktionsleitung, welche meist nicht vor Ort ist. Bei Doku-Produktionen sind Aufnahmeleiter auch für Drehgenehmigungen und die Klärung von Rechten an Originalmotiven zuständig.

Der Weg zur Tätigkeit als Aufnahmeleitung führt meist über ein Aufnahmeleitervolontariat bei einem Fernsehsender. Ein Quereinstieg ist natürlich auch hierfür möglich.

5.1.10   Redaktion

Ein Redakteur ist meist ein festangestellter Journalist in einer Fernsehredaktion. Er ist für die Auftragsvergabe, für die inhaltliche Konzeption und schließlich die Abnahme einer Film- und Fernsehproduktion verantwortlich. Auch presserechtlich zeichnet er verantwortlich für eine Sendung. Der Fernsehredakteur muss Themenvorschläge lesen und auswählen, danach Produktionsaufträge vergeben und die passenden Autoren und Reporter für eine Geschichte finden. Er ist für die inhaltliche Umsetzung des jeweiligen Themas verantwortlich und arbeitet dabei eng mit den Fernsehautoren zusammen.

Der Weg zum angestellten Redakteur führt meist über ein Redaktionsvolontariat und/oder eine freie Mitarbeit in einer Redaktion. Im Produktionsprozess kommt dem Redakteur neben der herausgehobenen presserechtlichen Stellung vor allem die Rolle des Korrektivs und des Anwalts für den Zuschauer zu. Nach der Diskussion und Abnahme eines Drehbuchs oder Konzeptes für eine Filmproduktion ist sein entscheidendes Werkzeug die Filmabnahme. Die Filmabnahme verläuft dabei in der Regel zunächst als Rohschnittansicht, bei der der Redakteur eine weitgehend geschnittene Fassung des Films sieht und hier auf Stärken und Schwächen im Erleben und Verstehen hinweist. Diese Eindrücke werden in konkrete Arbeitsverabredungen umgesetzt und in einer Feinschnittansicht, dann auch mit Kommentartext, neuerlich geprüft und hinterfragt. Der Redakteur formuliert dabei vor allem veränderungsbedürftige Schwachpunkte und Optimierungspotenziale des Films, die dann vom Autor nachgebessert werden. Auf diese Weise sind Redakteur und Autor in der Endphase einer jeden Filmproduktion die wichtigsten Partner.

5.2   Wesentliche technologische Grundlagen

Die Arbeitsteiligkeit des Prozesses der Filmherstellung bedeutet auch, dass der Autor bei weitem nicht alle technischen und technologischen Details kennen muss, um erfolgreich Filme realisieren zu können. Eine grundlegende Kenntnis der maßgeblichen Fachbegriffe und technischen Eigenheiten unterschiedlicher

Produktionstechnik erleichtert jedoch die Kommunikation im Team und kann helfen, technische Möglichkeiten konsequent zu nutzen und für die optimale technische Ausstattung einer Produktion zu sorgen. Da die Aufnahme-, Bearbeitungs- und Wiedergabetechnik von einer erheblichen kontinuierlichen Fortentwicklung profitiert, ist es unerlässlich, dass Fernsehmacher aller Gewerke sich auch einer kontinuierlichen Fortbildung möglichst auch zu den Themen unterziehen, die nicht im Kern ihrer individuellen Verantwortlichkeit liegen.

5.2.1 Aufnahmetechnik Bild

Alle Sender und sonstigen potenziellen Abnehmer von Filmen haben technische Standards, denen ein Film genügen muss, um als sendefähig und technisch ausreichend zu gelten. Diese Standards sind individuell durchaus verschieden. Die European Broadcast Union, EBU, in der unter anderem die deutschen öffentlich-rechtlichen Programme Mitglied sind, veröffentlicht regelmäßig technische Standards, die eine hohe Allgemeingültigkeit haben, da sich viele Programmveranstalter und damit Abnehmer von Filmen auf diese beziehen. Eine Produktion nach EBU-Standard wird also in aller Regel eine marktgerechte sein.

Grundsätzlich gibt es unzählig viele Kameras, die ein sendefähiges Bild produzieren. Egal ob eine 16 Kilo schwere Schulterkamera oder eine Knopfkamera für den versteckten Einsatz, sie alle produzieren Bilder in einer Auflösung, die als Fernsehbilder taugen. Welche Kamera zum Einsatz kommt, ist abhängig vom Einsatzgebiet, der zu erzählenden Geschichte und in gewisser Weise auch vom zur Verfügung stehenden Budget. Will man lieber auffällig sein und sich als Filmteam erkennbar zeigen, oder muss man unbemerkt arbeiten? Auch ist der Ausspielweg für die Bildqualität von Bedeutung. Dreht man einen Film für die große Kinoleinwand oder für das Fernsehen? Eine moderne Kamera ist ein komplexes Gerät, dennoch gleichen sich viele Funktionen bei den verschiedenen Kameratypen.

ND-Filter
Wie viel Licht auf den Kamerachip fällt wird mit Hilfe eines ND-Filters und der Blende reguliert. Mit dem ND-Filter wird dabei die grobe Lichtmenge reguliert, die Blende übernimmt dann die Feineinstellung. Ähnlich wie bei Sonnenbrillen mit verschiedenen Tönungen der Gläser lässt ein ND Filter mehr oder weniger Licht hindurch. Es handelt sich um einen Graufilter, wobei ND hier für Neutral Density oder auch Neutrale Dichte steht. Es sind meist mechanisch gesteuerte graue Glasscheiben, die vor den Aufnahmechip geschoben werden. Wie viele ND-Filter eine Kamera hat ist von Hersteller zu Hersteller verschieden.

Abends und in dunklen Innenräumen benötigt man kaum einen ND-Filter. Meistens gibt es einen leichten ND-Filter für Innenräume, einen für Bewölkung und einen für Sonnenschein. Ein richtig gewählter ND-Filter sorgt dafür, dass man im Rahmen der mit dieser vorzunehmenden Feinjustierung immer Spielraum zum Öffnen oder Schließen der Blende hat. Der ND-Filter kann in gewisser Weise auch ein Gestaltungsmittel sein. Will man einen Film mit sehr offener Blende drehen, um wenig Tiefenschärfe zu erzeugen, so setzt man einen stärkeren ND-Filter ein. Die durch diesen erfolgte Verringerung der Lichtmenge wird durch eine weit geöffnete Blende ausgeglichen, was zu einer Reduzierung der Tiefenschärfe führt.

Es gibt einige wenige Kameras, die nicht über einen eingebauten ND-Filter verfügen. Hier werden die Filter in ein vor die Optik befestigtes Kompendium geschoben. Auch gibt es variable ND-Filter, die direkt vor das Objektiv geschraubt werden können, das verkompliziert allerdings die Handhabung.

Gain/ISO

Im Gegensatz zum ND-Filter gibt es auch die Möglichkeit, das Bild digital zu verstärken, um auch in schlechteren Lichtverhältnissen noch drehen zu können. Die Lichtempfindlichkeit wird angehoben. Bei Filmkameras spricht man auch von einem ISO-Wert. Je höher die ISO-Zahl, umso mehr wird das Videobild elektronisch verstärkt. Damit gewinnt man Helligkeit, die aber immer auf Kosten der Bildqualität geht. Je nach Verstärkungsgrad beginnt das Videobild zu rauschen und zu flimmern.

Wie weit man das Bild mit Gain verstärken kann, ist von Kamera zu Kamera unterschiedlich. Meistens gibt es verschiedene Stärkegrade von Gain/ISO die per Knopfdruck zuschaltbar sind. Hierbei ist wie immer der Inhalt entscheidend. Was ist für den Autoren journalistisch und dokumentarisch relevant? Wenn eine Szene wichtig, relevant und oder spannend ist, bleibt die Bildqualität vielleicht zweitrangig. Bevor man in dunklen Situationen gar nicht dreht und damit wichtige Dinge verpasst, sollte man das Bild natürlich verstärken, wenn man kein zusätzliches Licht aufstellen will oder kann. Zugleich kostet aber jede Zuschaltung von Gain technische Bildqualität und will daher sorgfältig entschieden sein.

ND-Filter und Gain/ISO sind Grund-Voreinstellungen, die sich der Grundhelligkeit am Drehort anpassen müssen. Beide regulieren also denselben Wert an jeweils einem anderen Ende der Skala, als Verstärker oder Verringerer. Nur in seltenen Fällen werden beide zusammen gebraucht. Dreht der Kameramann mit ganz geöffneter Blende, um ein Bild mit wenig Tiefenschärfe zu bekommen, kann es sein, dass der ND-Filter das Bild zu dunkel macht und man es leicht mit ISO verstärken muss, um die optimale Belichtung zu erzielen.

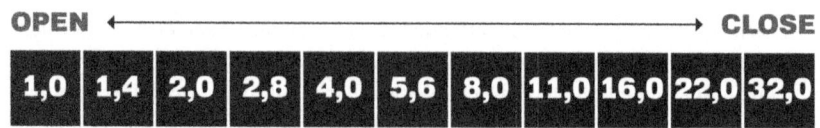

Abb. 5.1 charakteristische Blendwertreihe

Blende

Die Blende einer Kamera regelt nach dem ND-Filter die Lichtmenge, die auf den Kamerachip fällt. Sie ist vergleichbar mit der Iris im menschlichen Auge, welche bei viel Licht, z. B. am Strand bei Sonnenschein, nur eine sehr kleine Öffnung hat und damit wenig Licht hindurch lässt. In der Dunkelheit hingegen ist die menschliche Iris weit geöffnet und lässt viel Licht ein. Bei einer Kamera besteht die Blende aus kleinen Lamellen, welche sich meist kreisrund öffnen und schließen lassen. Das Bild im Kamerasucher wird je nach Blendenöffnung heller oder dunkler (Abb. 5.1).

Die Blendenöffnung wird als Zahlenwert entweder auf dem Objektiv selbst und/oder auf dem Kamerasucher angegeben. Abbildung 5.1 zeigt eine typische Reihung von Blendenwerten. Pro Blendenwert verdoppelt oder verringert sich die Lichtmenge um die Hälfte. Wichtig ist dabei, dass eine kleine Blendenzahl eine große Öffnung der Blende bedeutet und eine große Zahl für eine geschlossene Blende steht. Das heißt also, umso größer der Blendenwert, umso kleiner die Blende und umgekehrt.

Die Öffnung der Blende wirkt sich vor allem auf die Schärfentiefe des Filmbildes aus, wie Abb. 5.2 zeigt. Hierbei gilt, je größer die Blendenöffnung, desto kleiner der Bereich der Schärfe. Je kleiner also der Blendenwert ist, desto weniger im Bild wird scharf abgebildet.

Sehr vereinfacht kann man das an dem Modell einer Lupe erklären. In der Mitte der Linse sieht man am schärfsten. Zum Linsenrand hin wird das Bild immer unschärfer. Ist die Blende nun geschlossen, die Kamera zeigt also einen hohen Zahlenwert an, dann wird nur das Innere, das „Filetstück" der Linse genutzt und es kommt zu einem großen Schärfebereich. Ist die Blende hingegen weit geöffnet, so werden auch die Teile der Linse genutzt, die nicht mehr scharf auf dem Kamerachip abbilden können und einige Bildbereiche werden unscharf dargestellt.

Zebra

Das Zebra ist eine Anzeige im Sucher professioneller Kameras, die den Videopegel im Videobild anzeigt. Es dient als Kontrollinstrument zur Belichtungskontrolle für den Kameramann und wird nicht mit aufgezeichnet, sondern nur im Display der Kamera angezeigt. Jeder Kameramann hat hier seine eigenen Vorlieben, wie er das

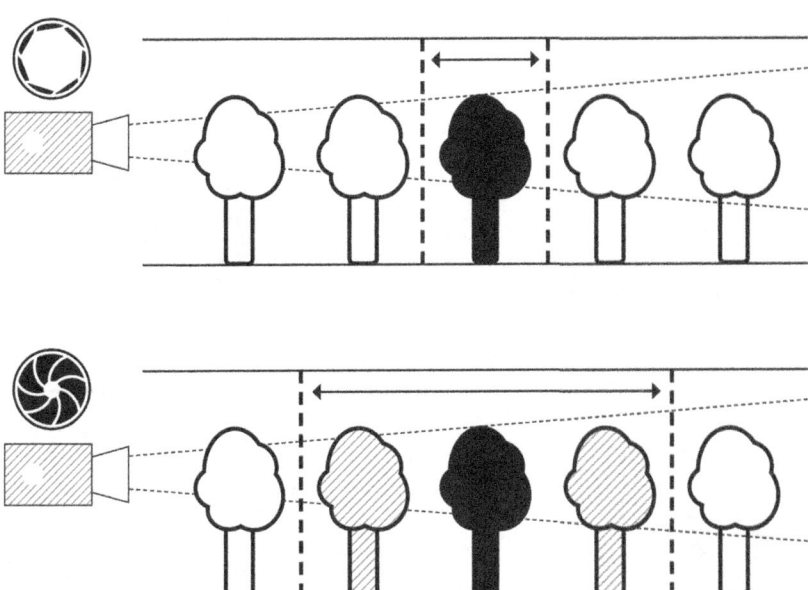

Abb. 5.2 Zusammenhang zwischen Blende und Tiefenschärfe des Bildes

Zebra einstellt. Meistens haben die Kameras mehrere Einstellungen für das Zebra und erfordern viel Erfahrung im Umgang mit der Belichtung. Die 100%-Einstellung sollte in jedem Fall für weniger erfahrene Kameramenschen aktiviert sein. 100% Zebra schraffiert die Stellen im Bild, die 100% Weiß im Videopegel anzeigen und damit überbelichtet sind. An diesen Stellen ist es bei normalen Videobildern auch in der Postproduktion nicht mehr möglich, Strukturen wieder sichtbar zu machen. Das bedeutet aber nicht, dass es kein 100% Zebra in einem „richtig" belichteten Bild geben darf. Relevant für die meisten non-fiktionalen Filme sind die Gesichter der Menschen im Film. Somit muss die Belichtung im Gesicht der Figuren richtig sein. Das bedeutet, dass auf den relevanten Bildteilen wie eben dem Gesicht kein Zebra zu sehen sein darf, in Spitzen in nicht relevanten Bildteilen oder Lichtquellen natürlich ein 100% Zebra im Sucher angezeigt werden kann und das Bild ist trotzdem richtig belichtet ist. Abbildung 5.3 verdeutlicht diesen Zusammenhang.

Viele Kameramänner stellen sich ein Zebra auf den Hautton eines Mitteleuropäers ein. Der liegt ungefähr bei 70% Zebra. Der Vorteil ist hier, das wenn beim Öffnen oder Schließen der Blende das Zebra gerade im Gesicht des Protagonisten erscheint, dass Gesicht richtig belichtet ist. Der Nachteil ist bei manchen Kameras,

ÜBERBELICHTET

RICHTIG BELICHTET

UNTERBELICHTET

Abb. 5.3 Dreh mit ZEBRA-Anzeige zur Belichtungskontrolle

dass sie nicht genau die 70 % anzeigen, sondern einen Wert von 70–100 % Zebra. Das bedeutet, dass sehr große Bereiche des Sucherbildes von der Zebra Anzeige erfasst werden, was die Kontrolle von Schärfe und Bildgestaltung behindert.

Belichtungszeit

Bei Videokameras ist die Belichtungszeit durch die 25 Bilder pro Sekunde vorge-
geben und voreingestellt. Um eine fließende, relativ realitätsnahe Darstellung zu
erzeugen, wird der Chip 50 Mal pro Sekunde belichtet. Die Belichtungszeit wird
auch als Shutter bezeichnet. Die Belichtungszeit kann für bestimmte Effekte verändert werden. Filmt man zum Beispiel Sport und hat genug Licht am Drehort, so
kann man die Belichtungszeit verkürzen und damit mehr Schärfe in Bewegungen
vor der Kamera erzeugen. Wählt man hingegen eine längere Belichtungszeit so
verschwimmen die Bewegungen vor der Kamera.

Farbtemperatur

Neben der Helligkeit muss man sich bei Film- und Fernsehaufnahmen auch um
die Lichtfarbe kümmern. Einzelne Lichtquellen haben unterschiedliche Farbtemperaturen. Während das menschliche Auge im Alltag einen permanenten Ausgleich
vornimmt, erscheinen im Videobild verschiedene Lichttemperaturen, bei denen
Aufnahmen gemacht wurden, unter Umständen sehr unnatürlich. Das Spektrum
reicht dabei von der Kerze oder dem Lagerfeuer bis zur blauen Stunde, der Zeit
direkt nach Sonnenuntergang.

Da man es bei journalistischen oder dokumentarischen Arbeiten meistens mit
Menschen zu tun hat, ist die Hautfarbe für den Aufnehmenden und den Zuschauer
ein wichtiges Signal für eine „richtige" Farbtemperatur. Ist die Hautfarbe zu blass,
zu rot oder blaustichig, wirkt der Protagonist vielleicht krank. Zudem gibt eine
gleichmäßige Farbe der Bilder in einer Szene ein Zusammengehörigkeitsgefühl
für Zeit und Raum.

Um eine Auflösung des Zusammenhangs durch unterschiedliche Farbtemperaturen zu verhindern, muss in der Kamera ein Weißabgleich erfolgen. Videobilder
für das Fernsehen arbeiten im RGB-Farbraum. Hier werden alle Farben aus den
drei Grundfarben Rot, Grün und Blau gemischt. Alle drei Farben zusammen ergeben Weiß.

Durch einen Weißabgleich erhält die Kamera die Information, was sie in einem
Bild als weiß darstellen soll und kann aus dieser Referenzgröße heraus die anderen
Farben errechnen. Dies macht man mit einem manuellen Weißabgleich. Man hält
ein wirklich weißes Blatt Papier an den Ort wo man drehen möchte, bildet es bei
richtiger Belichtung bildfüllend ab und drückt dann den Knopf für den manuellen
Weißabgleich. Die Kamera definiert nun das abgebildete Blatt als Weiß und errech-
net daraus die weiteren Farben. Hat man einen Monitor als Kontrolle, kann man
noch einmal den Hautton des abzubildenden Menschen kontrollieren. Meistens
haben die Kameras feste Speicherplätze, die sich mit unterschiedlichen Weißab-
gleichen belegen lassen. Während einer Szene ist es keinesfalls sinnvoll, einen

1800K ┊**3200K**┊ **4000K** ┊**5600K**┊ **8000K** **12000K**

KUNSTLICHT-   TAGESLICHT-
SCHEINWERFER   SCHEINWERFER

Abb. 5.4 Lichtquellen und ihre zugehörigen Farbtemperaturen

einmal eigestellten Weißabgleich zu ändern, um leichte Farbstiche zu reduzieren, das wird in der Montage am Schnittplatz zu Schwierigkeiten führen.

Grundsätzlich unterscheidet man zwischen Tageslicht und Kunstlicht. Kunstlicht ist eher rötlich und Tageslicht eher bläulich. Die meisten Kameras haben Voreinstellungen, „Presets", die diese beiden Bereiche auch ohne den beschriebenen manuellen Weißabgleich einstellen. Allgemein kann man sagen, dass der höhere Zahlenwert immer für Tageslicht steht und der niedrigere Zahlenwert für Kunstlicht. Die Farbtemperatur wird in Kelvin (K) gemessen. 5600 K oder 6400 K steht für Tageslicht und 3200 oder 3600 K steht für Kunstlicht. Häufig sind die Kelvinwerte auch abgekürzt mit 3,2 K oder 5,6 K. das meint dann aber nichts anderes als 3200 K oder 5600 K. Die Abb. 5.4 zeigt Beispiele für Lichtquellen und Farbtemperaturen.

Dreht man also am Tag draußen, muss man sich um den Weißabgleich keine Sorgen mehr machen: Preset Tageslicht einstellen und der Weißabgleich stimmt. Bei Kunstlicht hingegen ist es ungleich schwieriger. Bei alten Glühlampen, Lagerfeuer oder Kerzenlicht ist man mit dem Kunstlicht-Preset auf der sicheren Seite. Sparlampen und Leuchtstoffröhren können aber auch ein wesentlich blaueres Licht produzieren, was dann leicht zu Farbstichen führt. Hier empfiehlt sich ein manueller Weißabgleich. Häufig hat man es mit Misch-Lichtsituationen zu tun, wo diverse Lichtquellen zusammen wirken. Auch hier empfiehlt sich ein manueller Weißabgleich am Ort des Geschehens.

Filmische Szenen mit einem Farbstich werden vom Zuschauer nicht als komisch empfunden, wenn man die Lichtquelle im Bild einmal sieht, denn dann ist ihm klar, woher der Farbstich kommt. Auch bei Gängen durch Flure oder Räume mit verschiedenen Lichtsituationen kann man schließlich nicht in einer Plansequenz verschiedene Weißabgleiche machen, sondern der Zuschauer erkennt ja, dass hier und da eine Lampe oder ein Fenster ist und empfindet dann die Farbwechsel nicht als störend.

5.2.2   Aufnahmetechnik Ton

Grundsätzlich gibt es zwei Arten von Mikrofonen. Zum einen die dynamischen Mikrofone und zum anderen Kondensatormikrofone. Bei beiden Mikrofonen wird durch den Schalldruck einer Schallquelle eine Membran in Schwingungen versetzt, welche in elektrische Signale umgewandelt werden. Diese Signale werden elektronisch verstärkt und aufgezeichnet. Bei dynamischen Mikrofonen muss zudem eine Spule vom Schalldruck bewegt werden. Das heißt, es wird ein stärkerer Schalldruck benötigt, um überhaupt ein Ergebnis zu liefern. Durch diese Bauart sind sie daher gut für relativ laute Umgebungen geeignet. Im journalistischen dokumentarischen Alltag werden dynamische Mikrofone als Handmikrofone eingesetzt, die nah besprochen werden müssen, wie es beispielsweise beim Reportereinsatz der Fall ist. Das bedeutet, der Sprecher muss direkt ins Mikrofon sprechen, da sonst der Schalldruck zu gering ist. Hierbei bleiben die Nebengeräusche im Hintergrund, so dass es sich gut für Ansager und Schalten bei Sportveranstaltungen eignet. Dynamische Mikrofone werden auch genutzt, um Liveauftritte von Musikbands aufzunehmen und bei besonders lauten Schallquellen wie dem Schlagzeug. Dynamische Mikrofone sind durch ihre Bauart zugleich relativ unempfindlich gegenüber Feuchtigkeit und Temperaturschwankungen. Ein weiterer Vorteil eines dynamischen Mikrofones ist, dass es keine Stromversorgung benötigt.

Das Kondensatormikrofon hingegen benötigt eine eigene Stromversorgung, da es einen eigenen Verstärker besitzt. Die benötigte Stromspannung von meist 48 Volt bekommt das Mikrofon entweder durch die Kamera oder vom angeschlossenen Mischpult. Man spricht hier auch von Phantomspeisung des Mikrofons. Durch den eingebauten Verstärker haben Kondensatormikrofone ein stärkeres Ausgangssignal als dynamische Mikrofone und man kann sie daher schneller übersteuern. Kondensatormikrofone sind zudem wesentlich anfälliger gegenüber Feuchtigkeit und Temperaturschwankungen.

Mikrofone gibt es mit verschiedenen Richtcharakteristiken. Die wichtigsten Bauarten zeigt Abb. 5.5. Das bedeutet, dass ein Mikrofon zu einer bestimmten Richtung hin empfindlich oder unempfindlicher ist. Dies hängt von der Anordnung der Membran und Bauweise der Mikrofonkapsel ab.

Für den dokumentarischen und journalistischen Alltag sind die Kugel, die Niere, die Hyperniere und Keule relevant. Alle Produktionsbeteiligten sollten wissen, welche Art Mikrofon gerade zum Einsatz kommt. Das erleichtert es abzuschätzen, wie klar und verständlich eine Situation sein wird, die gerade aufgenommen wird.

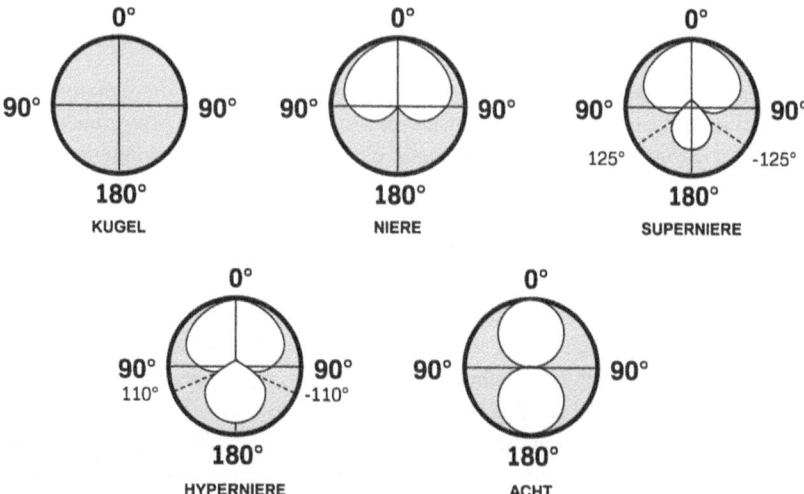

Abb. 5.5 Richtcharakteristik von Mikrofonen

Kugelmikrofon
Bei dem Kugelmikrofon wird der Schall von allen Seiten gleichstark aufgenommen. Es eignet sich als drahtloser Anstecker für Protagonisten, da Sprache und auch nahe Nebengeräusche gut aufgenommen werden. Auch nicht mikrofonierte Menschen, die mit dem angesteckten Protagonisten sprechen, werden noch mit wahrgenommen. Bei Kugelmikrofonen tritt kein Nahbesprechungseffekt auf was heißt, die Schallquelle kann ohne Störungen aufzunehmen oder „unschön" zu klingen sehr nah am Mikrofon sein.

Niere
Die Niere ist ein gerichtetes Mikrofon. Schallquellen, die hinter und deutlich neben dem Mikrofon liegen, werden mit der Niere am besten abgeschirmt. Es gilt deshalb darauf zu achten, dass die Schallquelle vor dem Mikrofon positioniert ist, um eine gute Aufnahme zu gewährleisten. Mikrofone mit Nierencharakteristik gibt es als Ansteckmikrofone, Handmikrofone und auch als kleine Richtrohre z. B. für die Kamera.

Superniere, Hyperniere, Keule
Bei diesen drei Mikrofoncharakteristiken handelt es sich um sehr gerichtete Mikrofone. Im Gegensatz zur Niere nehmen sie nach hinten und zu den Seiten hin wieder mehr Schall auf. Nach vorne hin sind sie aber sehr gerichtet. Das heißt, es sind

die Mikrofone, die sich zum Tonangeln bei Filmaufnahmen sehr gut eignen, da
sie auch bei größerem Abstand zur Tonquelle noch ein gutes Ergebnis liefern. Bei
Richtmikrofonen mit dieser sehr gezielten Charakteristik muss man genau darauf
achten, das Mikrofon genau auf die Tonquelle zu richten, denn schon eine geringe
Richtungsdifferenz führt zu einer schlechteren Aufnahme.

Normalerweise muss der Film- und Fernsehautor sich nicht um die einzelnen
Mikrofone kümmern, es ist aber sinnvoll, die Wirkungsweise der einzelnen Werkzeuge zu kennen. Standardmäßig gehören diverse Mikrofone zu einer Filmaus-
rüstung, um diverse Drehsituationen abdecken zu können. Der Autor sollte in jedem Fall beschreiben können, mit welchen Situationen es das Team am jeweiligen
Drehtag zu tun haben wird, so dass die Ausrüstung entsprechend angepasst werden
kann.

Sollen viele Personen ein Funkmikrofon bekommen, so müssen diese mitgenommen werden. Am häufigsten kommt wohl die Tonangel mit Richtmikrofon
zum Einsatz. Hier wird der Ton vom Tonassistenten geangelt und an einen portab-
len Mischer ausgesteuert. Meist wird das Signal per Funk an die Kamera gesendet
und dort aufgezeichnet. Bei komplexeren Tonaufnahmen oder Produktionen wird
der Ton noch einmal separat auf einzelnen Spuren aufgenommen und im Schnitt
per Timecode wieder synchronisiert.

5.3 Umgang mit Produktionsbeteiligten

5.3.1 Vorbereitung und Recherche

Der Autor ist der inhaltliche Führer des den Film herstellenden Teams. Er gibt die
Richtung vor und trifft die für die sachliche Umsetzung relevanten Entscheidungen. Es ist daher unmittelbar einsichtig, dass von der Qualität seiner Vorbereitung
ganz maßgeblich abhängt, welches Endergebnis schließlich erzielt werden kann.
Im non-fiktionalen Film bedeutet Vorbereitung dabei in erster Linie Recherche.

Recherche ist eine der grundlegenden Tätigkeiten eines Journalisten und dabei
Dinge in Frage zu stellen, zu kontrollieren, zu rekonstruieren und zu überprüfen.
Das Wort Recherche klingt unglaublich spannend und interessant und wird daher
häufig gleich gesetzt mit Detektivarbeit oder der investigativen Recherche. Die
Recherche gegen Widerstände von Regierungen oder Unternehmen macht aber
nur einen sehr kleinen Teil der journalistischen Arbeit aus. Häufig sind die ersten
Recherchen wesentlich banaler und dennoch wichtig. Obendrein ist die Zeit für
Recherche häufig knapp und wird nur selten bezahlt.

▶ Bei Fernsehjournalisten nimmt neben der inhaltlichen Recherche auch die organisatorische Recherche großen Raum ein. Filmaufnahmen haben einen hohen
organisatorischen Aufwand. Filmische Kapazitäten für ein Projekt sind immer
begrenzt und müssen daher möglichst optimal genutzt werden. Das bedeutet, die
Drehzeit muss präzise geplant und Umstände, die den Produktionsprozess ins Sto-
cken bringen könnten, möglichst vermieden werden was einen großen Aufwand
bedeutet.

Organisatorische Recherche
Kamerateams müssen gebucht werden, Drehzeiten disponiert, Drehgenehmigungen eingeholt und Reisen geplant werden. Vom Hotelzimmer bis zur Mittagspause
muss alles organisiert sein und all das meist in kurzer Zeit. Auch dafür ist heute der
Fernsehjournalist zuständig. Es gehört sicher nicht zum interessantesten Teil des
Berufes, gehört aber zum Job dazu und nimmt gelegentlich sehr viel Kraft und Zeit
in Anspruch. Zeit, die man lieber für inhaltliche Recherchen verwenden würde, die
dann vielleicht leider häufig zu kurz kommt. Auch eine Drehortanalyse gehört zu
der organisatorischen Recherche. Wie sehen Räumlichkeiten aus, wo gedreht werden kann? Passen diese zur Geschichte? Welche Drehorte kommen noch in Frage?
Fernsehjournalismus ist aufwändig und daher auch für viele Journalisten wenig
attraktiv. Der Print- oder Radiojournalist hat mit der Darstellbarkeit der Dinge weniger große Probleme.

Zu den als relevant identifizierten Drehorten müssen im Folgenden Drehgenehmigungen und Zugang geklärt werden, aber auch die Erreichbarkeit, eventuelle
akustische Problemsituationen, die Verfügbarkeit von Strom, falls Licht benötigt
wird, die Entfernung zu einer (sicheren) Parkmöglichkeit für das Teamauto. Ferner
sollten alle Risikofaktoren für den Drehort recherchiert werden: ist er wetterab-
hängig, können Situationen entstehen, in denen er nicht zur Verfügung steht, über-
laufen ist oder akustisch zu laut.

Inhaltliche Recherche
Die inhaltliche Recherche umfasst alle Elemente der zu erzählenden Geschichte.
Die Dramastrukturelemente dienen also nicht nur zur Anordnung der erzähleri-
schen Elemente, sondern können gleichzeitig auch als Rechercheleitfaden dienen.
Die passenden Personen müssen gefunden werden. Welche Figuren eignen sich als
Hauptfiguren, oder sind sie doch Nebenfiguren? Stehen sie für einen Dreh vor der
Kamera zur Verfügung? Ihre Version der Geschichte muss überprüft werden. Diverse Quellen müssen herangezogen werden, um Behauptungen zu prüfen. Wichtig ist es, die Handlungsmotive der einzelnen Figuren zu recherchieren und soweit
es geht offenzulegen: Warum tut jemand etwas, oder warum hat jemand etwas
getan? Rote Fäden, also Handlungsabläufe müssen recherchiert werden. Welche

roten Fäden sind für die Geschichte relevant und welche nicht? Wie funktionieren diese roten Fäden genau? Rote Fäden sind ein guter Leitfaden für eine Recherche, da diese Abläufe neue Spielorte und Figuren ins Spiel bringen, die sehr interessant sein können und nicht auf den ersten Blick sichtbar waren. Hat man die relevanten Fakten recherchiert, sollte der Autor seine Filmziele auf der Grundlage seiner Recherche festlegen. Was von der Recherche muss der Zuschauer am Ende meines Films verstanden haben und was soll er dabei fühlen? Filmziele lassen sich nur auf der Grundlage von Recherche festlegen. Was ist darstellbar und was nicht, womit kann ich Emotionen erzeugen und womit nicht.

Investigative Recherche
Für das meiste Aufsehen sorgen natürlich investigative Recherchen, also eine detektivische Arbeit, ein Ermitteln und Untersuchen eines Sachverhaltes, der bis dahin weitgehend unbekannt oder zumindest vor der Öffentlichkeit versteckt ist. Häufig findet diese Recherche gegen Widerstände von Verbänden, Gruppen, Firmen oder Personen statt. Auch sind oft juristische Auseinandersetzungen damit verbunden. Investigative Recherche hört sich nach Abenteuer an, meist ist eine solche Geschichte aber nicht von einem Journalisten recherchiert und entdeckt, sondern sie ist von einem Informanten „gesteckt" worden. Ohne solche Whistleblower wären solche Themen und Geschichten meistens nicht zu machen. Hier gilt es natürlich, den Informanten gut zu schützen, damit er nicht in die Öffentlichkeit gerät und enttarnt wird. Ein gutes Informanten-Netz ist Grundlage für exklusive Geschichten. Und die besten Informanten sind natürlich nicht die Pressesprecher oder agierenden Akteure, sondern häufig Randfiguren, die involviert sind. Whistleblower haben in der Regel auch immer selbst Interesse, dass ihre Information an die Öffentlichkeit gerät. Der publizierende Journalist schlägt sich also immer auch bis zu einem gewissen Grad auf die Seite des Informanten. Dies gilt es allerdings genau abzuwägen und zu untersuchen. Häufig kann aber der Informant profitieren, wenn der Film auch etwas gegen seine ursprüngliche Position aussagt, da er damit nicht so schnell in Verdacht gerät.

Unabhängig davon mit welcher Form der Recherche man es zu tun hat, der Rechercheablauf wird in der Regel etwa die folgende Struktur haben:

* Vom Thema zur Geschichte
* Zu einem Thema können viele Geschichten erzählt werden. Welche ist die relevante?
* These, Faktenlage, relevante Fragen?
* Welches sind die relevanten Figuren der Geschichte?
* Handlungsmotive, Attribute, Verantwortung, Verfügbarkeit, Drehbarkeit
* Welches sind die relevanten roten Fäden der Geschichte?

- Handlungsabläufe recherchieren
- Filmziele definieren
- Was soll der Zuschauer am Ende des Films verstanden haben, was soll er am Ende eines Films fühlen?

Werkzeuge der Recherche
Internet, Telefon, persönliche Treffen, Archive und Verzeichnisse, Behörden und Institutionen und Informanten. Recherche ist komplex und sollte es auch sein. Ein Journalist muss auch immer ein bisschen Außendienstler für seine Sache sein. Telefonscheue ist schwierig. Quellen müssen mit allen verfügbaren Mitteln überprüft werden. Um den Überblick nicht zu verlieren ist es hilfreich, mit einer Recherchesammlung zu arbeiten. Diese kann ein einfaches Textdokument sein, wo man alle seine Informationen sammelt und stichwortartig protokolliert. Um in der Flut von Informationen nicht unterzugehen, ist es sinnvoll, nur die relevanten Informationen festzuhalten. Telefonnummern, Gesprächsprotokolle und Termine lassen sich so dann gut nachzeichnen. Gerade wenn man mit mehreren Personen an einer Geschichte arbeitet, erleichtert das die Recherche. Im Fall einer juristischen Auseinandersetzung, lässt sich anhand von Gesprächsprotokollen auch einiges wieder ins Gedächtnis rufen und bis zu einem gewissen Grad an Verbindlichkeit auch belegen. Solche Dateien müssen natürlich vor Zugriff Dritter geschützt werden, da sie je nach Thema brisante Informationen und Telefonnummern und Adressen beinhaltet.

Die Wichtigkeit von Recherchen und gut dokumentierten Rechercheprotokollen steigt mit dem zunehmend transmedialen Charakter der meisten journalistischen Produktionen, da die Recherchen in aller Regel ja als medienübergreifende Grundlage für die Aufbereitung eines Themas dienen können.

5.3.2 Kommunikation im Team

Filmarbeit ist Teamarbeit und jedes Gewerk will in seinem Zuständigkeitsbereich das Beste geben. Der Autor ist für die Geschichte zuständig, der Kameramann für das Bild und der Tonmann für den Ton. Alle Beteiligten sind für den Produktionszeitraum ein Team, ob man sich die Personenkonstellation nun ausgesucht hat oder nicht. Um Verständnis für die anderen Gewerke und deren Arbeit zu bekommen ist es vorteilhaft, möglichst viel vom Filmhandwerk im Allgemeinen und speziell von den anderen Gewerken zu wissen und verstehen. Nur so kann Verständnis für die Situation des Anderen aufgebracht werden, wenn beispielsweise eine Szene einmal wegen der Lichtverhältnisse oder der Nebengeräusche nicht so umsetzbar ist wie geplant.

Aus Autorensicht ist die zu erzählende Geschichte maßgeblich und somit sollte sie auch bei Unstimmigkeiten im Team im Vordergrund stehen. Was will der Autor erzählen und welche konkreten Vorstellungen hat er dazu? Die einzelnen Gewerke sollten Vorschläge für die Umsetzung machen, um diese dann gemeinsam zu realisieren. Dem Autor kommt zwar eine gewisse Führungsrolle im Team zu, von der er im Ernstfall natürlich Gebrauch machen kann, was aber wohl selten zu guten Ergebnissen führen wird. In der Praxis bietet sich an, dass der Autor vor allem die beabsichtigte Wirkung seines Beitrages klarstellt und damit einen Grundkonsens über das Ziel aller Gewerke erreicht. Die jeweiligen Spezialisten können das dann in ihr konkretes Handwerk übersetzen. Es empfiehlt sich, die Grundstruktur der Geschichte mit all ihren Elementen allen Produktionsbeteiligten vor deren Mitwirkung in Kurzform zur Verfügung zu stellen.

5.4 Zusammenfassung

Der Prozess der Filmherstellung ist arbeitsteilig, selbst dann, wenn das die Produktion realisierende Kernteam klein oder sogar ein einzelner VJ ist. Um gute Arbeitsergebnisse zu erreichen, sind vor allem zwei Dinge unverzichtbar:

- Eine konsequente Ausgestaltung der Arbeitsteiligkeit und
- eine effektive Kommunikation zwischen allen Produktionsbeteiligten.

Das heißt, jeder am Entstehungsprozess sollte seine Rolle konsequent ausfüllen, dabei sind auf der inhaltlichen Seite vor allem die Beteiligten von herausgehobener Bedeutung, die in der Situation des ersten Zuschauers sind zum Beispiel der Cutter im Schneideraum oder später der Redakteur bei der Filmabnahme. Ihr Feedback ist stellvertretend für das der späteren Zuschauer und an ihnen müssen Autor und Regisseur prüfen, ob ihre Erzählabsichten aufgehen.

Da die Produktion von non-fiktionalen Filmen viel stärker, als es beispielsweise im klassischen Journalismus der Fall ist, davon lebt, dass Teams optimal funktionieren und als Summe ihrer individuellen fachlichen Stärken wirksam werden, ist es unabdingbar, im Team einen Grundkonsens herzustellen, was mit welchen Mitteln erreicht werden soll. Das gelingt häufig am besten, indem eine Verständigung über das angestrebte Endprodukt erfolgt. Herrscht hierüber Klarheit, dann kann jeder einzelne das Know How aus seinem Spezialgebiet einbringen, um das beabsichtigte Ergebnis zu erreichen.

Die Kommunikation im Team und die Organisation des Teams ist deshalb bei der Filmproduktion weit mehr als die Herstellung einer angenehmen Arbeitsatmosphäre. Sie ist eine der unabdingbaren Voraussetzung, um erfolgreich Projekte zu realisieren.

Checkliste 5.1 Recherche
Im Ergebnis einer Vor-Ort-Recherche sollte man über folgende Punkte Klarheit erlangen:
- Inhaltlich:
  - Was sind die Fixpunkte der Geschichte, unverrückbare Ereignisse, Schlüsselmomente, natürliche Höhepunkte usw.
  - Gibt es singuläre Vorgänge, die nur zu einer Zeit gedreht werden können, für die also insbesondere keine Wiederholung möglich ist?
  - Wie sind die fachlichen und logischen Abläufe vor Ort?
  - Wie sind die zeitlichen Abläufe?
  - Veränderung sich Abläufe oder Handlungen im Fall von extremen Wettersituationen?
  - Gibt es Orte, die verbunden sind mit bestimmten Themen oder mit Lebensstationen von Protagonisten?
  - Welche Potentiale, Orte, Gelegenheiten gibt es zur Interaktion zwischen Protagonisten?
  - Gibt es Symbolbilder- und Symbolgeräusche für einzelne Logikschritte?
  - Was sind logische Abschlüsse für (Teil −)handlungen?
- Räumlich:
  - Überblick über die Handlungsorte
  - Gibt es extreme Lichtsituationen, insbesondere besonders starke Kontraste oder extremes Gegenlicht?
  - Gibt es Orte mit extremer Akustik?
  - Was kann ein visuell und akustisch unspezifischer und damit geeigneter Ort für ein Basisinterview sein?
- Organisatorisch:
  - Welche Drehgenehmigungen müssen eingeholt werden?
  - Welche Einverständniserklärungen werden benötigt?
  - Spielen Kinder eine Rolle, so dass das Einverständnis beider Eltern benötigt wird?
  - Muss Archivmaterial (Filme, Bilder, Akten) vor Ort aufgenommen, kopiert oder digitalisiert werden?
  - Wer sind die genauen Ansprechpartner mit allen Kommunikationsdetails?
  - Gibt es mögliche Wettereinflüsse, die zu Änderungen in der Disposition führen müssen?
  - Wo und wann ist eine Datensicherung möglich?

Checkliste 5.2 Drehort- und Motivrecherche

- Wer ist Eigentümer des Drehortes, von wem muss die Drehgenehmigung und/oder das Nutzungseinverständnis eingeholt werden?
- Wie ist der Zugang zum Drehort möglich?
- Wo gibt es Parkmöglichkeiten in der Nähe?
- Ist der Parkplatz sicher?
- Wie ist die Stromversorgung am Ort?
- Gibt es Möglichkeiten, Pausen zu verbringen, etwas zu essen o. ä.
- Wo gibt es Übernachtungsmöglichkeiten in der Nähe
- Genaue Adressen und Ansprechpartner
- Stellt das Motiv besondere Anforderungen an die Ausrüstung (Regenschutz, Dämmmatte um Vibrationen zu vermeiden, Staubschutz, extreme Brennweiten o. ä.)
- Stellt das Motiv besondere Anforderungen an die beteiligten Personen (Allergien, Höhenangst, Angst vor Tieren, Seetauglichkeit o. ä.)
- Stellt das Motiv besondere Anforderungen an die Bekleidung der Beteiligten?

Sofern das Motiv per Flugzeug erreicht wird ist zusätzlich relevant:
- Was sind die ersten Drehsituationen und das dafür minimal notwendige Equipment, dieses gehört dann ins Handgepäck.
- Gibt es vor Ort eine Supportstruktur für den Fall von Defekten oder benötigtem Zusatzmaterial?

Sofern das Motiv im Ausland liegt ist zusätzlich relevant:
- Welche Besonderheiten gibt es bezüglich Genehmigungen usw.
- Welche Spannung und Frequenz hat das örtliche Stromnetz, sind ggf. Wandler notwendig?
- Welche Stecker passen an die örtliche Stromversorgung, sind ggf. Adapter notwendig?

Sachverzeichnis

© Springer Fachmedien Wiesbaden 2015
O. Jacobs, T. Großpietsch, *Journalismus fürs Fernsehen,* Praxiswissen Medien,
DOI 10.1007/978-3-658-02417-8

The manufacturer's authorised representative in the EU is Springer
Nature Customer Service Centre GmbH, Europaplatz 3, 69115 Heidelberg,
Germany. If you have any concerns regarding our products, please
contact ProductSafety@springernature.com

Printed and bound by CPI Group (UK) Ltd, Croydon, CR0 4YY

27/04/2026

02097634-0004